宮田　登著

山と里の信仰史

日本歴史民俗叢書

吉川弘文館

目次

図表目次

第一部　山岳信仰と修験

第一章　霊山信仰と女人禁制

一　縁起と霊山信仰

日本の霊山信仰の特性の一つは、死者の霊の行く先であると考えられたことである。多くの山々の中で、とりわけ死者のこもる場所として想定された山岳は、そう数多くあるわけではない。各地で名山と称される山々は、比較的地域住民が望見できる地点にある。平地から仰ぎみることのできる山が霊山となり得る大きな条件の一つといってよい。それには孤峰で秀麗な山容をもつことが重要であった。単純にいえば、高山は天に近く、また天より雨をもたらす場所である。平地に住む農耕民にとっては、山岳がはたす役割はきわめて大きいのである。山そのものか、あるいは山中に住む神霊に対してか、いずれにせよ山岳の神を尊崇する傾向は、日本の民俗宗教の中に強く表われている。したがって山岳信仰の性格も、里に住む人間がその山に対しどのような山岳観をもつかによって、かなりその表われ方も異なってくるであろう。

民俗的資料からいうと、盆や正月に死者の霊が山から里へ降りてくることを暗示する行事がしばしば指摘される。山から里へ降りる道の草を刈りとることが、七月一日から七日ぐらいの間に行われたり、盆の前に、山へ盆花をとりに行く盆花迎えがある。盆花の花に対しては、死者の霊がこの花にのって里へ下りてくるという、死霊の来訪象徴だとする考えがある。正月の神を祖霊とする考えでは、盆花迎えと門松の松迎えとを対置させている。

そのことは門松を山上の特定の場所へ迎えに行く土地のあることからも考えられている。(1)

いずれにせよ、死霊はより低い所からより高い所に行き、ふたたび高所から低所へ降臨するという観念がそこにはある。『万葉集』にうたわれている吉野山と泊瀬山が、火葬の煙の行きつく所であり、亡魂の行方をそこに求めた歌がしばしば見られている。死出の山という感覚がそこにはある。霊魂が家を離れ、しだいに高く昇って行くとすれば、里人の視野の及ぶ限りでは、近くの山々のうちで、もっとも高い山岳に集中するのは自然の理であろう。地域社会の霊山としての存在理由は、まずそうした要素に求められるべきものと考えられる。

集落が散在していれば、その数だけ霊の行く山はあったろうが、これがしだいに統合化する過程が歴史的にみられたと考えられる。いわゆる地域社会の霊山は、たとえば出羽三山とか、岩木山、鳥海山、恐山、立山、白山、戸隠山、富士山、御嶽、蔵王などのような、限られた山々にまとめられ得る。霊山に統一され、その中でとりわけ抜きん出た霊山としての印象を強烈にさせるのが、霊山の霊山たる因縁を説く縁起に示されてくる内容であった。縁起は、仏教や修験道からの修飾が圧倒的に多いとしても、僅かながらではあるが、依然伝統的な里人の山岳に対する観念の仕方を垣間見ることが可能なのである。

里人が山地へ入る場合は、平地と全く異なった環境であるだけに、特別の畏怖感を覚えるのが通常であった。山中の怪をとりわけ意識する、とくに山に住む山人に対する観念の仕方に大きな特徴があらわれている。

鬼とか天狗・巨人といった異人のイメージは、里人にとって山中が異界視される故に生じたものである。和歌森太郎の説明では、異様とも見える山人に対する幻覚があり、山中の魔物と認める存在が成立し、これがかの鬼のイメージに重なったのだとしている。(2)

「羽黒山縁起」（永治元年）に記された能除太子の前身を描くところでは、「悪面限なく、身の色黒く、更に人倫之類ひ共おぼへず。悪音にして、其声を聞者、驚きさはぐ。面ては一尺九寸、鼻の高さ三寸余り、眼のほころび頂上に入て、髪毛の中に分入。口は広くして耳の脇に至り、耳の長さ一尺余、耳の穴は左右へ開透りて、払を挿みけり。元来、無知文盲にして仏法をしらず」(3)という姿であった。崇峻天皇の第三皇子で蜂子皇子と称されながら、すでに山中を斗藪する行者として描かれており、かつその描写から、怪奇な異人であることが分かる。

皇子の名はまた参弗理の大臣と称されているが、後に修行の結果、人の苦を能く除きたまうようにと、能除太子と改名し、羽黒山の開基となったというのである。皇子という貴種だと位置づけられながら、その容貌は、山中の怪人めいている。無知文盲で仏法を知らない男であり、ただひたすら山中の修行にはげんでいた。ここで降待次郎という猟師が登場し、修行中の皇子をよく助けた話となる。降待次郎という里の猟師を通して、山中の異人との出会いが語られている。その時はすでに修行を積んだ優れた聖となっており、異人とは見られていない。ここに羽黒山の初代開基としてのイメージが定着するわけである。ただ異形の者から脱して開基の聖に成長するというプロセスには、描き方にいくつか段階がある。最初猟師が出会った時の情景は、「彼の猟師、椙の下に至りけるに、木陰の棘の中に怪き声あり。むしの鳴に似たれども慥に覚えず。彼、森の苔を払ひて暫く見ければ、蔦生かかり、人に似たる者有。尊閣、如何なる者ぞと問。聖答給はく、我は仏道を修する聖翁也」(4)。それから三年の後、ふたたび猟師は、聖にまみえる。その時の状況は、「根本椙の下至りてみれば、彼の聖翁、苔の中に嘯ふき居たり。寂寞と住す。清明を澄し居たりき」とあり、仏道修行の結果、悟りをひらいた聖の面影となっている。かくて能除太子は、以前は山中の異形であったが、修行の結果、山中を開拓した先達としての呪者となり、縁起の中心人物となったのである。

山中の魔物とみられた山人については、柳田国男の考察がある。(5)ヤマビトと一括されるのは、山男山女、山童山姫、山丈山姥などだが、そのほかに中世的表現の鬼がおり、山中の鬼が山鬼または山爺と称された霊山の守護神に考えられていた。これは秋田県の太平山の三吉権現や秋葉山三尺坊の類であり、天狗と類似の力があるとされている。

山中の鬼として扱われている代表は、大峯山の五鬼であった。五鬼は五人の鬼つまり五人の山伏の先祖を意味すると思われるが、とくに役小角《えんのおづぬ》の従者である前鬼後鬼の二鬼だけを説く場合の多いこともよく知られている。このうち善（前）鬼が五鬼の先祖であると言われ、このことからその系譜を引く山伏集団のまとまりを予測することができる。

これらの鬼と質を異にするのが役小角であった。役小角が『続日本紀』で描かれるところでは、よく鬼神を使役して、水を汲み薪を採らせ、命に従わない場合は、呪をもって縛したという。鬼神は、おそらく山中の異形の者たちであり、かれらを自由自在に操るのが役小角である。[6] 役小角の呪者的性格についてはそれ以上分からないが、前鬼後鬼を掌握する力をもつものであり、少なくとも五鬼たる山人を制圧した里に住む呪者を表わすものといえるのである。

日光修験と関わりのある古峯原《こぶがはら》の開基は石原家であるが、江戸時代には、前鬼隼人後鬼と称されていたことが知られている。先祖より歴代、石原隼人を名のっているが、これには諸説あり、役小角に仕えた修行者即妙童鬼の子孫であるとしたり、日光の開創者勝道上人の修行に仕えた者ともいう。古峯原は日光修験の入峯修行の際の行場の一角であり、石原家の主人は、修験ではないが、行者たちの薪水の世話をするべく義務づけられていたとの伝承がある。石原家は、役小角や勝道上人の霊力により駆使されていた山人の系譜を引く存在と考えられるだろう。

里から山へ入って、山を開発した最初の者と、それ以前から山地に住みついていた山人との関係は、このように呪者と鬼というつながりにも置き替えられるわけである。

白山の泰澄大師、六郷満山《ろくごうまんざん》の仁聞《にんもん》菩薩、日光の勝道上人、富士山の末代上人、箱根山の万巻《まんがん》上人、戸隠山の学門（問）行者など、山岳の開基として知られる呪者たちの名前は数多い。しかしいずれも伝説化しているため、ほとんどその素性が明確ではない。

六郷満山の仁聞菩薩にしても、正体不明の最たる存在である。縁起では、八幡信仰の影響をいちじるしく帯びていることが特徴である。中国の陳氏の皇孫で、応神天皇の霊の再来であり、八幡大菩薩の権化でもある。中国の武皇帝を父にもち、母と一緒にうつぼ舟にのせられ、大隅国銚子の浦に漂着し、成人した後、宇佐八幡の基いを作り、彦山の法蓮上人をはじめ五人の同行とともに、六郷満山を開発したことになっている。

「両子寺大縁起」（文化十二年）には、「加揃開基の住持仁聞は、八幡大菩薩の権化として、その身は異朝の公子たれども、はやく天朝に投化して、仏法弘通の夙願を慫たず……」(7)と記されており、仁聞をわざわざ帰化人系の異人だと印象づけている。この仁聞に彦山の開基である法蓮が協力するが、他に華厳、覚満、胎（体）能の行者が加わっている。同行は五人で六郷満山を開発したのだが、中心は一人の異人であって霊力高い仁聞ということになろう。他は法蓮を除いて、山人の側に立つ山中の案内者の位置にあると推察される。

岩木山の由緒についても類型性がある。人口に膾炙しているのは、坂上田村麻呂の悪鬼退治だが、それ以外に津軽家の先祖である花輪殿（花若殿）が、勅命を受けて悪鬼調伏せんとしたが、思うにまかせない。ある夜夢中に、曼字と錫杖の旗紋を用いるとよいというお告げがあり、その結果、悪鬼を征伐できたという。津軽家初代為信が津軽統一のために、卍字の旗紋と、錫杖の馬印をもって戦い、成功したという話にうまく照応させた節もある。だがここで重要なのは、別の説に曼字・錫杖という鬼神の存在を説くことである。ともに岩木山に住み、とくに赤倉の洞窟にいたと伝える。この二鬼は、大峯山の前鬼後鬼と対応することは推察できる。またこれを日光山の磐次磐三郎の猟師の兄弟に想定することもできるだろう。山中の異人が鬼神化する際、一人よりも二人で表現される点は興味深い。そして里から入った開発者＝開基は、霊力を用いつつ、二鬼を手なずけ、案内先達にしてこれを駆使し、山を開いていった、そういう型のモチーフが、霊山を語る縁起に共通して描かれているのである。

二　山神と水神

さて、山岳が葬所つまり死霊の行きつく場所だと考えるほかに、山頂が水流分源であったことも、里人にとっては意味のあることだった。とくに高山は、雲霧を起こし、雷雨をもたらす源であるとされた。その場所は山神が支配するところであろうが、同時に水神の力も働いている。

縁起の上で、はじめて山岳をきり開いていく開基が、さまざまな困難に遭遇するわけだが、もっとも難敵だったのは、すでに山岳を支配していた神霊たちの存在だった。先にのべた悪鬼調伏が話の中にとりこまれているのは、山人たちを統制していくプロセスの反映であるが、もう一つ別な形としては、山中の地主神を説得してそれを祀りこめるという筋があることとである。

信州戸隠山は、学門（問）行者によって開かれたという縁起をもつ。最古の記録といわれる「戸隠寺縁起」（『阿娑縛抄』所収）には、嘉祥二年のころ、学門行者が、まず飯縄山《いいづな》（飯綱山）で修行を積み、独鈷《どっこ》を投げて行場を占ったら、戸隠山の大岩屋が発見された。学門行者はさらにその大岩屋で法華経を誦していると、九頭一尾の鬼が出現した。九頭一尾の鬼が言うには、さきに祈念者の所へ自分が近づき聴聞せんとすると、自分の毒気にあって、皆死んでしまう。自分は以前の山の別当だったが、貪欲で信施を虚用したため、その酬いで、異形の者になった。今度は行者の法音により功徳者になることができた、という。だから未来際《みらいざい》におよんでこの山を守護する、と誓い、行者の言に従って岩屋に籠ったのである。

鎌倉時代末にでき、長禄二年（一四五八）に補訂されたといわれる『顕光寺流記』では、やはり学門行者が、飯綱山に登ったが、険阻な山道であるため道を失い途方にくれた。そこで読経唱呪をして神霊の助けを乞うた。やっとの思いで頂上をきわめ、日没に至って西窟に居を定め、礼拝懺悔をつづけ、金剛杵を天空に投げたところ、杵は百余丁の彼方の宝窟にとんで行き、光を放った。そこで行者はその光りを求めて洞窟に入り、行法をなすと、高声とともに聖観音・千手観音・釈迦・地蔵が湧出した。さらに深更、南方より異様な風が吹き、九頭一尾の竜が出現した。大竜は、自分はこの山の破壊される以前の寺の最後の別当澄範の変身であり、未来永劫この山の守護にあたっている、そこで汝はこの地に早く大伽藍を建てよ云々、と述べ、言い終わると本窟に戻っていった。そのとたん大きな磐石がその跡をふさいだ。よって戸隠山と称するのだ、という伝説になっている。先の縁起では鬼であったが、ここでは竜と表現され、それが歴代戸隠山中に棲息してきていたことを主張する。これは地主神の神霊の変化とみられるだろう。これを蛇体とみるのは、水神と考えているからであり、戸隠が民衆生活と結びつく度合いが増せば増すほど、九頭竜のイメージの方も増幅していく。近世にできた「戸隠山顕光寺略縁起」はさらに流布されたもので、役行者の登峰が記されており、「其時権現みかたちを顕し、大蛇の威を現じ、山岳〈周囲大概一百余里也〉を七匝に取巻、頭を絶頂に持せて小角に告白、汝菩提心に住て早く此山を開べしと。小角、是を見て寒心平伏せり」とある。ここには戸隠山の在来神の霊感が、いっそう強められているのである。

水神を九頭竜と表現するのは、福井市の九頭竜川の名称でもよく分かるが、これは白山信仰との関連からも説明され得る。白山もやはり、九頭竜の住む山として知られていた。

『元亨釈書』巻一八にある加賀白山明神垂迹の条によると、養老元年泰澄が、白山にはじめて登り、池の辺りで祈念加持していると、池中から九頭竜の大蛇が出現した。泰澄はこれが方便示現の形であると思い、さらに呪遍功を重ねると、ついに十一面観音像が現じたということが記されている。

「白山之記」には、このことを記す条はないが、「御在所の東の谷に宝の池あり。人跡通ぜず。ただ日域の聖人あり、その水を汲むと云々。その味八功徳を具すと云ひ伝へたり」、また「太男知の麓の盤石の上に泉水あり。上道の人その水を受け喉を助く。もし初参の輩知らずしてこれを望み、これを汲めば、尺水忽ちに大浪を立て、その水悉く石上より振失ふ。人これを見て大いに驚きて発露懺悔すれば、忽ち水盈満して元の如し」、また「大盤石の泉水あり。玉殿の泉と名づく。水勢幾ばくならずといへども、参上の人数千人これを汲むといへども水失せず、大雨下るといへどもその水増さず。又山頂に池あり。雨の池と号す」といった記事からも分かるように、山頂に霊池があって、さまざまの奇瑞が示されているわけである。したがって霊池を司る水神があり、それが九頭竜という蛇体をとったことは、十分考えられる。

ただ水神をして九頭という異形をとったことは、和歌森太郎も指摘するように、一つの疑問であろう(8)。池田源太は、大和地方のクズ神に着目し、これが、雷神としてのクズ神であることを指摘している(9)。雷神は、大雨をもたらす水神でもあり、その本体は、荒れ狂う竜蛇神であり、これが、戸隠や白山の九頭竜神にあてはまってくると考えられている。戸隠や白山の開創縁起において、学門行者や泰澄、役小角などが最初に出会った山中の怪物が、九頭竜と称する地主神であり、これを験力により祀りこめることによって、山の開発が可能となるというモチーフがそこに成り立っており、このことは里人の側からの山岳登拝の意義づけとして納得されるものだったろう。

複雑な展開を示している六郷満山の方では、うつぼ舟にのってきた八幡が、豊前国馬城峰蓮台寺の麓の石清水の辺りにくると、鍛冶する翁に出会った記事がでている。だがこの山を開くべき八幡神はすぐ引っこんでしまい、代わって大神比義という人物が登場する。「鍛冶スル翁有リ。奇異ノ瑞ヲ現ス。其形一身八頭也。人是ヲ聞テ、実見ノ為、行テ是ヲ見ルニ、五人行ケバ三人ハ死ス、十人行バ五人死ス。故ニ其後ハ恐怖シテ行ク者《も》ノナシ」

（『六郷開山仁聞大菩薩本紀』）。そこに大神比義が登場してくる。彼がその場へ行くと、人はいなくて金色の鷹がおり、神変を示した。この大神比義は、八幡信仰の中では重要な役割、すなわち八幡神を顕在化した司祭者的役割をになっていたらしい。ここで注目されるのは、宇佐八幡の中心地である馬城峰に、鍛冶の翁がおり、しかも一身八頭の異形の存在であったというくだりである。恐ろしい霊能をもっていたらしく、他人をよせつけない話となっている。鍛冶は、古代社会にあってはシャーマン的な霊能者といわれており、原始古代の宇佐に先住していた山人と想像される。これが里人からみて無気味な霊力をもつとされ、一身八頭の姿をとるとしたのは、先の九頭竜を想像したことと同様の思考であろう。

里人の山人観としてもう一つ見逃せないのは、巨人伝説である。戸隠山の前山にあたる飯綱山麓には大座法師池がある。大座法師は、別称でダイダラボッチであり、これはダイダラ坊という巨人の足跡が泉になったという伝説によっている。浦和市の太田窪は、ダイタクボであり、現在では沃野となっているが、かつては足跡のような形をした窪地であった。東京にもダイダラ坊の足跡があり、代田というのはその一例として知られている。ダイダラボッチという巨人が山を一夜で作り上げるという伝説は、関東・中部地方によく残されている。とくにそれは平野に秀峰をみせる山々に多いのであり、群馬県の赤城山や榛名山、妙義山は、いずれもダイダラ坊の創作になったという。巨人がもっこで土を運ぶ途中、もっこからこぼれ落ちた土のかたまりがそのまま山と化するといった形で説かれ、そのときの足跡が窪地になり、池沼になる。それが今では良質の田となっており、神の田とか鬼の田の名が冠せられる場合もあった。

巨人伝説に対する柳田国男の考察では、(10)これが創世神話の一節であり、英雄伝説の形で流布したが、中心は八幡信仰の方にあるのではないかと指摘している。鹿児島県の大人弥五郎伝説では、大人弥五郎は、八幡神の家来であるが、祭日になると大人形に仕立てられ、焼き殺されてしまう。弥五郎は、巨人でありながら従属する神の地位に置かれているのも特徴である。山岳地帯にいくと、この巨人が、山岳の創造主と目されたのは、後世に流布した展開の中で生じた結果なのであろう。巨人も異人の一種であり、里人の山岳に対する発想として、このイメージは当然浮かんでくるものであったのである。

三　山岳と女人

ところで山岳と女性との関連は、山岳信仰を考える上での一つの課題であった。一般に女人禁制をいいながら、山中に美女が住んでいるという話はよく伝えられ、山中に姥・尼・姫御前にまつわる地名は多い。山神を女神説にとる縁起もこれまた圧倒的に多いのである。

白山の主神は、「白山之記」に「正一位白山妙理大菩薩」とあり、これは、泰澄が出会った女神に対する贈号である。『元亨釈書』巻一八、白山明神伝には、はじめて泰澄が越知《おち》峰に登り籠ったとき、霊夢に天女が現われて、白山登拝を示唆する。そこで養老元年四月一日、泰澄が白山の麓大野の隈笥河の東伊野原で、誦経していると、夢に見た天女がふたたび現われ、自分はあの天嶺つまり白山に居るから、会いに来るように伝えるのである。「(泰)澄乃登二白山天嶺絶頂一、居二緑碧池側一、持誦専注、……澄又渡二左澗一上二孤峯一値二一偉丈夫一、手握二金箭一肩擴二銀弓一、含レ笑曰、我是妙理大菩薩之輔也、名曰二小白山大行事一、……澄又昇二右峯一見二一奇服老翁一、神宇閑雅、語曰、我是妙理大菩薩之弼也、名曰二大己貴一、西刹主也……」とある。女神を主座とし、小白山大行事と大己貴を従えた白山三所の形が示されている。

白山には諸神が数多く祀られていたが、伊弉冊尊あるいは伊弉諾尊、そして菊理媛命を称する場合が中心といえる。前二者は夫婦神だが、後者は一人の女神であり、そしてこの神は『日本書紀』に一度だけ登場した珍しい神格なのであった。すなわち冥界に伊弉冊尊を訪れた伊弉諾尊が、死穢を恐れて逃げ帰り、境にあたる泉津平坂にきた。そこで、「時に泉守道者《よもつちもりびと》白して云さく、「言有り。曰はく、『吾、汝と已に国を生みてき。奈何《いかに》ぞ更に生《い》かむことを求めむ。吾は此の国に留りて、共に去ぬべからず』とのたまふ」とまうす。是の時に、菊理媛神《くくりひめのかみ》、亦白す事有り。伊弉諾尊聞しめして善《ほ》めたまふ。乃ち散去《あら》けぬ。但し親ら泉国を見たり。此既に不祥《さがな》し。故、其の穢悪を濯《すす》ぎ除《はら》はむと欲して、乃ち往きて粟門《あわのみと》及び速吸名門《はやすいなと》を見《みそなわ》す」(『日本書紀』巻第一)。これをみると、菊理媛神が白《もお》す内容は、伊弉諾尊に対し、冥界に行って受けた穢悪を、禊ぎ祓いすることによって払い落とすよう指示したことらしい。

白は神託を発する意で、白山は雪の白山《はくさん》ではなく、シラ山という菊理媛の神語から生じたという説もある。菊理媛神は女神であり、神語を発して浄化をすすめた神であるという、そうした存在が、白山の女神になっていることは注目に値するものだろう。

富士山の祭神は、神話の中でも有数の美女として知られる。天孫降臨後、皇孫がこの国の美女と婚した。美女の名は鹿葦津姫、またの名が木花咲耶姫であり、大山祇神の娘であるという。ただし木花咲耶姫が祭神名に採用されたのは中世以後のことらしい。古代に語られていた縁起の中で、代表的なものは都良香の「富士山記」(『本朝文粋』巻一二)である。この中の一節に、「又貞観十七年十一月五日吏民仍レ旧致レ祭。日加レ午、天甚美晴。仰観二山峯一、有二白衣美女二人一、双二舞山巓上一、去レ巓一尺余、土人共見。古老伝云、山名二富士一、取二郡名一也。山有レ神、名二浅間大神一」とある。これをみると、里人が山神に対し祭りを挙行している最中、山峯に白衣の美女が舞う姿を見たというのである。蒼天に富士の高嶺を仰ぐとき、そうした幻影を認めたことだろう。あるいは噴火で白煙をあげる光景をそのように描写したのかも知れない。

いずれにせよ、山頂に美姫がいたと考えられたのであった。ただ神名を言うのに当時浅間大神と伝承されていたことも分かる。アサマは火山と関係ある語だと思われ、他に信州浅間山や、勢州朝熊《あさま》山が知られる。もっとも朝熊山の方の縁起をみると、空海が登拝し、明星天子やその本地仏虚空蔵を招来させたことになっている。真言宗の寺院が強いから、女神も弁財天女という表現であり、女神が縁起の中心にはなっていない。

富士山においては、女神らしい浅間大神が、里人の眼からみると、山上の美姫という感覚でとらえられていたといえるだろう。これが山神の娘木花咲耶姫となったのは、神道家の解釈が入ったものの、それはごく自然な形で祭神化したと思われる。

さて日光といえば、二荒山信仰があるが、日光三山の一つに女峯があり、男体と太郎ともども三山を構成している。三山というわけ方をする以前の日光山の中心は、やはり女神であった。「此嶺有㆓女体霊神㆒」とか「其形如㆓天女㆒端厳美麗」といった表現が、平安末にできたと思われる「日光山滝尾建立草創日記」[11]に記されている。神道家の解釈は、日光二荒山神社の祭神を、大己貴命・田心《たごり》姫・味耜《あじすき》高彦根命の三神に仕立てている。それぞれ男体・女峯・太郎の三山に擬しているわけである。田心姫は、天照大神と素戔嗚尊が天真名井で誓約した時に、天照大神の方に生まれた三女神の一神である。この三女神は、やがて筑紫に下り、宗像神社に祀られるようになったと伝えられる。また田霧姫命とも書かれているが、いずれも筑紫で海神系の神格となっている。この神と日光女神の因果関係はたしかではない。

「日光山縁起」にのせられた日光の女神は、朝日御前という名の娘として描かれている。昔有宇中将という公卿が、狩にふけって天皇の機嫌をそこねてしまい、奥州へ下った。そこで朝日長者の娘を妻にめとり、六年にして子を儲けた。その名は馬王というが、馬王は成長して、侍女に子を生ませた。この子が猿麻呂といった。猿に似ているための命名である。陸奥小野に住むため小野猿麻呂といった。さて次に山争いの話がある。これは赤城山と日光山との間に行われた。とくに湖水の境界をきめるための争いであるが、猿麻呂は、弓の名手として知られる猟師なのである。そこで日光神に招かれてやってきて、女神が自分の祖母であったことを知る。祖母の女神がこの山に誘ったのは、赤城山神を倒すためだと伝えられる。赤城神はむかでの形に変化するから、日光神はうわばみのような形をして戦う。もし猿麻呂が援助して争いに勝てば、この山を与えて狩場にさせようという約束が成立する。猿麻呂はこれを快諾し、攻めてくる数多くのむかでのうちで、赤城神の化身と思われる大むかでの左の目を射て命中させてしまい、日光神が勝つことになった。かつて柳田国男は、これを「神を助けた話」という論文で紹介し、神が猿麻呂に山を与え、申口《もうしくち》にさせたことを指摘している。[12]つまり神意を伝える巫者という役割を猟師に与えたのである。

「日光山縁起」の主役である朝日御前については、朝日という名称が注目された。女性で朝日という存在は、神に奉仕し、また同時に神化する巫女であったという予測がなされている。お伽草子の物草太郎では、主人公の太郎とその女房が、後に神に祀られ朝日権現となったことはよく知られている。柳田は、「群山に抽でたる峯の上に於て、天に在つて最威力ある神を祀つた、其信仰の名残かも知れぬ[13]」といい、太陽信仰との関わりを指摘している。和歌森太郎も同様に、日光が、補陀落という山名が二荒となって、日光山と改称された根底に、この山を介して太陽を崇拝する日天信仰があったのだろうとしている。山の女神が朝日御前と称されたのも、そういった因由によるものだと推察している。[14]

岩木山の女神は、安寿姫であり、津志王の姉である。安寿津志王の姉弟の間で、まずこの山の頂上に登った者が留まって神となることを約束し、弟が百沢寺の獅子舞を見物しているうちに、姉が先に到着してしまい、山に登って支配したという話になっている。また津軽平野にある小栗山と岩木山との関係を語る話に、姉妹がある村において獅子舞を見ていたが、妹はひそかに出しぬいて岩木山に登って神となり、姉は岩木山神になれず、小栗山の神となった。そのため姉妹は反目し合い、小栗山麓の氏子たちは、岩木山には登拝しないという言い伝えを残している。

木曽御嶽でも、この岩木山縁起とよく似た本地物をもっている。醍醐帝の延長年間に、北白川少将重頼という公卿がおり、夫婦に子のないのを悲しみ、木曽御嶽権現に願掛けをしたところ、男子を得た。名を阿古太丸と命じ愛育したが、その後また女子を得て、利生御前と名づけた。しかしやがて奥方は二人の子を残し病死し、少将重頼は後妻をめとった。継母は兄妹をいじめるので、阿古太丸はその苦しみに堪えかねて屋敷を脱れ、木曽御嶽山麓にきたが、旅のつかれがこうじて病気となり、御嶽に登ることができず、山麓の板敷野という地で病没してしまった。父の重頼はそれを聞いて菩提をとむらわんと、姫の利生御前を伴い御嶽に登ったが、七合目までくると、姫は急病となり死んでしまったという。利生御前はその場で御湯権現として祀られ、以後、それより上へ女性が登山することを禁止するにいたったというのである。女人禁制と結びつけた説明となっているが、利生御前が御嶽の神となったことは明らかである。なお御湯権現の湯は、斎と同義語で、みそぎしてきよめるという意味になろう。つまりそこは聖域との結界を示す地なのである。

山岳に女神が祀られるということと、山岳に女性が登山することとは、以上のような縁起をみると、なんらかの関連のあることが示唆されるだろう。女人禁制と一般にいって、女性の霊山登拝を禁じたことと、そして山岳に女性が登って神化したという縁起とは、表現の上で大きな矛盾があるのである。そこで縁起で語られる女人禁制と山岳信仰との関わりを次に考えておきたい。

四　女人禁制と山岳信仰

霊山の中腹に女人堂があり、あるいはそこに女人結界石が設けられていたりして、それ以上の女人登拝を禁じたという口碑は、全国の霊山に及んでいる。

山中にある姥石・比丘尼石とよばれる石に共通する伝承は、その石より上まで無理に登ろうとして化石になった跡だとか、谷底へ転落してしまったということをもっともらしくいうのであるが、それを霊山の開創者と結びつけて説く類話がある。たとえば空海が高野山に住んでいるのを、八十歳の老母が、我が子に会いたくて登り出したが、女人禁制ゆえ許されない。そこで、この恨みを後世に残したいと、石をねじった、その跡がそのまま残っている。この石を境にして、空海は老母と対面することができたのだが、さらに無理して登ろうと、上手から大師の投げた袈裟に足をかけて登りかけたら、火が燃えてきて袈裟を焼いてしまった。その折の大師の足跡や手の跡が、岩の上に残っているなどと、いっそう女人禁制の強さを物語らしめている。

白山の泰澄が修行した越知山には、やはり結界石があり、これは姥が、これを越えて入ろうとしたら、谷底へ投げ落とされて死んだところといい、姥の泣き声がきこえるというので夜泣石とよばれたという。泰澄は三年間白山にこもっていたので、大師の母が逢いにやってきて、山を登りはじめると、岩が真二つに割れ、それ以上母の登拝は無理となった。泰澄はその場に駆けつけ、これ以上女身では登拝することが難しいことを説明し、女人禅定の印文と即身成仏の曼陀羅を与えて帰した、と伝えている。

「白山之記」には、泰澄の記事が少なく、女人結界について多く記すところがないが、釆女石・美女石についての説明がある。すなわち、悪僧小院良勢の一件をのべているところで、彼が越前の室に居付いて、非道の限りをつくしたために、加賀馬場の行人たちに追いつめられ、焼き殺されてしまう。その後、一人の僧が加賀の室にいるとき、室を石ではげしく打つ音がするので、外へ出て、そばにあった釆女という石のかげに隠れていると、二人の童子が現われて、土石で室を埋めてしまったというのである。この描写は、明らかに噴火によって、山容が変貌した状況を反映したものといえる。これは神霊のなせる業とみられている。ここで室の近くに釆女とよばれる石があったことが注意される。釆女は当時美女の代名詞のような表現であったから、別に美女石と称するのと同じである。美女石は、ちょうど女がたたずんでいる状態と似ているといわれ、「白山遊覧図説」には、この石の立っている険しい坂を美女石坂と名づけられていると記している。

この美女石にまつわる伝説をみると、有名な融尼の故事と結びつけられて説かれている。「白山遊覧図説」の記事によると、白山の麓瀬戸村という所に融婆という尼が住んでいた。融尼ともいい、鬼道を使って衆を惑す。「常ニ持咒駆祟甚有レ験」という状態で、酒屋を開き、酒を沢山作って、旅人に飲ませていた。三年で巨万の富を得た。尼は白山には多勢の諸国からの登山者が集まるから、山上で酒を売ればさらに儲かるだろうとの野心をいだき、美女を一人連れて山に登り出した。すると雲中から声あり、「融尼勿下以二女身一穢中神嶽上」。そして前方の道が裂けた。尼は気にもせず、裂け目をとび越え、さらに進んだ。すると天が暗くなり、また叱声があったが、尼は冷笑して、「溺《いばり》二於地一」したという。つまり尿を放ったというのである。山神は大いに恥ずかしめられた。「以レ辱二山神一山神震怒、前路又陥入数十丈」となる。尼は雲をよび、雲にのって、陥路を乗り越えて行った。しばらくして険しい坂にさしかかると、その中途で、「美女忽然化シテ化レ石」と、まず連れの美女が石になってしまった。これが今にいう美女石だという。尼の方は一向に恐れる様子もなく、長阪嶺を上っていくと、山が鳴りひびき、地震が起こり、尼が持ってきた酒甕は粉々に砕けて、路傍に散乱してしまった。この坂を甕破《かめわり》坂と称する。この時になってはじめて尼は驚懼し、あわてて下山しはじめたが、雲霧が道をさえぎり、方角が分からなくなってしまい、誤って雌渓東岸の上に出てしまった。ここが今にいう婆坂である。さらに尼が下っていくうちに、「瘴風一道来纏二其身一、亦化作レ石」と、とうとう石に化せられてしまった。これが婆石と称される。「至レ今禁二婦女之登山一者、其由レ此歟」というわけで、女人の登拝はこの故事により禁制にされてしまったというのである。

白山の融の婆は、トウルとよぶ妙な名前であるが、越中立山にも同様な尼が登場している。『倭漢三才図会』越中立山の条に、「伝曰、昔若狭小浜女僧名二止宇呂尼一者、伴二壮女一人童女一人一、推二参女人結界山一、故於レ此女乍《たちまち》化成二杉木一、因名二美女杉一」とある。若狭小浜の女僧で止宇呂《とうろ》の尼という者が、壮女と童女をつれて登山したのである。若狭小浜の老尼というと、ただちに八百比丘尼が想起されるだろう。年八百歳を経た老女であり、これは若い頃、人魚の肉を食べた故、不老の命を得たと伝えられる。加えてこの八百比丘尼を白比丘尼とよんだ。白比丘尼のシラは、生まれ代わっていくという意味を含めたものと推察される(15)。白比丘尼は、若狭を発祥の地として諸国を巡歴した巫女であるが、この巫女が、どうやら立山や白山に登ったトウロの尼と共通性を持っている。立山ではこの尼が二人の同行者を伴っていた。美女と童であり、美女は結界を越えたために美女杉となった。童の方は、加牟呂杉になってしまったと言われている。尼の方は、神罰によってとうとう額に角が生えてきて、身は石となった。石は姥石とよばれている。

柳田国男は、このトウロの尼の名称に注目し、もう一人金峯山に登った都藍尼と比較している(16)。これをトランノ尼とよぶところから、融の婆、止宇呂尼と共通していることは明らかである。都藍尼は、長く吉野山麓に住む、長命の尼であった。久しく修行した結果、金《かね》の御嶽つまり吉野の金峯山に登拝せんと思い、中腹まで行ったが、雷電がとどろくため、ついに登ることができなかった。都藍尼は、融の婆と同様にさかんに妖術を用い、他の女性より抜きん出た存在だったが、やはり山神の怒りの前に敗れてしまったといわれる。

柳田は、トウロという名前が、他に巫女の名称として知られるトラと同様に、宗教的職分の女性に対する総称ではないかと考え、古くは古代の巫女である生日足日のタルとか、大帯姫（神功皇后）のタラシと同じ語原からきたものではないかと示唆している。[17]

霊能高き巫者が登拝を試み、山神の怒りにふれ石や樹木に化せられたというモチーフが、右の三山にはいちおうはっきり語られている。これに類する事例は、戸隠山の中社から奥社へ通ずる道の脇にある比丘尼石で、以前そこに女人堂もあった。天保十二年（一八四一）の「本坊並三院衆徒分限帳」に、「一、女人堂、弐間二三間、従是おく女人禁制」と記されている。かつて結界を破った一人の尼が、この石になったと言われている。岩木山にも姥石がある。この山は、安寿姫が女神となっている山で、姫の後を追った乳母が、ここで石に化したというもので、乳母とするが姥で、比丘尼を意味する。岩木山の場合、近世津軽藩全体の総氏神とみられており、お山参詣は、年に一度の盛大な行事と化していたが、なお女人禁制はきびしく、藩令として定められていたことは興味深い。すなわち文化七年（一八一〇）八月三日付で、「岩木山参詣之節、近年参詣登山之者に若干女子共不レ参ト申唱、参詣之者ニ入交多々参候由相聞得候間、以来登之節急度差止申付旨郡奉行江申遣之」[18]（『要記秘鑑』所収）といった内容の禁令がでていた。これをみると女人禁制とはいいながら、男子に交って登拝する女性がかなりいたことを示しているのである。

木曽御嶽の場合、利生御前が中腹まで登りそこで死んで、御湯権現に祀られ、「至レ今女人詣ニ此岳一者以ニ此地一為レ限」（「木曽御嶽山縁起」）という説明となっている。この場合、姥や比丘尼のことはなく、ただ女人禁制を説明するだけである。女人禁制を言うために結界の石のことが語られていることが分かる。羽黒山の場合、月山の中腹に、ミコ石があり、月山の開山である蜂子皇子がこの石の上で、魔障を加持祈禱した石だとも、巫女が結界を破ったため石になったともいう伝説も伴っている。結界の石と巫女と女人禁制は、不可分な関連をもっていることは予測されるが、女人禁制の方がより強く語られている。「月山湯殿山女人禁制の儀は、極楽寂光は女人根闕候故御座候」（「羽黒三山古実集覧記」）という表現からも分かるように、女人禁制を先験的命題としており、その理由を後から付するという、山岳を管理する男性側からの発想が明らかである。

山岳で女人登拝を禁じたということの意味がいったい何であるのかは一つの問題であろう。一般に女人禁制の概念は、性によって男女の間に階層的差別を生じ、女が男より下位とみなされる場合に成り立つものである。日本の場合、少なくも中世以後の農村社会において、水田耕作の労働作業量の増大から、男性中心社会になったことは明らかであり、このことの反映として、村落共同体祭祀の中心であった神社に、女性が近づけないという慣行が久しく続いてきた。近畿地方の宮座祭祀などは終始一貫、祭りの準備、料理一切が男性の手で施行されていることは、よく知られている。近世の講集団の多くは戸主である男性の参加する儀礼が軸となっている。社会性を伴った祭祀や儀礼に女性の参加が遠ざけられているという理由について、大方の一致する見解は、女性の生理的な穢れが不浄の観念を生み出し、男性が浄、女性が不浄だとする考えを助長してきたためだといわれている。

だがこの点に限っていえば、原田敏明の指摘にもあるように[19]、古代社会において女性の不浄が、明確な意識となっているとは言い難い面が強い。たとえば古代における罪穢の中に、女性のいわゆる赤不浄は入れられてはいない。むしろ常識的理解からいえば、古代社会の神祭における女性の地位の優越性を証明する資料の方がはるかに多いのである。男性禁制による巫女中心の祭祀のあり方は、現今も伝承される沖縄地方の御嶽の祭りにも見られる通りである。また東北地方に伝承される女の正月とか女の節供、関東・中部地方の農村にみられる女の講などは、正月・三月・五月などの特定の日に限って、女性が中心になり宴を催すことで共通している。とくに田植え月を前に女が物忌みすることが、以前普遍的だったことと関連して、農村労働で男性優位となった段階でも、依然女性のもつ宗教性の優位が残存している結果とも解釈できる。

そこで山岳が女人を忌避するという理屈は、右の論理からすれば妥当ではない。多くの縁起が語っているように、山神は女体であった。女性が山中に入り女神化したというモチーフは多いし、神話上の女神が山神化したと説く場合もある。

女人結界を説明する姥石や比丘尼石にしても、その地点まで巫女が入りこんだ形跡を表わしている。柳田国男は、もし女人を禁制するのが本意ならば、何もわざわざ山の中腹に境界を画する必要もなかったはずだという。彼の言を借りると、「女人禁制は同時に又例の女人堂迄の女人歓迎を意味して居たのである。蓋し普通の女人は此の如き禁制を格別苦痛とはして居なかつたに相違ない[20]」ということになる。では何故境界をわざわざ設けたのかというと、登拝途中で断念せざるを得ない足弱の女性が、この地点まで登れば登拝の目的を果たしたことを自ずから認識できるためであったと推察する。女が石に化するという伝説は、男女を問わず聖地である山岳を汚した場合に、山神の怒りに触れて石にさせられるという信仰が素地にあったわけで、一方的に女が不浄だからというわけにはならない。また巫女がその地点で、岩や石を祭壇として山神を祀った形跡も十分に考えられるのである。というのは石に化したと伝える女性は、いずれも法力の優れた巫女だといわれているからである。

女人禁制を文字通り強調したのは、歴史的には山岳仏教・修験道の発展過程と対応している。先に女神が鎮座し、その女神と同一視される巫女があるのに対し、後から男性の行者が侵入したことになる。男性の行者は山岳を行場として修行した。したがって男性が優位の宗教教団が山岳に関与したことが、山における女性の地位を急速に弱めたことになる。このことは同時に山岳を眺めこれを崇拝する平地の里人、つまり農耕民たちの生活体系の中においても、男性優位の農業生産が根幹となったことと照応しており、里人の山岳観の投影が、そのまま山岳における女人禁制を当然だとする考え方として定着させたのであった。

注

（1）堀一郎「日本に於ける山岳信仰の原初形態」（和歌森太郎編『山岳宗教の成立と展開』所収、一九七五年、四九〜五四ページ）。
（2）和歌森太郎「山岳信仰の起源と歴史的展開」（同右書所収、二四〜二七ページ）。
（3）山形県教育委員会『羽黒山修験道資料』、一九七五年、一六ページ。「羽黒山縁起」（東北大学所蔵）は、奥書に永治元年（一一四一）三月十日とある。ただし保延七年が永治元年と改元されたのは七月十日であるから、後世、改竄されたものらしい。この写本は寛永二十一年（一六四四）羽黒山別当天宥が筆写したことになっている。
（4）同右。
（5）柳田国男「山人考」（『定本柳田国男集』第四巻所収、一七二〜一八六ページ）。
（6）前掲注（2）論文、三〇〜三二ページ。
（7）『曲亭遺稿』一五一〜一六三ページ。
（8）和歌森太郎「戸隠の修験道」（前掲注（1）書所収、一九四〜二四〇ページ）。
（9）池田源太「葛神と戸隠神社」（『神道学』三八、一九六三年）。
（10）柳田国男「ダイダラ坊の足跡」（『定本柳田国男集』第五巻所収、三〇六〜三二七ページ）。
（11）輪王寺編『日光山輪王寺史』史料編、一九六六年。
（12）柳田国男「神を助けた話」（『定本柳田国男集』第一二巻所収、一七三〜一七五ページ）。
（13）同右、二一〇ページ。
（14）和歌森太郎「日光修験の成立」（前掲注（1）書所収、二四一〜二六二ページ）。
（15）宮田登『原初的思考』、一九七四年、二五〜二七ページ。
（16）柳田国男「比丘尼石の話」（『定本柳田国男集』第四巻所収、二八一〜二八二ページ）。
（17）同「女性と民間伝承」（『定本柳田国男集』第八巻所収、三三六ページ）。
（18）福士貞蔵編『郷土史料異聞珍談』所収、一九五六年、一四七ページ。
（19）原田敏明「女人禁制」（『社会と伝承』二―四、一九五八年、二〇〜二九ページ）。
（20）柳田国男「老女化石譚」（『定本柳田国男集』第九巻所収、一四二ページ）。

第二章　山岳信仰と講

一　山岳信仰と民衆生活

山岳信仰と地域社会の民衆生活との関連についてはすでに先学の多くが着目してきたところであるが、そこには一定のアプローチがみられる。

それは桜井徳太郎による山岳信仰の表出形態に対するアプローチである。[1]能登半島の高山祭には三つの型式があり、第一の型式は山麓ムラの氏神として表出し、院内という一生活共同体によってのみささえられているもの。第二の型式は、院内ムラといった狭い地域共同体から脱して、山田郷という大きな地域社会にささえられたもの。これは文政九年の番帳札で「八講」という講集団を組織していたことが分かる。この二つの型式の間には第一型式↓第二型式という信仰圏の拡大があったという。第三の型式は近隣のムラで祀られる山の神信仰の集合体として高山信仰が想定されるものである。これは逆にいえば高山が山の神という型をもって地域社会に表出したものといえよう。以上の三型式の表出形態の提示は、山岳信仰と地域社会との関連性を分析するための有力な指標であると考えられる。

つぎに、柳川啓一の出羽三山と地域社会との関連について分析した論考がある。[2]三山周辺で三つの地域共同体を選び、そこにおける三山信仰の表出形態が地域ごとに相異する点があげられている。一つは山形県最上郡舟形村長沢の例で、ここは三山講はないが、成年式を迎える若者からなる八日講があり、三山登拝を行っている。二つは西田川郡念珠ヶ関村小岩川の例で、ムラ全体が加入した三山講を作り、代参者を送る。三つは東田川郡大和村廻館の例で、三山講は同信者によって組織されており、その中から代参者が送られる。この異なる三つの型は、地域共同体の関連の仕方の差異が基準となるわけである。柳川は現在の信仰組織を「宗教集団に属する人間が相互にいかに結ばれているか」また「相互に何によって或は何の関係で結ばれているか」を追究している。柳川の指摘した三つの型式は三山信仰に基づく講集団であるけれども、講集団内での人間関係をみることによって、地域共同体的結合との関連性が明確にされ、地域共同体における山岳信仰の表出形態の差異が浮き彫りされているのである。桜井が前記論考の中で指摘した第二型式の「八講」の様態はこれをさらに、個々の地域共同体内部から観察すると、さらに明確な地域性が摘出され得るものと考えられる。

ところで両者の取り上げた山岳自体には大きな相異があることに気付く。一方の高山はたんに一地域社会内の霊山に留まっているのに対し、三山の方は東北修験道の拠点と目されるいわゆる霊山名山の類に入っている。こうした差異にかかわらず、民衆生活との関連という点からみるなら、形態的には共通する点が多い。すなわち桜井の指摘した氏子集団→講集団という信仰圏の拡大は、出羽三山の場合にも成年式登拝の講集団（八日講）→代参講（ムラ全員加入型→同信者集団型）の過程に対比され得るからである。

また、能登の高山祭に示された三つの型は、いわば日本の山岳信仰が地域社会の民衆生活との関連において把握される典型ではなかろうか、すなわち出羽三山のように他地域社会内に受容され、展開している霊山信仰の先行形態を示すものではないかという予測が成り立つ。

以上の観点から指摘できる諸点に着目しながら、今までに報告されている資料を手がかりに考察してみたい。

二　地域社会の信仰形態

まず日光白根山と山麓の上小川・穴沢・仲井・下小川の諸ムラとの関係がある。[3] これら山麓のムラは旧六月十六日に全戸の男子による登拝がある。各ムラには白根山の氏子としての意識がある。また、片品川を境に右岸は武尊山の氏子、左岸は日光白根山の氏子といった考え方や、白根山の氏子は赤城山へ登ってはいけないともいっており、地域社会の住民たちが、自分たちの信仰対象の山をはっきり意識している。

筑波山と周辺のムラとの関係には、[4] およそ三つの型式が見られる。一は真壁郡紫尾村・真壁町・谷貝村・雨引村・大国村（東麓地域）に見られるダイドウ組の祭り（旧二月一日〜三日）である。ムラの地縁組織の組ごとに頭屋を決め、そこに筑波の神を招いて祀る信仰型式。二は筑波郡田井村など南麓地域に見られるオムジンというやはりダイドウと同じく、組ごとの頭屋で祀る型式である。オムジンの場合には祭日（旧二月十五日）にとくに代参者を二名登拝させその帰村を待ってから祀るという。

一、二ともに組結合と密着しているわけであるが、これがさらに発展したと思われるのが第三の型式の筑波講である。これは石岡町から柿岡盆地へと山麓から拡大した地域社会の上に成立している。講で行うまつりの方式はオムジンとあまり変わりないようで、やはり代参者が祭日（旧八月末日〜九月二日）の早朝に登拝するという。

日光白根山も筑波山もともに一地域社会での霊山である。右にあげた事例からも前記能登の高山祭の類型と共通する点があることが指摘できる。

つぎに他地域社会に進出している山岳信仰についてみたい。この場合には人口に膾炙された霊山名山の類が挙げられるわけであるが、どんな霊山名山でもまず山麓の地域社会に形成される信仰形態が存在するのである。これはいわば一つの地域社会内の霊山と同様の存在であり第一次信仰圏として把握されるべきものである。したがって遠隔の地域社会にはいわば第二次的な信仰形態が表出するわけである。こうした霊山名山信仰には、信仰の二重構造の存在を摘出することになるが、従来の研究視点にはこうした点が不十分であったため、適切な資料が得られていない。

柳田国男が「山宮考」の中で、山宮に対する里宮として富士周辺の浅間神社を把握しているが、富士信仰全体からみると、これは第一次の信仰圏といえる。富士信仰は中世末から富士道者の活躍による浅間神社の各地への勧請があり、さらに近世期に入ると、富士行者の活躍による富士講の簇生という二次、三次の信仰圏の拡大とそれに伴う複雑な展開が各地域社会ごとに見られることになった。

木曽の御嶽信仰は、山麓のムラに里宮としての御嶽神社（黒沢村・王滝村）と御嶽の小祠を成立させた。これらは中世末から近世中期にかけて、御嶽道者に支配されていた。道者の中から行者が成立し、御嶽講が組織されて近世末期には他の地域社会に浸透展開するに至るわけである。(5)

武州御嶽は、山麓の稲毛地方の農民の間に秋の収穫後、初穂を焼米にしてムラ全体で登拝して納めるという信仰型式を表出させている。(6)また御嶽の御師の宣伝により「百姓の大祖神」として武相甲駿両総の農村地帯に進出して、「雨乞いの水」とか「山上の御砂」に霊験をもたせて展開していった。

以上のように、能登の高山から武州御嶽にわたるおよそ七つの山岳を民衆生活と関連させながら地域社会の信仰形態に表出させている事例をあげ概観してみたが、かりに一つの山岳を中心に信仰圏を設定してみると、山麓により近いほど、地域共同体と密着した——たとえば氏神とか山の神とかムラ全体の登拝を必要とする型で表出しており、信仰圏が拡大するにつれ、講集団——これも地域共同体意識の強弱に応じて、組結合と等しいものからたんなる同信者結合の代参講集団に至る――を成立させていることが推察できるのである。

三　ムラにおける講集団の成立

ここでさらに問題を絞って山岳信仰の地域社会への展開の仕方を、地域社会における講集団成立の展開として、とらえてみたいと思う。

秩父の三峯信仰は元来、山中に跳梁していた山犬ないし狼＝山犬を一種のつかわしめとする山岳信仰であるが、修験の介在と宣伝により遠隔地に進出するに至った例である。甲州下九一色村中山組に見られる三峯講は[7]、全戸が加入し、毎年十月代参人二名をたてる。代参者は登拝して三峯神社から、講員各自の札と講社に与えられる折札一枚をもらって帰村する。この折札には御眷族と称する山犬の姿が描かれており、神霊がここによりつきムラへ招かれたと考えるのである。代参者は帰村するとただちにその折札をもってムラ中を巡り講員に拝ませ、しかる後、ムラの小高い所の祠に祀った。この三峯の小祠には、御眷族の食物として毎月一回（十五日か二十五日）御飯を焚いて供えねばならない。講で食物を準備することを「こっち扶持」という。これに対して「向う扶持」がある。これは講が折札一枚の御眷族一体に対する食費代として定額を神社側に払い込むもので、食物は神社側で御眷族が戻ってきて食べられるようにとの意味で社の裏山に供えたという。講員に配布される札は小札・大札・特別大札とあるが、いずれも火難・盗難除けのためのもので、家や蔵の入口に貼られた。その霊験がきわめてあらたかであったことを伝える古老の話を土橋里木が記録している[8]。

この三峯代参講は、地域共同体と密着した形態をとっている。折札が小高い丘に祀られムラ全体の災難除けとしてムラを保護する機能を持つわけであるから、代参講によって持ち込まれた三峯の神が、やがてムラで氏神化する先行形態と見做すことができる。

碓氷峠の東麓坂本町の入牧地方ではムラ内の各組ごとに山の神を祀り、山の神講を形成している。講員は山の神を、オーヤマ様、三峯様・オイヌ様とよんでいる。山の神講の掛軸にはお犬さまを二匹つれた大山祇命の絵が描かれているから、(9)明らかにこの地域社会が在来から祀っていた山の神信仰に三峯信仰が習合した型といえる。

つぎに戸隠信仰の展開例をあげてみる。戸隠信仰は、中世期は修験の山として名高く、山腹に八十坊と称する御師ムラが形成され布教の拠点となっており、広く信仰圏を拡大させていた。長野県西筑摩郡田立村は六組に分かれ、戸隠講はこの組と密着し、組＝講集団となって表出している。この講は一月下旬の集会で戸隠神社からもらってきた御札と大みくじを配布する。講員は各自御礼を神棚におさめる。大みくじは「戸隠神社種兆」のことで、これには「稲」なら「ワセ八分、中テ八分オク七分」といった具合に、農家の毎年の収穫物に対する占いや毎月の天候の模様を占っている。(10)こうした農耕暦に関与する方法は、戸隠講が農村社会に成立、展開するために有効な手段である。元来戸隠山が周辺の地域社会から武州御嶽や雨降山である相州大山や赤城山などと同じように信仰されていた要素が、遠隔の地域社会においても発揮されている例として指摘される。なおこの戸隠講の「講社帳」（大正十五〜昭和三年）の終わりに「家中社里宮　横倉千早、西筑摩郡講者、代参講組組織十二人一組」とあることから、戸隠山からの直接の接触を見ることができる。横倉氏は戸隠御師で院号十輪院を名のり、(11)西筑摩郡全体を掌握していた。

とくに火難除けの霊験で名高かったのは秋葉山信仰である。とくに十二月十五日の火伏火渡の儀式が喧伝され、(12)代参講を各地に成立させた。旧仙台領の一農村の例として報告された秋葉山講は「丁度風向きの具合でどこかの一軒に火事がでれば共同の危険に冒されそうな一区域の十五、六戸が一団」となって講をつくり順番の宿で春秋二回集会する。神札は「法印様」から「火防災難秋葉山神社」というのをこしらえてもらい家内に貼りつける。講会は宿へ昼間から夕暮れまで集まって火事の手柄話や災難話をして過ごしその後赤飯をもって「法印様」が管理する秋葉山神社の前に供えてくるといったもので、とくに代参を立てる形式ではない。ここでは「法印様」の存在が大きい。先の戸隠講では、戸隠御師横倉氏が代参講を掌握していたが、この場合にはいわゆる里山伏として民衆の宗教生活を指導する法印が、一地域共同体内における秋葉山信仰を支配しているのである。地理的にかなり遠隔地に当たる地域社会内では、法印のような民間宗教者の権威が強いのでありこういうケースも生じているわけである。

四　マチの山岳信仰

今まで述べたケースはいずれも地域社会でも農村社会に限っていた。しかし地域性を問題にしていく以上、社会構造が異なる都市の場合も当然論じていく必要があろう。都市の民俗という課題も不十分のままであるが日本社会は全国到る所でムラからマチへさらに都市へと変容していることは明らかである。そこにはムラ的なマチ、マチ的なムラといった状況も指摘され、民俗変容も複雑な様相を呈している。常識的にいえば、都市は農村にくらべて共同体的結合が稀薄であり、人的構成もほぼ農民中心の単一構成の農村社会に比して異質的なものであることは疑いのない事実である。原田敏明はムラからマチへの変移の上で宗教がいかなる変相を示すかを論じている(13)が、その中で「町方では各個人、もしくは各家にその個性があって、ために全体の結合が弱く自由でかつ解放的」である故に「全能の神仏でなくて、火伏せの神、海上安全の神、安産の仏、子育観音」とおのおのの表出形態が機能的に分化している必然性を説いている。

ところで具体的に都市社会を設定する場合に、東京とか大阪を考えるのはごく自然であろう。両都市とも近世社会以降現代に至るまでの代表的都市社会を形成しているからである。しかし現代の両都市を対象とするにはあまりにも方法論が未熟である。したがって、現時点では両都市の母胎であった江戸、大坂を対象として考えていかざるを得ない。そこで、とくに江戸における山岳信仰の表出形態とその実態につき実例を吟味したい。

江戸においてもっとも勢威のあった山岳信仰は、富士信仰の富士講である。松浦静山の『甲子夜話』に「コノ一類殊ノ外ニ盛延セル故ニヤ、官ヨリ度々禁断ノ旨下ルト雖モ暫時忍ビ居テ又起リ、倍々増蔓シテ、今ニ及ンデハ如何ント為ベカラザルニ至レリ、漢ノ張角黄巾ノ賊モ、始メハカカル者ニヤ有ン」と記すごとくであった。事実、幕府の禁令が、寛保二年以降天保十三年に至るまで前後六回出されていることからも明らかであろう。

富士信仰の展開過程は、前述したように第一次信仰圏は山麓の浅間神社中心であり、これがさらに各地に伝播して第二次信仰圏となった。浅間神社の勧請は同時に富士塚の成立をも促している。江戸時代にいわゆる人造富士の簇生がみられる。これは富士講の展開と比例するものであった。すなわち「都て石をたたみて富士をつくること近世の流行なり」[14]と書かれているように、厳石の山形を作り富士と見たてたものである。これは先述した三峯の折札が祀られたり、秋葉山神社が建てられたりする形式と同類のものと解される。山岳信仰が民衆生活と関連した際の有形文化として表出した場合と考えられる。

人造富士の成立は、富士行者藤四郎が建てた「高田富士山」が安永九年[15]、深川八幡境内の富士が文化年中[16]、下谷小野照崎神社前の富士が文化十一年[17]、目黒富士も文化年間[18]、深川永代寺、鉄砲洲稲荷、茅場薬師境内の富士はそれぞれ文政年間[19]と、いずれも近世中期以後に集中している。例外なのは駒込富士で、『新編武蔵風土記稿』によれば「天正元年五月木村戸右衛門、牛久保隼人と云民、浅間ノ霊夢ニヨリテ、本郷ノ内ニアリシ古塚ヨリ、行基ノ午王坂及幣帛ヲ得タリ、故ニ其所ニ一社ヲ建立シ、富士浅間ヲ勧請ス」とあるから当初は富士浅間の勧請↓富士塚の形態であったらしい。『新編武蔵風土記稿』にはさらに末社として富士講中興の祖といわれる身禄が祀られているので、人造富士の先行形態ともいうべき富士塚が、富士講に吸収された結果を示しているといえる。

ところで江戸の富士講がいつごろに成立していたか問題となるところである。井野辺茂雄の研究によると、「元文丙辰年初て江戸身禄同行と申を取立」[20]とあることや、宝暦年間に創設されたと伝える講が多くあることから、ほぼ一七三〇～一七五〇年代に当たる。別の例をみてもたとえば大山講も宝暦、明和以降盛行しているし、木曽御嶽講も江戸の初見は寛政九年であった。近世中期の民衆が江戸という地域社会を脱して山岳に登拝する心意をいかに解釈すべきか論ずる余地があろう。ここでは省略し、さらに富士講の形態をみていく。天明二年、渋谷道玄坂の大先達吉田平左衛門の率いる「江戸舎講中」には、さらに二五の小さな講が包含されていた。つまり山吉講を元講として他の二五は枝講の関係で存在しているわけである。[21]「江戸八百八講」といわれた富士講は元講と枝講の集合として理解される表現であろう。

富士講は町触にみられるように「職人・日雇取・軽き商人等」の間で広まっていたわけで、「富士の加持水」により病気を治したり「病人え加持祈禱」する富士行者の霊能が信仰対象となっていた。

江戸の大山信仰において重病人がある時に石尊垢離取を行って病を治してもらおうとするのと同様に、都市の生活環境に基づいた信仰なのであり富士講だけの特徴とはいえない。しかし、東北地方の秋葉山講について触れたが、「法印様」と同様に有力な民間宗教者が地域社会において勢力をもつならば、その霊能に頼り、本来信仰の対象たるべき山岳は間接的な信仰対象に止まってしまうのである。富士信仰の総元締たる富士吉田の御師は本来その支配下にあるはずの富士行者たちに信仰圏を握られてしまい、富士信仰は富士講行者の手によって江戸という地域社会に独自の現象を生み出したのである。

こうした都市社会の複雑な表出形態を知るために具体的な代参講の実態を今後分析する必要があり、その一例として第三部第四章において、「五　三峯代参講の構造」を分析している。

山岳信仰が地域社会ごとに成立、展開していく際に、その地域社会の制約に基づいた態様のみられることを、民衆生活との関連面からとらえようとしたのであるが、こうした観点に立つ場合には、一つ一つの地域社会におけるインテンシィヴな調査を施して初めて回答が得られるわけである。ここでは若干の資料を基に展望をしたに過ぎない。

注

(1) 桜井徳太郎「民間信仰の重層性」『日本民間信仰論』所収。
(2) 柳川啓一「村落における山岳信仰の組織」(『宗教研究』一四三)。
(3) 都丸十九一「白根登拝」(『民間伝承』一三―一〇)。
(4) 荒川潤「筑波の神のまつりと信仰」(『民間伝承』一三―八)。
(5) 宮田登「近世御嶽信仰の実態」(『社会と伝承』五―一)。
(6) 古谷清「武州御嶽山記事」(『郷土研究』三―四)。
(7) 土橋里木「三峯講の話」(『郷土研究』五―二)。
(8) 同「山犬の話」(『郷土研究』五―一)。
(9) 都丸十九一「山の神講と十二様」(『民間伝承』一六―一)。
(10) 鈴木正彦「信州西筑摩の講」(『民間伝承』八―五)。
(11) 宮沢嘉穂「戸隠案内」(『戸隠史説研究会』、一九五五年、一七ページ)。
(12) 布施辰治「秋葉山講」(『民間伝承』三―五)。
(13) 原田敏明「村から町へ―宗教の変相―」(『地方史研究』七―四)。

(14)『東都歳事記』六月朔日条。
(15)『江戸名所図会』高田八幡宮条。
(16)前掲注(14)参照。
(17)同右。
(18)『武江年表』文化年間記事。
(19)同右書、文政十一年条。
(20)井野辺茂雄『富士の信仰』、一六四ページ。
(21)同右書、一六七〜一七〇ページ。
また横浜市内の富士講を詳細に報告した大谷忠雄も元講—枝講について触れている（『日本民俗学会報』一七）。

第三章　木曽御嶽信仰と御嶽講

前章の視点をうけて木曽御嶽信仰の地域社会における展開の事例を以下考察してみたい。長野県西筑摩郡にある木曽の御嶽が「行者の山」として、今日のごとく東日本中心に信仰者の講を展開させるにいたるまでには、およそ三つの段階があった。すなわち(1)特別な潔斎を経た「道者の山」として、信仰圏が、木曽谷を中心とする地域社会にとどまっていた段階。(2)近世中期、外来宗教者である覚明、普寛による「御嶽開山」以後、主として江戸、尾州を中心に代参講を形成、展開させた段階。(3)その代参講を糾合して、明治初年、いわゆる教派神道教団の中、神道御嶽教、神道修成派、神習教の諸教団が成立し、ほぼ全国的に教線が拡張される段階である。ここでは、とりわけ(1)と(2)の段階において、御嶽信仰の地域社会における密着、浸透の実態をのべてみたい。

一　御嶽神社と道者

御嶽神社は、御嶽登山口にあたる長野県西筑摩郡黒沢村と王滝村にある。いずれも御嶽山頂の奥社に対する里宮と称している。王滝村の御嶽神社は、近世には岩戸権現と呼ばれ多くの古文書を所蔵しているが[1]、その中の永正四年の祭文には、「王ミタケザヲウコン現サト社イハ戸ヲウジケンゾク十万ノコンガウドウジ五万八千ノブルイケンゾク」とあり、永禄五年の祭文「諸神勧請」の最初に「キノ国モロノコウリヲトナシガワノハタニヒヤウブガヲカニアトヲタレタマウクマノワニツポンダイ一ダイリヤウゴンゲン」と熊野権現の名をあげている。また神主が午王宝印を配布していたのであり[2]、熊野信仰とのつながりが多くみられる。一方、黒沢村の御嶽神社は洪水のため文書がしばしば流失しており、主として近世中期以降のものしか残っていないが、正徳六年の「木曽谷中堂社禰宜帳」には

一、御嶽蔵王権現　山上に風こらあり
一、安気大菩薩本社（宮地内五十間四方除地社壇拝殿宝蔵一宇浴室一宇）
一、安気大菩薩若宮（宮地内二丁四方除地社壇経堂社堂、殿宮）

とある。また社伝には「至徳二年木曽伊予守家信造二営若宮祠一、天文二十三年木曽左馬頭義康造二営本社祠一」と記されている。若宮が村のほぼ中央に近い部分にあるのに反し、本社は村はずれの小高い丘の上にあり、祭りも若宮中心に行われてきている。祭礼は近世には六月十二・十三日であり「近郷の男女群衆す。此日五穀成就の祈禱大般若転読勤行なり[3]」と、福島町から寺僧が来て若宮で転読勤行していたのである。また享保十一年の記録[4]に、

六月十二日午未両刻之間、有二神主一勧二請本宮大権現御正体於神輿一。則神人産子等悉皆作二神輿一遷幸二　若宮道路二之供奉且焉。神輿遷二幸若宮一之時、三度左二遷宮殿一、神主独進頂二戴御輿之中御正体一、而奉レ安二鎮若宮大権現御正体之左座一。次於二両大権現之御広前一、謹供二御饌御酒一、奉二幣帛一誦二祝詞一。（中略）明十三日午未刻両刻之間又有二神主一勧二請本宮若宮両大権現御正体於神輿一。則同前日神人産子等亦悉皆位二神輿之供奉一。一度左二旋流鏑馬之場一。次三度左二旋奥宮之遙拝殿一而後還幸。
爾来到二十月二日丑上刻一、本宮大権現与若宮大権現鎮座所而垂二冥感一也。同到二丑下刻一有二神主一、亦勧二請本宮大権現御正体於神輿一、則密密還幸。

とある。すなわち神輿は六月の祭礼に本社から若宮へ渡御し、秋十月に密々に還幸するのである。現在でも新暦

七月十八日に本社から若宮へ神幸があり、十一月二日の夜中に戻ってくるが、村人は、此夜に神輿と途中で逢うことを憚り謹慎しているという。黒沢村の御嶽神社は王滝とくらべると規模も大きい。木曽谷の中心地の福島との距離も近く、為政者とのつながりも深かった。[5] 神主武居氏は代々世襲制をとり、御嶽の「御山支配」を近世中期まで独占し、京都の吉田家から認可されていた。また、諏訪の宮司武居氏の分かれだといい、[6] 譲状を所蔵しているが、王滝神社に比べ早くから修験の色彩を薄めていたことがうかがえる。武居氏も王滝の神主滝氏もその出自は修験者であり、蔵王権現を保持して木曽谷に定着し、近郷の村々に権威を持ち、御嶽登拝の前導を行っていた。そしていわゆる御嶽道者を養成していた。宝暦年間の『吉蘇志略』には「凡欲レ登二御嶽一者、潔斎七十五日、六月十五日登山」「毎年六月十五日諸人登二御嶽一時祠官前導」と記されている。また寛政年間の『翁草』下巻には、「御山禅定は百日精進せずしては上り得ず。其間は行場に入り修行をなす。昼夜光明真言を誦し水垢離をとるなり。其料金三両二歩百日の間の行用とす。如レ斯なれば軽賤の者は登り得ず。生涯大切の旨願ならねば籠らずとなり」とあり、道者の登拝のためには百日間の重潔斎が課されていた。黒沢村御嶽神社文書の中寛政四年に神主が示した道者の規定[7]によれば、

本道者格之事

一、潔斎四月三日より心懸、六月朔日より急度別火ニ而三度宛とり、諸事清浄ニ水慎忌服之者ニ同座同談を
　禁中候
一、祭礼両日五百度の拝礼神前へ相詰候而神幸之節御供
一、同十二日朝本社ニ而御湯立、十一ヶ所迄
一、同十三日昼若宮遙拝殿ニ而三拾八神楽
一、御初尾金壱両

一、十三日夕若宮ニ而神役相勤候者共へかるきふるまい森之内ニみよと申候木屋を掛、台所可レ致候

とあるが、これによると祭礼の際に神輿渡御に供奉する神人産子は、潔斎を経た道者たちであったことが分かる。精進潔斎を経た道者たちは祭礼の終了後、御嶽登拝を行ったのであるが、この寛政四年の史料以前のものと思われる「御嶽登山儀式抄」(8)の中の「御嶽山座王権現登山次第」によれば、

本精進ハ三月三日ヨリ精進ニ入潔斎別火ナリ。是ヲ本精進トモ本道者トモ云。

次ニ湯道精進ニ入ニハ四月八日ヨリ潔斎別火也。

次ニ合力精進五月五日ヨリ潔斎別火。

次ニ伊多道者右同断是ハ女精進登山事也。

先達モ五月五日ヨリ潔斎別火ニ改勤者也。

右之輩精進ニ入ルヨリ新敷衣類者皆々白衣ヲ用ユ。椀諸道具新規ヲ用ユ。是レヨリ女中ノ寝室へ足踏セス。

不浄ノ人ヘモノ不申。仏事参詣セス衆人同座セス。

御ヒネリ精進六月一日ヨリ潔斎別火ヲ勤。但是ハアツラユル也。

右精進之間五辛並ニ魚鳥食用ハ堅制也。本精進ハ五月五日ヨリ東小路神田米ト申ヲ可レ用

と記されている。当時の精進潔斎の様子がおよそわかる。

右の中、伊多（イタ）道者は女性をさしている。イタという語がイタコ等と同系のものであるとするなら、激しい潔斎の後、女道者による神がかり的な状況も当然生まれてきているだろう。こうした潔斎を行う場所は各村にあったらしい。たとえば、「若宮遙拝殿と申ハ御祭礼之節登山之者相詰候場所有レ之、村々詰所相分候処王滝村詰所有レ之」(9)などと記されている。しかし登山する時には全員が黒沢村へ集まって登った。道者はいわば現在の行者の前身であり、容易には成ることはできなかった。同時に御嶽登拝は一般の村人にとって不可能なことで

もあったので、御嶽に登山した道者は数こそ少ないけれど、村人の間に尊崇を得ていたであろう。道者のムラでの活動がどのようなものであったか明確でないが、現在木曽の村々の一隅にウジガミと称する石碑か祠が祀られている。たとえば新開村黒川樽沢では、ウジガミを旧三月三日に祀る。御嶽行者が位墻（ガキ）を作り、村人は各戸から順番の宿へ米二合五勺を持って集まりノリ（オシロ餅）を作った。午前中に若い衆三人が一尺五寸位の檜をこすり合わせてウジガミの火をつくった。昼過ぎ火を持った行者を先頭に、男だけがノリと御神酒を持って祠の前まで行き、行者がお祓いをした。このウジガミの位墻作りは、前出の「御嶽登山儀式抄」によると「道者中銘々氏神位墻造リ阿志呂納森ニテ湯立神事」とあるところから、村人たちの信仰生活を行者が指導する神事の一つと考えられる。

以上のような神主や道者グループによる御嶽信仰のほかに、木曽谷の宗教社会を形成していたもう一つの要素をつぎに紹介したい。

二　木曽山伏

蔵王権現を主座とする御嶽神社が、当初にいわば各国に設けられた修験道の霊山である国の御嶽[(10)]を出発点としていたことに疑いはない。しかしたとえば甲州御嶽や武州御嶽にみられるような、近在の山伏の登拝対象とはなっていないのであり、これは木曽御嶽の独自の型といえよう。王滝村の滝氏は、慶長三年と同九年と、さらに年号不明の「釜之神祭文」、年号不明の「土后祭文」を持っている。山伏としての祈禱行を行っていたことが分かる。一方、寛政二年の『堂社人名御改帳』には、

本山修験天台宗聖護院宮家京都住心院霞下信濃国筑摩郡湯舟沢村、生国信濃　吉祥院照常　酉六十九歳

とあり、以下二六名が連記されているがそこには滝氏の名はない。これら二七名の木曽山伏の頭立つ者は、上松村儀正院と上田村観行院であり、上田村観行院は「観行院、天台宗修験道、本山為木曽谷中惣録司」と記されている。(11)上松村儀正院については、享和二年に王滝村山伏家寿坊なる者が跡目を悴につがせるために王滝村庄屋組頭ともども「御役所江願申上候間乍レ恐御世話宜ニ御取持ニ御願」と儀正院に頼んでいる。(12)木曽山伏御嶽登拝の関係を示す史料はほとんどないが、享保四年御嶽見分御用のため登山した(13)福島奉行所役人八名は五月十八日に「登山の義例モ有レ之精進ニ入」って六月十五日に登山した。このときの先達に「禰宜武居宮内大輔、案内山伏玄中法印」とある。すなわち山伏玄中法印が案内できるほどに御嶽を知っていたことがわかるが、木曽山伏のうちにこの玄中の名に相当する者がなく、その出自は不明確である。

木曽の村々には山伏にまつわる伝説が多く(14)「山伏塚」「七人塚」の類が多い。いずれも大峯山へ入峯の途中とか廻国修行の途次木曽に立ち寄ったさい、地元の木曽山伏に殺されたので、その祟りを恐れて祀ったという伝承がある。これからして外来の山伏が定着していった事例もあったのではないかと思われる。現在この木曽山伏の唯一の法灯を継ぐ上松町持福院に所蔵される経文類をみると、承応三年に死んだ開基源春の用いたと思われるものに、元和六年の奥書のある「仏説大荒神施一与福徳円満陀羅尼経二」と元和五年の「衆病悉除願文」とがある。近世初頭に木曽山伏の活動が始まっていたことが分かる。これはすでに木曽山伏が御嶽の支配者である武居、滝両氏に代わって道者以外の村人の信仰生活のなかに浸透している道筋を定着させていたといえる。木曽山伏の具体的な岨動をみると、天保十二年の『岨俗一隅』(15)に、

(1)正月四日、是日寺社修験の年礼なり。

(2)是月祝詞若は修験を家に招し祈禱をなさしむ。是を家祈禱と称す。年中の災厄を壊す為と云。（中略）

(3)寒に入てより数日有て修験来りて寒の水と云事を為す。其式前夜修験数人宝螺を吹き明日八早《ママ》から寒の水と唱へ市中を巡る。是を聞て家々早朝より水を手桶に汲、門前出し待受。水は修験二人裸にて頭は油紙にて包み下帯の上に注連縄を纏ひ家々の門前にある水をあひて巡る。

(4)十二月是月神主修験家々を巡り幣を製し（中略）祓を誦、其幣をクルクルと巻明年の吉方に挿ましむ。

(3)に示された寒行は御嶽行者の主要な修行の一つである。新開村黒川下条では御嶽講日待の前日にこれとほぼ似た行事を行っている。(2)の家祈禱について、上松町持福院の行っている例をみると、これを春祈禱ともいい、二月に入ると村の各戸を巡り、内荒神を中心に祀るのであるが、まず「荒神ベヤ」(16)に入って内荒神、つぎに竈荒神、つぎにマヤ（馬屋）荒神、最後に神棚を祓った。祈禱の方式は、最初に本尊の大聖金剛不動明王を勧請するために不動経を誦し、般若心経、神祇講式、大般若理趣文(17)、仏説大荒神経(18)、観世音菩薩普門品、日天子御真言、月天子御真言、荒神の御真言、諸天子の御真言を順序に誦していき、終わって御幣を切りお札を替えた。お札には「奉納三宝大荒神家内安全息災延命　七難即滅　七難即生」と書く。家祈禱は村の年中行事的なものであるが、ほかに山伏が随時招かれる場合があった。山伏障り（生霊、死霊）のある家に行って呪文を唱え矢を放つ。これを四方鎮めといった。その後中央に大日不動明王、東に降三世夜叉明王、西に大威徳夜叉明王、北に金剛夜叉明王を勧請する、病状の激しい時には梵天を作り、その前で三日間法華経八巻を誦し、障りを落とした。狐つきの時も法華経八巻を読んで落としたという。また山伏は自分の家に霞の信者たちを集め、日待と月待を行い、日天子と月天子を勧請する。そのさい、中心の行事は、憑座（ヨリザ）にあった。憑座は山伏とイチ(19)から構成されている。憑座の立つ三日前から山伏の前祈禱が始まる。イチは山伏の前に二本の幣束を持って坐る。祈禱の最中に山伏がイチの前の藁の敷物に指で「山」という字を書くと、それに呼応してイチの持つ幣束の片方にシメの神(20)が降りてくる。そして、幣束が投げ出される。その間霞の人々は後方に坐して、樅の板を一尺くらいの樅の小枝で激しく叩きながら心経を誦していた。これを神通しの法といった。神霊が降りると、イチの口から託宣がのべられた。

以上のような山伏の行為は、後述する御嶽講が木曽谷に展開する時にそのまま模倣されていくのである。中世来の閉鎖的な道者グループが近世中期の御嶽開山によって瓦解し、新たに行者の発生をみた。行者のよって立つ宗教的基盤は、従来の木曽の信仰生活を指導していた木曽山伏の信仰圏の内部にあったことが指摘できよう。

三　御嶽開山

木曽谷の宗教社会の趨勢は以上述べてきた通りであった。日本の山岳信仰史の上で、近世中期頃まで容易に登拝の許されなかった事例は稀である。木曽御嶽がそうであったのは、一つには周囲の山々に遮られて、木曽のどの地域からも十分に山が容望視できなかった点があげられる。遠隔地へ行くと、濃尾平野の一角から遙かに望むことができるが、その一角に当たる尾張国春日井郡田楽村の出身という覚明という僧が天明五年に木曽を訪れたことが、御嶽信仰史の上に一時期を画したのであった。「王滝村神社記録」(21)によると、

天明五乙巳六月八日何国共いづなきの山賊坊主来り当御嶽へ登り諸人を□め登り申候。此時八人程登り申候由。同十四日三十人余り登り申候。同廿八日七八十人も御嶽山大権現大先達覚明といふ旗を立登り申候由。

とある。おりから木曽谷は天明三年以降の大飢饉(22)に襲われていた。名もなき外来宗教者の覚明が、一〇〇人以上のムラ人を語らい、一般ムラ人の憧れの対象であった御嶽に一挙に登山できたことは、もともと木年貢を納めていた米の少なかった木曽谷の人々が、永年の食糧事情の悪化と「若七八月有ㇾ霜則多涸枯、居民動輙餓死」とあるような絶えざる不安に脅かされた状態から、救いを得たいという心意が働き、覚明の御嶽登拝運動がそれに乗

じ得たのではなかろうか。これに端を発して寛政三年には福島をはじめ木曽谷の十か村庄屋が連署して重潔斎を廃止し軽潔斎を要求する願が出された。その中で「近年七十五日之精進ニ而登山仕候得共、是以相勤不レ申候ニ付御大切之御山不届行者共内々ニ而登山仕候故」とあって、覚明以後無断で登拝する人々の続出していることが分かる。その後「潔斎二七日、別火二合火堅無用」[23]という軽潔斎が認められると、従来の道者の権威も下落した。また道者を養成することに経済的基盤を置いていた御嶽神社にも打撃となった。神主武居氏が寛政四年に書いた「登山ニ付衆中江通達之事」[24]によると、

毎年六月十四日ゟ十八日迄登山致二先達一候、登山前日拙宅被二御出御進一合可レ被レ成候諸事可レ為二御案内一候

と、増加していく登拝者たちの把握を意図するようになった。

登拝者の増加は登山道について問題を生じさせた。元来正式には黒沢口の登山道が唯一のものであった。現在の王滝口の六合目辺りまではいわゆる「明き山」であって、杣人の往来は自由であったので、当然そこから別の登山口が創められる素地はあったのである。[25]また黒沢の武居氏とは別に勢力をもっていた王滝村の神主滝氏も従来の定めに従えば、登拝の折には自分の信者を連れ、黒沢まで行かなければならないので、軽潔斎になり、規制が緩むにつれ不満が生ずるのも当然であった。こうした折に江戸在住の山伏普寛が王滝村を訪れたのである。普寛と王滝村とのつながりは、王滝村役場所蔵文書によると、王滝村から杣稼ぎに出ていた男が普寛に病を治してもらったのを機会に、寛政四年、普寛を王滝に連れて行き、六月十日に「たとへ道無之とも木をわけ笹をわけ候而も可登」と登山したことを記した文書と、王滝村の吉右衛門なる男が「江戸八丁堀材木買売竹屋庄三郎と申者所ニ十四五年以前ゟ材木手伝仕」しており、江戸で偶然普寛と出会って御嶽登拝が意図されたことを示す文書がある。

黒沢村御嶽神社文書には、寛政四年の王滝神主の書状があり、そこに、

江戸者と申五六人此方江来り登山之儀願候得共、此義相成り不レ申旨申聞候先達之儀、黒沢神主江可ニ申入一旨申聞遣

とある。寛政六年には、

御嶽山登山之儀、先達而御役所ゟ被ニ仰付一候通、当村ゟ当山之儀者不ニ相成一筈、村方へも頼申付置候処、又々当月十日ニ当村ゟ願と四五人当山仕候□亦々十五日弐人当山

とあって、いずれも普寛による江戸者たちの登山の様子が示されている。さらに寛政九年、王滝村村役人一同より福島奉行所宛に出した「乍レ恐口上覚」(26)には、

当六月十八日、江戸者当村江来村村方ゟ御嶽江登山仕度由（中略）、廿人余も参リ岩戸江参詣致夫ゟ登山可レ致

とあり、江戸者の登山が神主滝氏と結びつつしだいに増加している様子がわかる。寛政十一年福島村村役人が立ち会い、黒沢側と王滝側で御嶽登拝についての調停がなされた(27)。その内容は

(1)登山道は「王滝ゟ登候者を黒沢へ下向」「黒沢ゟ登候者ハ王滝江下向」とする。(2)山銭案内料は王滝側で「壱人ニ付百文宛其村ゟ登山之者ハ其方ニ而請取可レ被レ成候王滝村ゟ登山之者ハ此方ニ而請取」として、黒沢側では「山銭壱人ニ付百文之内ゟ案内銭弐拾四文宛差出可レ申候」と二四文を黒沢側に差し出すように主張している。(3)札守については「御嶽山と有レ之候札守之義王滝においてハ決して出シ申間敷候」という点で一致している。

結局、王滝登山道は開かれることになったが、江戸に霞を持って信者達を連れ、王滝口より登った普寛により、現在の関東方面の御嶽代参講の基盤が作られたのであった。御嶽開山により木曽では中世来の道者グループは消滅したが、数少ない、生残りの道者たちは行者を養成した。行者は、山伏の指導していた伝統的信仰形態に接触しながら講を形成していった。こうして流れとは別に遠隔地の尾州、江戸を中心に覚明、普寛の影響を受けた代参講が徐々に展開していく道筋がでてくるのである。

御嶽道者の指導する信仰圏について、寛文四年の王滝村御嶽神社所蔵の「当社御嶽座王権現社岩戸拝殿御普請諸入用並勧進帳」によれば、勧進に応じた人名の筆頭に、木曽代官山村氏、村代官小野氏がある。続いて「本〆衆」一六名がいたことが注目される。この本〆の多くは杣頭であった、彼らに従った杣人数は総計三五八名いた。これら杣の中で、出身地が記されているのは、三六名にすぎないが、その内訳を見ると、

ひだ十六名、越前、越中七名、和泉四名、松本三名、木曽福島三名、名古屋、大坂、上田各一名

となっている。ひだ杣が多かったことは、「金山本〆ひだ杣仁右衛門組」といった集団名で記載されていることからも分かる。

地元木曽谷の村々からは、黒沢、三尾、宮越、藪原、奈良井、贄川の諸村が勧進に応じていた。御嶽権現を祀る王滝村は各小字、すなわち滝越一六名、野口二二名、崩越二二名、上条二七名など全村こぞって加わっていることが明らかである。こうした結縁の人々の中には、女人が六名、また九歳の女子が加わっていることなども興味深い。

杣集団の大部分が出稼ぎであったことは、信仰の伝播とからんで注目すべきである。御嶽は六合目あたりまでは明き山であったから、杣の働くのに格好の地であった。また同時に聖なる山であり、そこに住む山人たちの守護神といった形で素朴な信仰の対象とされやすかったに相違ない。

木曽谷を中心とした信仰圏は、信者のなかにこうした出稼ぎ人を包摂することによって、しだいに拡大されていったのである。

天明五年の覚明による重潔斎廃止により、御嶽は容易に登拝の可能な山となり、信仰の民衆化がなされていき、多くの講集団が組織され、道者から霊能を引き継いだ行者が輩出したことは前述の通りである。行者中心の新しい御嶽信仰が出稼ぎ杣によって伝えられる機会もまた増加したのである。

ところで杣仕事は必ずしも外来者ばかりに占められていたわけではなかった。耕作地の僅少な木曽の住民たちの主要な生業であったのである。

天明四年の「王滝村家業調書上帳」によれば、当時王滝村には三〇四戸あり、人口は七七一名であった。この内訳は、

耕作人三百六十三人（此内高持百八十七）、商人四人、鍛冶三人、大工・木挽十二人、杣日用七人、やもめ十五人、杣日用三百六十七人

である。杣日用の中、二〇七人は「木曽ニ而挊候」者であるが、残り一九九人は「旅挊ニ罷候」者であった。旅挊の杣による御嶽信仰伝播の機会が多かったことは明らかである。

天明年間の木曽谷は、他国と同様、相次ぐ飢饉の連続であった。『王滝村誌』上巻にのせられた王滝村二子持の百姓弥左衛門の日記にはその実情が縷々のべられている。すなわち、天明三年、「八月また九月に入つては米壱升が百八文」とあり、天明五年「その年もあまごひ三どばかり」、天明六年「八月二日まで米壱升が八十八文、三日には百文、五日には百十文、八月七日大かぜふき（中略）、九日米壱升代百拾二文、又十月は百拾四文なり」とあって、米穀の少ない木曽谷の不安と緊張をものがたっている。

前出の「王滝村家業調書上帳」の中には、高持百姓五七名が「去年不作ニ而給物不足ニ御座候」と記されている。そして「山高ニ而作方少、渡世難レ成、多杣日用罷出渡世仕候」者が一三〇名、「無高ニ而作少々つつ位、杣日用ニ罷出渡世仕候或は一季奉公、地方日雇仕候、受作斗リニ而渡世仕候者無二御座一候」者が七六名いたのである。そして杣日用三六七名は「耕作仕候内作方ニ不用之分、一家内ニ而三人モ罷出、木曽之内旅挊無差別山挊仕候」という状況であり旅挊の者とも差別することなく一緒に働いていたのであった。

こうした民衆の窮乏生活のなかで、宗教的な救いを与えるべく機能したのが、前述したように戦国末期以来木

曽に定着していたいわゆる木曽山伏たちと、御嶽権現を中心とする道者、そしてそれらの系譜をひく行者たちなのであった。

四　木曽の御嶽講

木曽の御嶽講の実態については、すでに明らかにされているように（池上広正「長野県木曽の御嶽講」『社会と伝承』二―一）、その出自をみると覚明系と称する講が一五、普寛系が六ある。普寛系が福島と王滝にのみ限られているのに反し、覚明系の講は木曽谷全域にわたって分布している。覚明は天明年間に登山した後、明確な史料を残していないが、各地に「覚明さんの水」とか「覚明さんの田」[28]の伝説を残しており、また覚明系の講の開祖は覚明を手引きした百姓とか杣であったと伝える例が多い。一方普寛系の講は普寛の弟子たちによる成立が多かった。普寛が寛政九年御嶽登拝に王滝に来た折、「本明院と申山伏六月五日夕当村江来り右衛門方宿同夕岩戸江籠同七日村方へ参り所々廻り祈禱抔いたし候」[29]とある。また、「本明院弟子円城院と申山伏六月五日本明院同道ニ而参リ当村彦次郎方ニ泊リ六月六日逗留同七日登山候也、同日□帰リ八日ゟ村方所々修行仕相廻護摩守抔くれ候」[30]と記されていてその布教活動が示されている。現在、王滝村には普寛の弟子たちの碑銘があるが、とくに金剛院・円城院・明岳院・長覚院の四名の名が記されている。

福島町中畑、伊谷の講の「講社概歴」によると「文化拾壱年四月下旬普寛法の高弟金剛院順明法印ノ講下ナリ」とある。同講の安政三年の「講中名簿」の表紙には「開闢金剛体」とあることからも、普寛の弟子金剛院によることが分かる。普寛系の講祖が比較的明確なのに反し、覚明系は不分明である。おそらくは前述したような

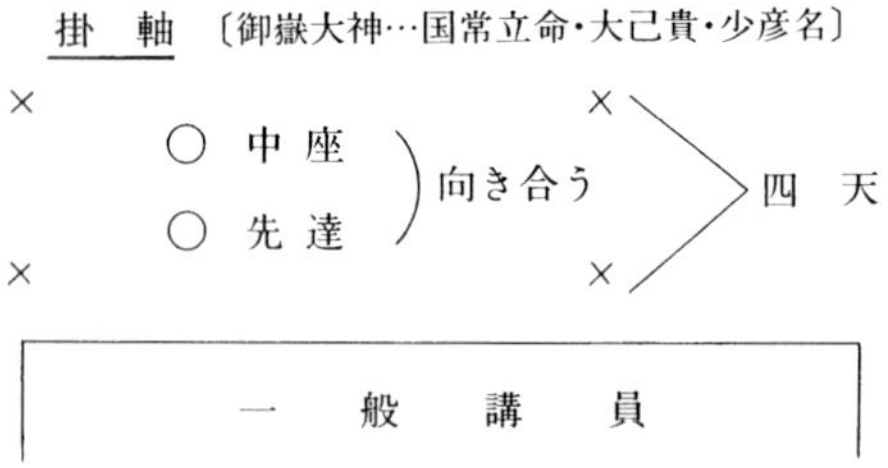

第1図　御嶽講の御座

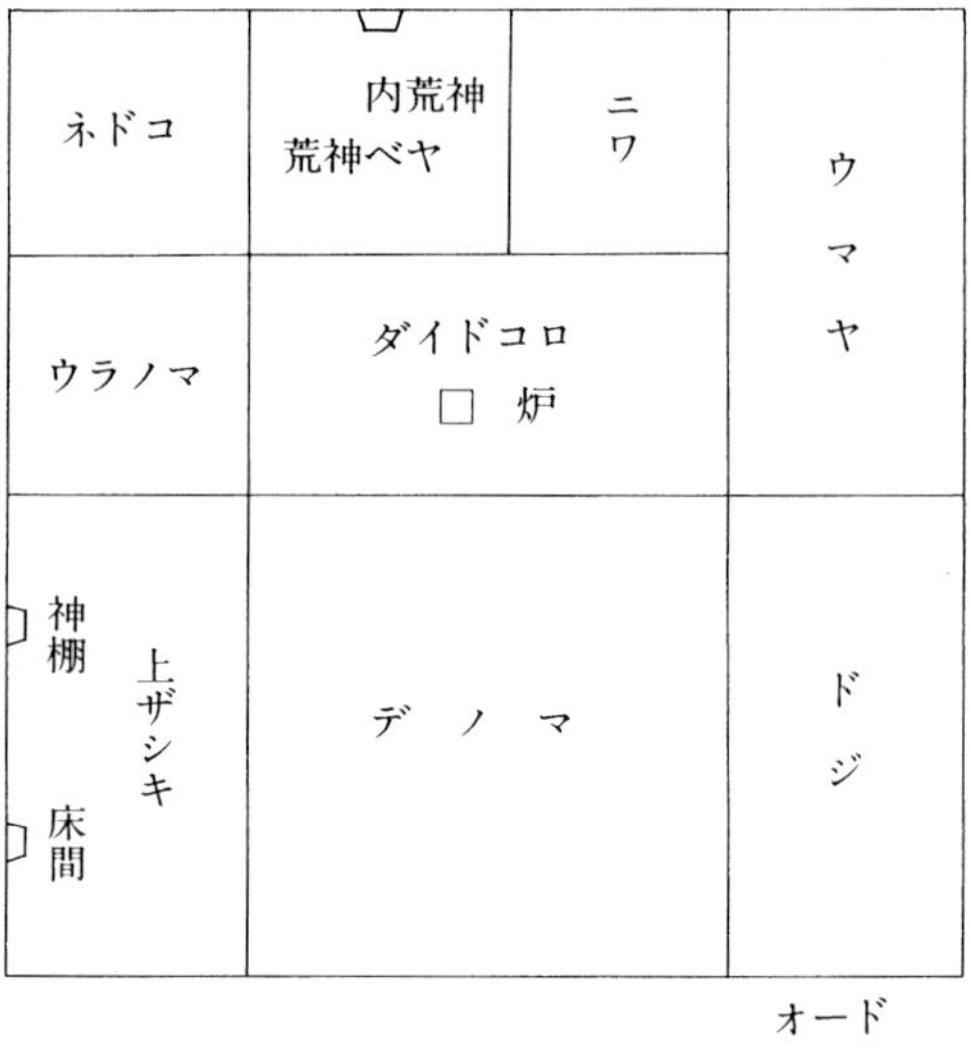

第2図　荒 神 ベ ヤ（新開村黒川下条）

道者たちの生き残りであったのではなかろうか。江戸からきた山伏たちの布教活動に基づいた講の発生に対抗して在来の木曽谷の信仰圏の中からかつての権威である道者が主となって講を作る。その時御嶽開山に力のあった覚明が村人の間に伝説的人物として記憶されていることを利用して、いわば普寛系に対する覚明系として現われたのではあるまいか。木曽に展開した講の組織、機能をみると、ここでは、講祖が普寛の弟子であろうと道者であろうとほとんど差異がない。これは新しい型の御嶽講が、在来の伝統的信仰の上に密着していったためと思われる。とくに木曽山伏の網の目をはりめぐらしたような信仰圏に喰い込むためには、講自体がそれと巧みに適合する必要があったためであろう。御嶽講の組織、機能についてはすでに報告されているように(31)、中座と先達を中心とした「御座」は山伏・イチによる憑座の継承であった。そして内荒神を祀る家祈禱、狐おとし、障りおとし、病気の民間療法等はいずれも御嶽行者の行うところとなった。ここで行者といわれるのは、御嶽講の主要メンバーである中座と先達である。行者になるためには「行」が必要とされた。黒川村では旧正月三日から旧二月三日までが寒行で、十四、五歳になると若衆入り（ハナピ講へ入るという）がある。それを済ませると先達の家のカミベヤ(32)に集まり、まず祈禱文を覚えた。カミベヤにはシメがはり巡らされ、中央に燈明が一本ともっているだけである。祈禱文を覚える一方、近くの池や川へ水行に通う。水行を行うところはシメで囲まれて決まっている。これを毎年続けるが、三年以上たつといちおう四天になれたそうである。若衆仲間にも行に耐えられず中止するものが出てくる。残ったものは行を続けているが、一方、村の御嶽講ではその修行者が先達になるか中座になるかを決めるための御座が立つ。その時の託宣が若者の進路を決めるのである。平均五年以上の行で、「御幣が上がる」すなわち神をのり移らせる中座となるか、「口開きさせられる」、すなわち、神の託宣を誘導する先達とが生まれる。行者になれば一生行を続けねばならない。行者の中でも霊能が高いと評判のあるものはたんに自分の村だけでなく、遠方の村々を出歩き、専門化しているが、普通には一般の村人と変わりない日常生活を送り、特別な階層を作ることはない。ただ講の内部では中心的存在であり、死後は託宣により霊神位が贈られる。「何某霊神」と号し、その魂は御嶽に行くといわれ、村内の小高い丘の御嶽遙拝ができる地点に霊神碑が立てられる。

行者の活動はもちろん講の行われるたびにたつ「御座」の中心となることを第一義とするが、そのほか、個人的に各家に招かれて行う仕事がある。その一つは「家祈禱」である。これは第2図にあるような「荒神ベヤ」で内荒神を祀るのである。内荒神は各家にあり、家の守護神なので盆正月に供物をあげる。また内荒神を祀る「荒神ベヤ」には、女や他家の者が入ることは、最近まで禁止されていた。

行者は、春の吉日に招かれ、まずザシキで祈禱し、次に行者が一人だけで「荒神ベヤ」に入って祈禱する。内荒神は、木曽谷特有のものであるが、憑物おとしもまた、行者の重要な仕事であった。家祈禱も憑物おとしも、かつては山伏の管理するところであった。木曽山伏の一人持福院家に残る経文の中の「仏説大荒神経」は家祈禱の際、内荒神に対し誦されるものであり、奥書に元和六年とあるから、近世初頭以来の木曽山伏の活動が考えられる。『坦俗一隅』には、正月に行者か「若は修験を家に請し祈禱をなさしむ、是を家祈禱と称す年中の災厄を壊す為と云」と記されている。開田村末川に住んでいた行者は、別名「法印さん」と呼ばれており、木曽の山伏から法を教わったといっている。このように、御嶽行者が、従来の山伏の位置をしだいに受け継いでいったのである。

つぎに講行事についてふれてみたい。第1表にあるように、日待・月待・御嶽まつりの三類型に分類できる。

(1)日待。新開村黒川では旧正月一日の早朝から不浄のない家の戸主が廻番の宿に集まる。先達を先頭に村中の各戸を巡り、屋内の神を祓った。これを家祈禱とよぶ。全戸を巡ると二日目の夕方になってしまう。終わってから宿に集まり、全員身体を浄めてから前祈禱といって天津祝詞から荒神宿門経までの一五種を誦する。つづいて「御座」が立ち、一年の世事が聞かれた。以前は夜明けの日の出を待って解散した。開田村末川小野原では日待の約一週間前から、若衆が村の御嶽さんの祠の前で中臣祓一〇〇〇度、諸祓一〇〇〇度を誦し、その後お札を作って各戸に配る。村の入口には二本の青竹を立ててシメをはり、その中央から札を下げた。旧正月十二日の夜には宿で御座が立った。『坦俗一隅』によると木祖村藪原では、

正月十六日、万度の祓あり。是日一駅の人（一向宗は神を拝せす祓を誦ます、其余否す）相集り、祝詞修験を魁として、中臣の祓一万遍を誦む。朝六ツ時ニ始リ八ツ時に畢る。志ある者ハ請テ会場を勤む（会場俗ニ宿ト称ス厄ニ当ルヤ是ヲ勤万一請人なき時ハ乃チ里正の家にて勤む）主人夜中より風呂をわかし集る人をして身を清めしむ。又赤小豆粥数斗を煮是を饗す。祓畢て神符を各人に与ふ又神符を町々の立符の祠に貼す。

とあって、当時の様子がわかるが、旧正月の日待が祓いの観念を強く持ち、日の出を待つ夜籠りを行い、その間、御座で神の託宣を求めることで共通しておって、伝統的信仰を基盤とした講の形態を示すものといえる。

(2)月待。福島町中組では旧正月二十三日夜、宿に集まり月の出を待つ。その間月に向かって棚を作り、供物を置いた。月の出とともに御座が立つが、まず全員月を拝む。月待の御座では中座が神がかりの際にしばしば月に相対するために外へ出たという。新開村黒川では「覚明さんは月の化身」ともいい、御座には覚明が降りてきて託宣するという。福島町中組では旧七月二十二日の夜も月待をするが、これは講中から七人の男が選ばれる。その七人は月の出まで坐ることは許されず、村中を歩き廻っている。月の出と同時に宿へ戻り、洗米を固めて、講に伝わる秘法による薬を作った。

第1表　講行事の分類

場所	日待	月待	御嶽まつり
新開村黒川	旧正月二日 旧正月十二日	旧正月二十三日	旧三月十二日 旧七月十六日 旧九月三日
福島町伊谷	旧正月十七日		
福島町中組	旧正月四日 旧正月十五日	旧正月二十三日 旧七月二十二日	八十八夜頃 旧九月十九日
開田村末川大屋	旧正月十二日		八十八夜頃 旧七月十二日 旧九月十二日
開田村末川小野原	旧正月十二日		
開田村末川鬢沢	旧正月十二日	旧正月二十三日	旧九月十二日
開田村		旧正月二十三日 旧七月二十三日	
開田村	旧正月十二日		

木曽谷には月待がかなり濃厚に伝承されており、(33)日待と同様に木曽谷の伝統的習俗の上に講が密着した事例といえる。

(3)御嶽まつり。日待・月待以上に御嶽まつりを注目してよいと思うのは、ミタケ蔵王権現信仰のほかに、庶民の間には別の御嶽信仰が存したのではないかと考えられるからである。

近世初期の貝原益軒の紀行文『木曽路之記』には、「所の人おんたけと云ふ。木曽の御嶽（みたけ）なり」とあり、文化二年の『木曽路名所図会』にも「御嶽（みだけ）、所の人おんたけとよぶ」という記述が見える。現在では木曽のオンタケとよぶのが普通であるが、少なくも近世期にはオンタケとよんだのは木曽谷一帯地域に限られていたのである。今、木曽の村々を訪れると、小高い丘とか集落を離れた地点に「御嶽」と書いた石碑や、石祠が、祀られており、これはオンタケサンとよばれている。これは講の成立とともに祀られたものではない。講がない地域でもみられる。たとえば福島町川合の御嶽さんは八十八夜頃に祀られ、また福島町伊谷では講とは無関係に村の山に祀られ、やはり八十八夜頃祀るのである。祭日が八十八夜と旧盆前後と旧九月十二日頃に集中していることが特徴である。福島町中組では山奥に祀っており、八十八夜頃が山開きで、旧九月十九日が山じまいだといって、いずれも全員揃ってお詣りして、その前で御座が立った。開田村末川大屋でも同様である。雪深い木曽の村々ではちょうど八十八夜頃が生産活動の開始期に当たっていた。仕事の前に村にある御嶽へ詣って、年の豊作を祈ったわけである。新開村黒川では旧七月十六日夜、御嶽のある野田野という小高い丘に夕飯後全員揃って松明を持って詣った。頂上にある大木の下に灯火を置いて、そこから彼方にみえる御嶽を拝んだ。その後、丘の上の踊り場で盆踊りを捧げたという。

開田村末川鬚沢では旧七月十六日夜、村氏神の諏訪明神の祠から、丘の上の御嶽さんの祠まで一〇八つの松明を一列に立てた。とくに中央にタカテ（高い松明）を一本立てて参詣した。右の二つの事例はいずれも『吉蘇志略』の福島の項に「毎歳七月十四十五日土人登根井山積薪為文字様縦火焚之」とあるのと同様に盆行事の火祭りの意味をもつのである。

五　御嶽代参講

前述のように普寛による王滝口の開発によって、江戸における普寛の霞の人々による登山はしだいに増加していった。普寛の霞は江戸においても拡大していたらしく、寛政九年に江戸講中二〇人ばかりが岩戸に籠っている最中、差し留めに来た村役人との問答の中で[34]「住吉町三河屋庄八赤城明神下上野屋庄次郎」の二名の講頭がいて「本明院申者当山之神御志げん有て本明院ハ本食火のものたて而両山かいびやく致候由」[35]と申し述べている。さらに、

　従々江戸表一たいに繁昌致火事にのがり難病快気色々御里生《ママ》御座候ニ付、参詣致講中追付外人にも及五拾人ニ壱人つゝくぢを取年々来ル又大名殿また本殿御屋敷ゟ御内々ニ而出入用いたし之者ヘ御代参之御頼有レ之候処参詣致す[36]

とある。すなわち火難病難除けを目的とする御嶽代参講の波及が知られるのである。木曽谷の御嶽講とは違い、江戸では山伏の宣伝活動にのっかって成立してきたといえる。都市生活者たちは多くの代参講を全国の社寺へ送ったが、いずれも、現世利益を欲求する気持ちのほかに、旅の娯楽的要素を含めていたことはよく知られている。高山であって登陟の困難な富士山や・御嶽に対しては、娯楽の旅とは別に厳粛な宗教体験に接する気持ちも十分動いたのである。すでに富士登山による富士講は江戸町人と結びついて大いに発展していたのであるが、富士講と約一〇〇年の時代を経て木曽御嶽信仰は江戸へ伝播したのであた。代参者は木曽谷で道者・行者の影響を受けつつ、そこで修行するものもいたわけであろうが、江戸での講活動には現在のような中座や先達の制がすぐに採用されていたかは不明確である。「吟味伺書進達留」（二一八〇）によると、天保十一年の項に、

　武州駒崎村滝三郎儀、御嶽講と唱候講中江加り又は夜分人集等いたし候儀ハ無レ之候とも、神事仏事等之儀ニ付シテは、御触茂有レ之候処、忘却いたし病身ニ相成（中略）、庚申之石像を引ヨ入石裂山権現之画像一同ニ尊敬いたし本宅江取付、別間修理候後は右両像とも同所江引移シ、壇を構品々備物いたし、祈禱相願候もの有レ之候砌ハ、祈禱いたし護符相望候もの江は幣束の古紙を刻み相与フ

とあるように、御嶽講の祈禱とはいいながらも他の呪術的要素を含んでいたようである。右の滝三郎は祈禱を専門とする行者であるが、かれらが江戸から近郊農村に広めていたのである。木曽御嶽信仰史の上では普寛についで一心と一山の二人の行者が代参講普及に尽くしたという。[37] 東京の大田区にある「嶺の御嶽」は、近世末期に成立し、東京近郊の信者を集めたが、この始祖は一山と称していた。一山行者は神奈川県津久井郡与瀬の出身で嘉永四年に歿したという。

次に代参講の実例を現在東京都世田谷区太子堂町にある御嶽講を中心に述べてみよう。

太子堂村（現在は町）の講は村名主森忠左衛門家を中心に展開した。名主森家は同村の旧家であり、村役人を代々勤めてきた。[38] 森家六代目の治左衛門は年寄であったが、病弱であり、森家もやや衰微していたという。[39] 息子の忠左衛門は天保十年前後に名主となり、この頃に講の成立をみた。忠左衛門は右の史料にある滝三郎のような専門行者ではなく、むしろそういう祈禱者を招いて、御嶽の神を「家守様」として祀ったのが端緒であった。[40]

天保十三年の「講中名前之覚」[41]では、世話人筆頭に忠左衛門がなっている。これと天保十五年の「宗門改帳」の名寄者とを照合すると第2表のごとき構成となる。この表でも明らかなように、一〇石以上の村役人層九名のうち八名までが講に加入しており、そのうちの四名が世話人（忠左衛門・利右衛門・民蔵・金次郎）となっていた。

第2表　講の階層別

持　高	名寄者	講衆
20石以上	2	2
10石以上	7	6
5石以上	17	6
5石以下	30	5
合　計	56	19

講の代参は毎年六月二十日前後に行うが、代参費用は毎年各人平均銀九匁を納めていた。天保十四年には三月十四・五日に収納され総計銀一六二匁である。その内訳は、

一、金壱両弐分ト銀四匁　是者御嶽山江遣申候講金
一、銀五拾匁　是ハ小遣料遣シ申候四人分〆金弐両壱分ト銀九匁
差引〆金壱分銀三匁　是ハ残リ金之分世話人利右衛門方へ預置申候

第3表　御嶽講祈禱人数表

出身村名	行者	文久3 9～12月	元治元 1～4月	元治元 5～12月	慶応元 1～4月	慶応元 8～12月	慶応2 3～6月	慶応2 慶応3	計
馬込村	先達　竹次郎	7	5	5	3	2	3	4	29
〃	前座　金蔵	7	4	5	3	2	6		27
衾村柿坂	徳太郎	13	5					1	19
〃	喜代太郎	8	8	4	3	2	1	1	27
〃	源次郎	9	5						14
〃	三五郎	9	10	4	3	1		4	31
〃	弥五郎		3	1					4
衾村	清蔵	1	3	6					10
〃	兼吉	1	2						3
碑文谷	勘四郎	7	8	5		1			21
〃	民五郎	3	5	1		1			10
〃	鉄五郎	1	3	1					5
下馬引沢	鉄五郎	11	8	4	2	3	3	1	32
〃	修太郎			1	1				2
	計	77	69	37	15	12	13	11	234

と記されている。代参人四名に対しては代参費用（御初穂御神祭代等を含む）として約六割をさき、小遣は約三割を占めている。代参人はくじで決めるが、「登山諸入覚帳」[42]には「白木綿壱反壱丈壱尺、晒木綿六尺、浅黄手拭壱ツ、行笈壱枚、ござ壱枚、わらじ壱足、御神酒壱升等」を個人個人が用意しなければならない。

おそらく講の草創期には村役人層を主体とした一村内にとどまる講集団として展開していたのであろうが、文久三年の「御祈禱人数其外諸式控帳」[43]に表われた講活動をみると、たとえば、

十月朔日
馬込村先達　竹次郎
　　前座　金蔵
衾村柿坂　徳太郎
　　　　喜代太郎
　　　　源次郎
下馬引沢村　鉄五郎
碑文谷村　勘四郎

といった記載がある。ここにはすでに木曽の御嶽講の中

座・先達制と同様な、先達・前座の制が祈禱の際に行われていることを示している。また太子堂村で行った講には近隣の村々からの参加者が記載されている。これらの人々がおのおのの村の講の代表者であり、講衆たちの祈禱の依託を受けて出席していたことになる。文久三年九月二十日から十二月二十八日まで一三回の講が持たれた後、

〆七人　馬込村　竹次郎　一金三分手拭三筋
〆七人　同村　金蔵　一金三分手拭三筋
〆十三人　粂村　徳太郎　一金三分手拭弐筋
〆八人　同村　喜代太郎　一金弐朱手拭弐筋

（中略）

〆拾壱人　下馬引沢村　鉄五郎　一金壱分
〆七人碑文谷村　勘四郎　一金弐朱手拭壱筋

とあって、先達竹次郎・前座金蔵は同格に祈禱に対する礼を貰っていることが分かる。いわばかれらは村内の行者の位置にある人々であろう。第3表に示したのは祈禱人数の累計である。これによると当時御嶽講が一村内における同信者集団を単位に一種の連合体から成っていたことが推察できる。

先達竹次郎と名主忠左衛門との関係は、近隣に聞こえた行者竹次郎がおそらく講の成立に関わったとみられるので、その時以来のつながりを持ち、後には忠左衛門の三男が竹次郎の養子ともなっている。竹次郎は太子堂村の講に招かれ、前座金蔵とともに御座を立て祈禱を行ったが、彼は同時に馬込村の講の行者でもあり、現在大森一帯に勢力を持っている三笠山講（御嶽代参講）の指導者でもあった。

講は共同体の枠を大きく破った連合体として出現しているのであって、この現象は、幕末期における一般的風

潮ともいえた。(44)

なお木曽谷の御嶽講と比較してみると、もちろん代参を立てることが一つの特徴であるが、御座による託宣はかならずしも重視されていない。文久三年に講が一三回持たれるが、そのうち先達・前座による御座の立つのは七回であり、ほかは竹次郎一人による祈禱であったことから知られるのである。(45)

幕末から明治にかけて、村方にも社会変動が生じたが、太子堂村の御嶽講内部にも変化がみられた。一つは天保年間に中枢を占めていた村役人層七名は、明治二年には忠左衛門と民蔵の二戸に減じ、第2表に見られる五石以下の自小作・小作層が講衆一三名のうちの九名を占めるに至ったこと。同時に忠左衛門と民蔵はその子供たちに行者としての資格を与えさせようとした。元治元年三月十八日の講では忠左衛門の長男岩次郎は竹次郎・金蔵の出席の下で「御法御免」となり、つづいて次男定之助・三男力之助（のちに竹次郎の養子）が行者としての資格を得た。慶応元年三月二十日には、

御座有之其時岩次郎江御たけさん御免ニ相成、清滝不動明王様ゟ御告ニ而御免ニ相成申候上者御焚上ケ出来

と記されている、この時の御座の託宣において一人前の祈禱者としての資格を得たのである。さらに「御法御免」につづいて定之助・内之助と民蔵の長男角次郎も得るに至る。このように従来は竹次郎にのみ頼っていた講活動は、行者がつぎつぎと生まれ講草創期以来の複数信者たちの手によって左右されることになった。

この講は昭和十一年に至って神道御嶽教会に所属し、第一から第五までの分教会を持つに至ったが、いずれも名主忠左衛門家の分家を足場に展開している点は興味深いことである。

注

（1）『吉蘇志略』に「祠官滝氏其家蔵古文書。慶長中値二回録一為二烏有一。然有二文亀三年永正二年天文六年弘治三年永禄五

年等祭文。又有御嶽縁起一冊天正二十年三月書写。然天正年号止二十八年二」とあって、これらは現在も所蔵されている。その一部は『信濃史料』巻一〇・一一に収められている。
(2)　寛政年間黒沢村神主武居氏が滝氏と御山支配をめぐって係争したとき、滝氏が午王宝印をみだりに配布していることを禁じようとした。
(3)　『翁草』下巻（寛政三年）。
(4)　『三岳村村誌』所収、黒沢村神主武居大輔書す。
(5)　宝物として木曽義昌が献じたという三十六歌仙の画板や武田勝頼の書簡があったというがその真偽は不明である。ただし江戸時代には代官山村氏がしばしばここに参詣している。
(6)　徳治二年六月十三日に諏訪下社武居大祝宮内大輔重家により禰宜職を受けたという。
(7)　黒沢村御嶽神社文書「御嶽関係綴」。
(8)　王滝村御嶽神社文書。同じ内容のことを書いたものが三種あるが、いずれも成立年代が不明である。しかし①天正年代の事柄を伝として書いてある。②寛政十一年以降は王滝口登拝も可能であるのに、ここでは黒沢口からの状況しか登拝順路が記されていない。③登拝順路が『吉蘇志略』とほぼ一致する点などから近世初頭に成立したものと思われる。その一部は『西筑摩神社資料』（木曽教育会編）に所収。
(9)　前掲注(7)参照。
(10)　「国御嶽」は中央修験道の「金ノ御嶽《ミタケ》」に発し、地方修験道の波及に伴い各地につくられた霊山である。たとえば甲州御嶽は社記の歌に「咲きにほふかぬの峰のさくら花光りてりそふはるのあけほの」と「かねの御嶽」に擬せられており、近在の山伏たちの入峯するところであった。
(11)　『吉蘇志略』上田の項。
(12)　徳川林政史研究所所蔵「松原記録」。
(13)　『木曽福島町史』八五八ページ参照。
(14)　『上松町の歴史』第一巻民話と伝説。また『岐蘇沿革史』の「山村家記録」参照。
(15)　尾州藩士宮田敏が木曽藪原村の年中行事を記したもの。写本が木曽教育会にある。
(16)　木曽の古い民家に行けばみられる。以前は女性は近寄れず、戸主のみが出入できたという。

(17)　持福院文書、奥書の年号は貞享二年。
(18)　同右、奥書の年号は元和六年。
(19)　イチは壮年の男がなり、代々家が決まっていた。イチの家には不浄のものは行けなかったという。床の間にはいつも天照皇太神の掛軸がかけられていたという（持福院栗林照源氏談）。
(20)　シンメ（神明）の神か。
(21)　前掲注(13)書、八六〇ページ。
(22)　同右、七八三〜七九〇ページ。
(23)(24)　前掲注(7)参照。
(25)　前掲注(12)、「松原記録」には「三笠山ゟ奥田之原迄笹分ヶ有レ之ニ付吟味仕候処当村彦右衛門惣左衛門と申者村方江ハ隠レ六月十四日登山仕候」とか「三笠山筋ゟ登山仕候得者共□近道ニ而村方ゟ日帰にて相成候間皆々信心之事と存罷在候」とあって王滝登山道の成立素地は十分に作られていたと思われる。
(26)　前掲注(12)参照。
(27)　前掲注(7)参照。
(28)　たとえば上松町池島で覚明が錫杖で大地を掘ると水が湧き出たといい、開田村末川には「覚明さんの田」があって赤米がとれたという。覚明系という講のある村にはいずれも覚明が訪れたと伝えている。
(29)(30)　前掲注(12)。
(31)　池上広正「長野県木曽の御嶽講」(『社会と伝承』二―一)、柳川啓一「村落における山岳信仰の組織」(『宗教研究』一四三)及び宮田登「木曽の御嶽講」(『民俗』四二)を参照されたい。
(32)　現在行者の家に残されている。荒神ベヤの奥にある。
(33)　西岡一雄「木曽での採集」(『あしなか』二二)参照。
(34)(36)　前掲注(12)参照。
(35)　御嶽のほかに武尊山をあげている。
(37)　東京都内池上線の沿線に「御嶽山」がある。富士講の人造富士になぞらえたようで、境内に高さ三、四メートルくらいの人造御嶽が作られている。登山期に参詣者が多く、以前は近隣の行者は早朝ここへ行きにきたという。

（38）　森安彦「江戸近郊農村における三給支配の一実態」（『世田谷』一一）に太子堂村についての詳細な報告がある。
（39）　現在森家に言い伝えられている。
（40）　この近辺の旧家はヤシキ神として稲荷を祀っている場合が多い、ヤシキ神は「家守様」と称している。森家の場合も御嶽をヤシキ神とする前には、別の神格があったらしい。
（41）（42）（43）　森家所蔵文書「御祈禱人数其外諸式控帳」。
（44）　たとえば昭和三十五年度日本民俗学会年会で大谷忠雄が「横浜市北部の富士講」について報告したが、幕末期に舟ケ崎様という富士講の行者を中心に各村の講が集中していたことが分かる。
（45）　前掲注（41）参照。

第四章　岩木山信仰と信仰圏

一　問題の所在

日本の山岳信仰の一つの典型を示すと思われる岩木山信仰については、従来多くの関心が寄せられてきた。宗教学の立場から岸本英夫は、信仰者の宗教行動を基準に、山岳信仰を四つの型、すなわちコモリ型・マツリ型・ノボリ型・オガミ型に分類し、岩木山信仰をノボリ型の代表としている(1)。池上広正は山岳信仰の対象となる山岳を、仏教の山、神社神道の山、修験の山、教派神道の山、民間信仰の山と分類するが、岩木山はとくにこれら五分類に入れられぬ、いわば複合形態的な山岳信仰だと指摘している(2)。柳川啓一は岩木山登拝の形式をくわしく調査し、この登拝行動をささえるものは、組織（講集団）ではなく、むしろ津軽全域の人々の初参りの観念だと結論している(3)。民俗学の立場からは森山泰太郎が、津軽各地の岩木山登拝――お山参詣の丹念な報告をまとめている(4)。これらの成果をふまえ、今回の調査・観察を手がかりに、日本の山岳信仰史における岩木山信仰の意味を追究するのが、本章の目的とするところである。

ところで、われわれは岩木山の信仰圏について、注目すべき事実を指摘できる。

いっぱんに山岳信仰における信仰圏を把握する時、信仰対象の山岳を中心に同心円的な圏を設定することができる(5)。山麓周辺で、一日以内で登拝が可能であり、山容の眺望もいちおう視界内にあるという地理的条件のもとに、①水流分源の山、②生産暦の機能を持つ山、③祖霊の憩う山、④山の神・田の神のこもるとされる山、といった要素のいずれかを保持するいわば第一次信仰圏というべき圏が存在する。

つぎに山麓を離れた遠隔地で、山容を望むことが不可能であり、登拝するにも中途で宿泊しなければならない地域で、①山岳側の神社・寺院の配札圏にあたる、②信者側が代参講を成立させている、といったいわば第二次信仰圏が存在する。さらに第三次信仰圏といわれるものは、地域がより拡大され、山岳との直接的なつながりが薄れた地域にあたる。ここでは信仰集団が各自の属する地域社会を超越し、横に連繋する傾向を示している。そしてこの圏には、その山岳に対する宗教教団がしばしば組織化されている。

さて、地域社会の霊山といわれる山岳は、第一次信仰圏を基盤とし、山岳に蟠居する宗教者を媒介として、第二次・第三次信仰圏をしだいに形成させていくのが通例である。ところが岩木山についていえば、第二次・第三次信仰圏は作られていない。つまり、類似の他の霊山信仰圏に見るような、遠隔地における代参講の成立が認められていない。これは一見、信仰内容や規模が弱いかのような印象を与えるが、実はそうではない。岩木山には、きわめて明確な信仰圏が存在していた。それは旧津軽領（津軽五郡）という信仰圏である。もちろん、旧南部領からも岩木山を望見できる地域はあるが、ここでは積極的な信仰活動は認められない。むしろ無縁の山といってよいくらいとなる。逆に旧津軽領内では、積極的な信仰行動であるお山参詣を行わない地域は、調査時点において一か所とてなかった。

ところで、第二次信仰圏を形成する主要条件となる山岳宗教者については、歴史的に山麓岩木町百沢寺の法印・山先達・山伏がいた、また赤倉沢周辺には、前鬼後鬼伝説があり、かつての岩木山修験の存在を予想することもできる。近世に活躍した津軽山伏も、触頭大行院のもとで、岩木山への祈禱をしばしば行っていたことを示す史料には事欠かない。したがって、一般的見解にしたがえば、岩木山信仰は、たとえば山形県の出羽三山信仰のように、第一次信仰圏を足場として広域な信仰圏を拡張である条件を整えていたといえよう。にもかかわらず、岩木山はあくまで津軽という地域の住民だけの山なのである。これはいったい何故であるのか、この点を追究することが、とりもなおさず、岩木山信仰の本質を究める鍵となるといえよう。

二　お山参詣の儀礼

岩木山信仰を端的に把握できる手がかりとして、最初に岩木山登拝＝お山参詣をとり上げる。東京大学の山岳宗教研究グループが、昭和二十七、二十九年に実施した青森県下一六一町村へのアンケートによると、お山参詣の範囲は、東西南北中の五つの津軽郡に限られており、三戸・上北・下北の旧南部領では皆無であった。津軽のいたる所で岩木山に参らない所はなく、以前にお参りしたが、今はもうしていない地域を合わせると、一〇〇パーセントという結果になったという。(6) これによって旧津軽藩領即岩木山信仰圏という明確な範囲が形成されていることが分かる。なお注意しなければならぬのは、津軽半島部に属する市浦村脇元・中里町今泉・今別町大川平・同袰月・蟹田町小国・鰺ヶ沢町浜町には、岩木山になぞらえた模擬岩木山ともいうべき存在があり、人々が直接岩木山登拝をしないで、近くの模擬岩木山に参って目的を果たす場合があった。この模擬岩木山の問題はモリ山との関連で後述するが、この場合にもお山参詣の方式は岩木山登拝を踏襲しているので、津軽のお山参詣儀礼は、なべて画一化されたものと考えてよい。

代表的事例として、西目屋村のお山参詣を記そう。

お山参詣は、一般に山カゲといわれる。まず旧七月二十五日から、村の橋の下に〆縄を張って、そこの川へ入って垢離をとった。宿を借りるが、別火生活はしなかった。二十八日朝三時ごろ垢離をとり、宮詣りをし、男ばかりで宿で餅をつく。白装束、カブリ（鉢巻）は白か赤、御幣は背中につける。サイヘンブクロ（賽銭袋）には、銭を洗って米と混ぜて入れた。お供え餅は一重ね持って行った。出発して途中、村内の庚申様・岩谷観音・新穂《にほ》が滝・清水観音にも参詣したが、他村のオボスナ様には参詣しなかったという。二十九日に山をかけて、八月一日に戻ってくるが、まず村のオボスナ様に参ってから家に入った。山から採って来た五葉の松は、行かなかった家に餅といっしょに配ったという。ハツメ（初参り）する若者は二十三日から垢離をとる。四、五歳から初参りに行く者があるが、この場合若者に頼んで往復とも背負ってもらう。[7]

これは昭和二十六年の時点で採集された記録であるが、お山参詣の典型をよく示している。以下各地のお山参詣儀礼の共通項を抽出して問題点を指摘しよう。

(1)　集団潔斎

登拝する一週間前、ちょうど旧盆終了のころにあたる。とくに初参りの人はいち早く潔斎に入った。ムラのオボスナの拝殿にこもり、別火生活をしつつ、近くの川で垢離をとる場合と、川の近くに小屋（これをスバイとかスッペという）を作り、それを宿とする場合があり、ともに古風な型である。その間女人を近づけてはいけない。かつては、その間女性たちがオハグロをつけることも禁じられていたという。潔斎期間中に、御幣を作った。個人個人で持つ御幣は五寸から二尺ぐらいの長さ、色は赤・白・銀・金とあり、赤色は初参りの人で、回を重ねると銀・金になっていく。つぎにノサとよばれる巨大なボンデン（高さ二〜三間）を作った。最近ではカンナガラといって、檜の材を削った削りがらを笹竹に飾りつけたものも使う。こういうものになると、特別に大工に作らせなければできない。幟も布一反、二巾にして長さ五丈三尺五寸もある。そこに岩木山大権現と書くのが多かった。

たんに五色のだんだら模様の旗も使われた。この旗を、その年登拝する人は家の門口に立てておいたという。登山囃子の練習もした。笛・太鼓・テンブリガネを合わせてシャギリと称した。これが登拝の行列の先頭に立つのである。

潔斎の四日目あたりから、村中の社祠に参拝して歩くようになる。

(2)　登拝順路

登山口は、四つある。すなわち長平口・百沢口・岳口・大石口で、このうち、お山参詣のルートとなっているのは、長平口（西津軽郡鰺ヶ沢町）と百沢口（中津軽郡岩木町）である。昭和三十年ごろまで長平口を使うお山参詣は、全体の約一割はあったが、昭和四十年ごろには、ほとんど使われることがなくなった。聞書きでは、長平口の登拝形式の方が古風な型を残しているといえる。百沢口は、岩木山神社の所在地にあり、早くから開発された登山口であったが、同時に観光化も早く、信仰専一のルートを薄めてしまった。

さてお山参詣は旧七月二十五日から旧八月十五日の間になされる。ピークに達するのは九日山（二十九日）・ツイタチ山（一日）であり、長平口からの登拝は九日山、百沢口からのはツイタチ山と決まっている。菅江真澄の『津可呂の奥』には、「年毎の秋八月朔よりして望の日をかぎりに、くにうど残りなういもゐしてのぼる」とあり、朔日山が一般的に知られていたことを示している。

百沢口から頂上に至る順路は、まず一の鳥居で、ここでわらじをはきかえる。つぎに塞神が祀られている桜ヶ岡の神苑、そこから姥石に至る間を萱立《かやたて》といってひろびろとした採草地になっている。そこに畳石・虎石・船石・屛風石などの岩石があって、おのおのが祀られている。姥石には注連がめぐらしてある。人々は御幣につけた麻糸と胸にかけたたすきをとって奉納する。長平口にも姥石があり、近くに石神という小屋がある。ここでやはりわらじをはきかえ、のぼりや御幣を奉納したという。姥石が聖界と俗界の結界であることは明らかである。(8)さらに進んで霰坂を経た地を焼止まりと称している。以前、山麓で枯草を焼くと、火が燃え上がってくるが、この地で自然に消火するので、この名がある。登拝者は、ここで聖界の雰囲気にひたり、山神に祈った。そこは頂上まではあと二キロメートルの地点である。つづいて、大沢という谷間があって、不動坂・嶮難坂にいたる。嶮難坂は別名坊主転ばしという。かつて法晃坊なる修行者が、この難所にさしかかり、動けなくなり、神に助けを求めてようよう登ったという伝説もある。さらに山神石を経て、剣ヶ峯の嶮坂・錫杖清水につづいて種蒔苗代に達する。種蒔苗代は約三〇〇坪ほどの小池で、岩木山登拝の中で意味ある儀礼がなされる（後述）。ここから頂上まで風穴・御倉石・鳥ノ海などの参拝所があり、奥宮の御室《おむろ》に達するのである。

(3)　種蒔苗代

お山参詣の人々は、ここで持参した銭を紙に包んでひねり、祈願をこめて水中に投じた。神意に叶えばそれは速かに、水中に沈み、叶わざる時は浮かび上がるという卜占が行われた。銭が多いが、それ以前の方式では米であった。それも初穂に限ったところに意味があった。『外浜奇勝』には、

これなん種蒔苗代とたとへて、葉月にまうづる人はここにつとひ、よね、ぜにを紙につつみて、この池のころにいたくねんじてなぐ、かく投てうけひき給はぬは、さばかり重きも、ちりなどの如くうきたゞよへればゞ、かのうちたるものの、佃りたる田のみのよからざるよしのうらなひ、まさしかりけるとなん（下略）(9)（傍点筆者）

とあり、八朔に、その年の田の実りの豊かなることを願う心意が、この儀礼の基底にあったのである。

(4)　御　室

山頂の岩木山神社奥社をオムロという。オムロの中に岩木山神の像が安置されている。以前は銅仏三体、石像が一体あった。さらにその前にまりぐらいの大きさの黒石が置かれていたと『外浜奇勝』に記されている。お山参詣の人々は、このオムロの前でドンチャン騒ぎをしたのである。持ってきた御幣でオムロをわざと激しくたたき、神像をこすったり、力自慢のように持ち上げたりする（最近は格子戸をはめてあり、外へ出せない）。笛を吹き、太鼓を打ちならす。そして口々に、「オハツ今来た」と叫び合った。ハツは岩木山の女神の名前だというが、こじつけである。ハツは要するに素朴な意味での最初とか初めという意味であろう。お山参詣に初参りを重視するなら、はじめて参拝し、神の認識を得るがための唱え言から発した言葉といえる。神前で大騒ぎすること自体は、神への祈願を強調するためという森山泰太郎の解釈が妥当である。(10)

このオムロは木の祠であり、三年に一回とり替える。旧七月十五日に神体を移して、古い祠を百沢口の谷底の方に目がけて投げ下ろした。祠のこわれ方により、作柄が良いとか悪いとか占ったという。ここにも岩木山の農耕神的機能を看取することができる。

(5)　下山のプロセス

下山の折にはかならず、五葉の松（高山植物）を一枝とって帰る。これは、門口にさしておいて雷除けの呪いとしたというが、本来山神の依代としての意味があったことは明らかであろう。また神社の守札を求めてくる。神札は田の水口にさした。麓近くにくると、信者たちはいっせいに下山囃子をはじめた。ほとんどの者が面（神社で買い求めたもの）を被って、仮装した。若者は両手には五葉の松をもち「ヨイ山カケタ、バッタラバッタラ」とうたいかつ踊る。百沢寺一一世自誉上人が呪文を作り、民間で囃子をつけたとされるが、(11)その基本は、聖域からふたたびこの世に再生する際の情況を表現した乱舞と思われる。

いよいよ帰村すると、古風な方式では、まずオブスナ神へ参拝し、村中を練って歩き、その後ハバキヌギをした。村人全員が神社または宿へ集まって、代参者の無事を祝って酒盛りをした後、五葉の松の枝とお供えを刻んで各戸に配ったのである。

(6)　初参りの観念

このお山参詣に見られる信仰行動の基点は、明らかに初参りにあると考えられる。はじめて岩木山に参拝する気持ちは強烈である。それが他の霊山信仰によく見られる若者のイニシエーションと結びつくかといえば、かならずしもそうではない。柳川啓一の報告にもあるように、(12)できるだけ幼年期に登山しようとする場合が見られるのである。その場合親が背負ったり、母親が登山口まで送って若者に預けたりする。昔話で、幼童のスネッコタンポが、爺様の制止を聞かず、山かげに行く人について、太鼓をたたきながら、お山参詣に行って、風に吹きとばされてしまった話など(13)もあって、幼年のお山参詣が新しい習俗ではなかったことを物語っている。

しかし津軽で一般にいわれる「お岩木さまに山かげに行かぬ男は一人前でない」という言葉は、やはり、集団潔斎からはじまり身心の鍛練・経験を要求する若者としての条件を満たす意味が、お山参詣に求められていたことも明らかである。そういう点ではお山参詣が一種のイニシエーションであるという考えも首肯しうることなのである。

この幼年期の初参りには、産育儀礼における氏子入りの要素もうかがえる。いわば成人式にいたるエポックにおいて、岩木山への初参りが行われるものと理解できるのではないか。これは岩木山信仰がたんなる山岳信仰の範疇を逸脱して、津軽人の氏神的存在であることを裏書きすることにもなる。この点は岩木山信仰圏の特徴の一つともなりうることを指摘しておきたい。

三　岩木山神社・百沢寺と信仰圏

現在、百沢口に鎮座する岩木山神社は、神仏習合の段階において、下居《おりい》宮と称し、真言宗百沢寺に包摂されていた。『津軽一統志』によると、

岩木山三所大観現
中央岩木山別当　真言五山寺領四百石岩木山百沢寺光明院
左峯十腰内村岩鬼山西方寺観音院
右峯松代村鳥海山永平寺景光院
此二寺何時歟及二退転一因レ之信牧公御代命而混二集于百沢一寺件二領二百石結二百沢寺領一年月不レ詳
社僧各領十六石
宝積坊　西福坊　山本坊　福寿坊　徳蔵坊　南泉坊　田村坊　東村坊　満福坊　法光坊
神職領十石　安倍播磨守
守山同領三石　山田庄五兵衛

とある(14)。これにより下居宮を司祭する神職を含めて、一〇坊を擁し、寺領四〇〇石の勢力を誇る近世百沢寺の存在を知ることができる。なお寛永五年（一六二八）には虚空蔵堂が建立され、かつ求聞持の修法が営まれ、真言僧の呪力の高まる時があった。『津軽一統志』によると天正十七年（一五八九）に社頭寺院以下が炎上したとあり、

為信の時代に下居宮が再興され、慶長八年（一六〇三）に大堂が再営されている。堂塔仏閣伽藍の再興は、元禄六年（一六九三）から三年間にわたってなされており、現在にもその構築が留められている。虚空蔵堂建立は、藩主の求めるところであり、求聞持御修法に対する供料田が、藩より寄進されていた。貞享三年（一六八六）には、将軍綱吉四十二歳の厄年にあたって、そのための祈禱がなされたりした。つまり百沢寺は、近世初・中期、幕藩権力との結びつきを強くする祈禱寺として、津軽藩内の真言五山の筆頭を任じていたのである。(15)当時の百沢寺境内には、下居宮・大堂・虚空蔵堂・観音堂・弁才天堂・護摩堂・神楽殿・絵馬殿と並びきわめて壮観であったのである。(16)

百沢寺の観音堂（十一面観音）は、津軽三十三霊場の第三番にあたる。御詠歌に「父母のぼだいを願う百沢寺、仏といわい、神といわれ(17)」とあるように、百沢寺と下居宮の関係は典型的な神仏習合の実態を示している。下居宮は文字が表わすとおり、山上に憩う山神が下におり社に常在していたことを示す神祠である。これに百沢寺の真言僧の集団が接触・包摂したことになった。その過程は、百沢寺開創、岩木山開発の縁起伝説のなかに語られている。

そもそも岩木山開発の緒は百沢口ではなかった。岩木山北麓の十腰内が拠点であった。現在では百沢寺が別当を兼ね、元禄四年（一六九一）に再興された十腰内の観世音、正徳五年（一七一五）に再興された同村の大石大明神＝巌鬼山神社（本地十一面観音）などの古跡が往時を知る手がかりとなっている。(18)この十腰内から南東側の山麓一帯を赤倉と称し、かねてより鬼の棲む怪異の地帯として知られていた。『津可呂の奥』にも、「赤倉のかたに神場《おにば》てふ処を見やり、いと静なる夜には竜燈、天燈のささぐるを見る」とある。鬼沢には、鬼神を祀る鬼神社がある。ここの鬼の宮では端午の節供の時に、菖蒲で屋根を葺くとか、またここでは、節分に豆まきをしないことなどが伝えられている。ここの鬼神が使ったという三尺ほどの大きさの鍬もあった。また鬼神太夫を名乗る刀鍛治がかつて住んでおり、彼の打ったという剣を祀りこめたのが鬼神社だと伝えている。[19]これら鬼伝説は、妖怪変化としての鬼といった観念よりも、むしろ山に住む異人と理解される面が濃い。同じ赤倉には嶽の大人伝説もあった。この大人も盛んに怪異をなし恐れられていたという。大人は鬼のことである。『津軽一統志』には、

赤倉　山上有㆑洞名㆑之　所謂二鬼所㆑住岩窟也　伝道者至㆑于㆑是時無声而過㆑之　人口囂時者則必以有㆓風雨害㆒

とあって、鬼の棲む洞穴の近くを通る者に対してタブーがあり、それにそむいた場合、風雨などの害が及ぶとしている。

十腰内から赤倉を経て、登山する道は険難であった。山中の二鬼の住む洞穴とは、前鬼後鬼の修行場を想定させる。別に前鬼後鬼伝説は岩木山中の錫杖清水の地にあり、山頂のやや近い所に二鬼がいたと考えられてもいる。先ほどの鬼神祠の近くには、山伏塚（百沢寺中興の祖朝誓法印入定趾との説あり）があって、修験との関連をにおわせている。いずれにせよ、一般の里人にとって鬼に表現される山人または験者たちが跳梁する十腰内・赤倉の登山路は、鬼魅にまどわされそうな怪しい雰囲気の所であり、ここからの岩木山登拝が容易ではない、とされていた。そこで十腰内の観音堂を中心に蟠居していたと思われる修験者たちが、岩木山神社に祈願し、託宣を得て、谷を越えた南麓に山神を祀ったのである。そこが現在の百沢口にあたる。この百沢口の開発者は、元尊法印だといわれている。[20]十腰内より百沢に移ったのが、寛治五年（一〇九一）ともいうが、この開発年代はあいまいである。

十腰内と百沢との関係は、伝説の世界でつながっているため、おおよその輪郭しかつかめないが、叙上のとおりであった。十腰内の修験者集団のリーダーである元尊については、はっきりしたことが分からない。津軽藩との結びつきを濃くした近世以降の百沢寺となると、験力を強めた真言僧が中心であって、かつて真言僧たちと混

在していた修験者たちの存在は稀薄となってきている。

『津軽一統志』（首巻）によると、慶長六年（一六〇一）藩祖為信が、金剛山光明院五世眼尊法印に依頼し、大浦村（現、岩木町植田）の浅瀬山の上に愛宕大権現を勧請したといわれている。以後、この愛宕山大権現を祀る者として、「愛宕山橋雲寺勝寿院」（真言宗）と「衆徒修験、大泉坊・金蔵院・杉本坊・宝山坊・南光坊・善光院」の六坊があげられている。さらに六坊のうち南光坊末孫が百沢の求聞持へいったといわれる。(21) 近世初期の段階では、百沢寺周辺の修験が、眼尊（元尊?）の支配下にあったことを物語っている。

百沢寺九世中興開山といわれる朝誓法印は、藩権力と巧みに結びつき、世俗的な寺勢を高めた。藩主登山の先達をつとめて奇蹟を行ったり、藩主（四代信政）と囲碁をしている最中、鳥の鳴き声に霊感を感じたりして、その験力が有名であった。(22) この朝誓は常陸国鹿島の人で、寛文元年（一六六一）に入国、元禄九年（一六九六）七十七歳で百沢寺に入定したと伝える。おそらくかれは旅の修行僧で、この地に定着したものと見える。朝誓の入定地を、鬼神祠の近くに想定する口碑があるのは興味深いものがある。しかし、百沢寺以前の赤倉の験者たちのことは、近世中期にはさだかではない。このころには、津軽修験の組織もあり、それは百沢寺とは別に顕在化していた。『津軽一統志』には、

修験　松峯山長栄寺大行院　大峯派 寺領三十石
初開因縁不詳　元禄ノ頃大行院ノ地ハ森岡主膳ノ下屋敷ナリ、其ノ頃大行院ハ慈雲院ノ辺ニ罷在候
当院者其抛不レ伝レ之当職於二大峯一大先達之蒙二免許一当領修験道之為二惣司一領レ徒
同支配大越家職権大僧都
本寺町　法隆院　新町　快宝院　賀田村　連住院　藤代村　玄松院　浪岡村　自明院
館越村　正応院

とある。近世津軽修験が大峯派の大行院に支配されていること一目瞭然であり、弘前の大行院の勢威は、きわめて大きかったことが予想される。そしてこの大行院支配下の山伏はかならずしも岩木山と直接的な関連を持っていなかったことが指摘される。山伏が各村で本尊として安置する不動堂の縁起類を見ても、あまり土着性がない。たとえば六郷村（現鶴田町）の不動堂について、

其昔能登国石動山不動院ニ奉安請御本尊也　大納言前田利家卿より火災消除祈願の為め我が祖たる堂守観性法印に下し給へし御神体にして、天正二年大和国大峰山に入りて修行し、権大僧都の位を得、巡り巡りて当国に来れり。

と記されており[23]、北陸に出自を持つ旅の修験者が津軽に来て定着したことを語っている。かれらは岩木山に入峯する山伏ではなかった。俗にいう津軽三千坊とは、津軽半島十三湊、南津軽郡大鰐町の阿闍羅山、弘前市高野の三所に、それぞれ拠点を持つ津軽修験の存在を示唆する伝説である。これによると津軽三千坊に三人の大先達（尾崎坊・南蔵坊・日垂坊）があって、三宝院派大峯入りの際、その先達をしたと伝えている[24]。津軽修験と民衆との結びつきは、岩木山信仰を介在にせずともかなり濃いものがあったようだ。天保六年（一八三五）以来、津軽には疫病が流行したがその年三月、法主大行院以下二〇〇余人が約一週間、火生三昧の法を修し、疫神二柱（男女の形を象った木像）を作って、疫神送りをしたことが『天保凶荒録』に見える。疫神を弘前から青森港まで送り、さらに修験が舟を仕立て遥か沖へ行って、二神を海中に投じたとある。この大行院の祈禱とは別に、同じ時期に岩木山でも百沢寺の法印がやはり疫神退散の呪法を行っていたから[25]、天保年間には両者の関係が、まったく分離していたといえる。ところが、それより前の享保十年（一七二五）には、大日照がつづいた時、大行院は岩木山赤倉の沢へ参って、柴燈を立てて祈禱したと『永禄日記』に記されており興味をひく。つまり百沢寺までは行かないが、津軽修験にとって赤倉という所は、一つの聖地として認識されていたということになる。現在、赤倉沢

はゴミソたちの行場となっており、いぜんとしてそこは聖地視されていることを考えると、百沢寺に管理されていない岩木山信仰と修験についてなお一考する必要があろう。

ところで、『津軽一統志』に収載された「岩木山縁起」はつぎのとおりである。

岩木の根元は阿さへの森とて少き森にて有ける、是そ鬼の住よし宮古へ聞へ、篠原の国司花の長者の御子花若麿殿と中人に熊野住吉天王寺の御夢想にて、上下六人にて当国深浦へ御下り夫より大浦へ御越奥州勢を催し山を猟り給へとも験是なきに付、右山に逗留まんじ錫杖を旗印として鬼神を攻給ふ。鬼の娘四人有レ之を助置、人間は云に及ばず畜類までも仇を為さずとの起請文をかかせ、約を堅ふさせ命を助給ふ、今云ふ赤倉と云ふ洞に住居する由、其後岩木判官正氏の姫君安寿の前と申奉る御人飛来り給ひ則明神と現し及ひ此山に上り給ふ、其志るしあつて阿さへの森忽に大山となり諸々の山に勝れて最高シ、御当家に万字の籏錫杖を用ひ給のは、往古花若殿鬼神を責平け給ふ故に依之なり、此故に花輪郡と名付伝ふる也(26)

ここから抽出できる点は、(1)岩木山はもとはアサエノ森という小さな森山であった。(2)そこには鬼が住んでいた。(3)貴種である花若麿が来て、マンジ・シャクジョウを旗印に鬼退治をした。(4)負けた鬼は四人の娘とともに命を助けられ、赤倉の洞に隠れた。(5)岩木判官の娘安寿が飛来し、岩木山に入り神と化した。(6)その時、アサエの森は大山となり、現在の岩木山となった、という六点である。

アサエの森は阿蘇辺・阿曽閉・遊部と漢字で記している。貴種花若麿は花若丸とも書き、江州篠原の国司花の長者の子、苅田丸の長男とか田村将軍とか、さまざまに説く。興味深いのは、花若の母は朝日御前だということである。朝日御前の名称は巫女の存在を予測させるものである。この朝日御前は朝日山常福寺に葬られたという。その常福寺は別に高野と称し、伝説で名高い津軽三千坊の一拠点である。つまり朝日御前の背後にさらに津軽修験の存在が予測されるのである。盛り上がる若々しい霊力が擬人化されて花若丸と名乗り、岩木山麓に棲む鬼退治に出かける際、マンジ・シャクジョウを旗紋とした。この万字（卍字）錫杖は、実は岩木山に棲む二鬼だとする説もある。[27]『津可呂の奥』には、花若に追われて赤倉に隠れた鬼が万字・錫杖だといい、その子孫が赤倉周辺の鬼神に祀られたり、大人とよばれていたと記している。『岩木山神社史料』では、その鬼は「為二山神給仕之眷属一而可レ擁二護登山信仰衆人一」[28]という役を担ったというから、すっかり百沢寺側に引き寄せられた存在となっている。津軽藩が明確な関連を示してくると、花若は為信となり、藩祖の開発伝説となって語られている。為信が苦闘している時、異様な姿の二人が夢に現われる。この二人が岩木山に往古より住む万字錫杖だと名乗って、為信公の旗紋となり、援助することを約して、飛行して去っていったというストーリーとなっている。[29]

以上の諸要素から、三つの宗教者集団の存在を想定できよう。すなわち、①花若丸・朝日御前から察せられる外来の修験集団。これはやがて津軽修験となり、近世大行院支配下となった。②マンジ・シャクジョウに象徴され、赤倉に棲む鬼と表現される集団。これはかりに岩木山修験と名づけられる。近世には、その存在はあいまいとなった。③百沢寺法印で、津軽藩と結びついて百沢に蟠居した修験者集団。これはことによるとのちに岩木山修験の昇華したものかもしれない。①は②を圧迫し、②は③に吸収され、①と③は並立して活動するという図式が、いちおう描けるであろう。

つぎに問題となるのは、(4)の安寿姫が飛来して岩木山神となった話である。本地物の要素を持つ著名な山荘太夫の物語については、すでに柳田国男が分析を行っている。[30]この論文では山荘太夫の話が長者伝説の類話であることは明らかだが、話の主人公安寿と寿司王の名称について、疑義が出されていた。柳田説ではアンジの語には若宮とか御子神の意があり、ズシには、柴立の意味があるという。かくてアンジやズシを操る修験の介在は当然予想されることであった。山荘太夫の話を語った修験は先ほどの①②③のどれかというと、やはり①津軽修験よりは、②岩木山修験であったろう。赤倉の鬼が四人の娘をもっていたということは、巫女・女行者の存在を予測させている。人口に膾炙せられた山荘太夫は説教浄瑠璃として知られたものであるが、津軽イタコが語る安寿厨子王の物語「お岩木山一代記」には、それとは異質なものがあることが指摘されている。(31) アンズ姫がイタコの口をかりて、岩木山神になるプロセスを語っていくという方式は、神の託宣を示す古風な型であろうか。イタコ・ゴミソなどの女行者と岩木山修験の直接的な関係を示す史料はないが、かつての岩木山修験の行場と目される赤倉沢が、現在なおゴミソやイタコの行場に使われ、また、女行者の岩木山登拝口（大石口）にも使われることから思えば、両者のかかわりあいが予想しうるかもしれない。その点については今後の問題に残しておきたい。

ところで、丹後国の山荘太夫という語りから、興味深いタブーが民俗として成立した。それはタンゴビヨリといわれるもので、丹後の舟が津軽の港に入ると、かならず天候不順となる。本調査時点では、もう誰も信じてはいないが、口碑として残っている。(32) また『津軽一統志』には、

従二往昔一限二於丹後国人一而不レ克レ入二于境一況哉於二住国一哉、又当邦続二海辺一凡七十有余里、西始二大間越一東終二小湊一於二其浜辺一天之晴曇怪有レ変二現面一村老漁叟随二郷之古制一而、所レ繫二於湊一之船尋探必在二丹後人一仍而、説二当山之於因縁一而、使二此人此船一去レ湊則又霽而如レ本之是郷語而謂二丹後日和一(33)

とある。天候を不順にするという、港に入った丹後船を追放するのが郷之古制だといっている。因縁とはすなわち岩木山神の安寿姫を丹後国の山荘太夫が虐待したということなのであるが、こうした伝説が信仰的事実として強要されたことは、『東遊記』や『東遊雑記』の記事からも明らかである。『外浜奇勝』には、深浦で、寛政七年（一七九五）の六月七日に悪天候が連続するのは丹後船のせいだとして、停泊中の船のかじとりや船頭を神社の前に集め、岩木山の牛王宝印を飲ませて、岩木の神は丹後の人、とくに由良の港の人を忌むから、丹後者ではないという誓約文を書かせ爪印させたという記事がある。『山形日記』によると、享保二年（一七一七）南津軽郡碇ケ関に着いた巡見使一行の中、丹後の生まれである高木孫四郎がことのほか岩木山を恐れ、宿に着くや否や、垢離

精進した。しかるに津軽は全体に天気晴朗であったが、岩木山だけは曇っていて、山の姿をいっこうに顕さなかったことが記されている。[34] かくて丹後日和についての藩令すら出されるにいたっている。安政五年（一八五八）五月二十四日付で、

順日天気不正に付、御領分之丹後者入込候哉も難レ計に付、右躰の者見当候者早速送返候様、尚亦諸勧進等も吟味仕候様被二仰付一候間、御家中並在町寺社共不レ洩候様、此段可レ被二申触一候以上　御目付

とある。

岩木山信仰のタブーが津軽藩全体のタブーとなる理由は何であるのか。たんなる語り物の内容が現実生活に規制を与えるとしても限度がある。山荘太夫の話から丹後者を拒否あるいは忌み嫌うというのは、おそらく表面的な現象であろう。元来は、とくに丹後者を嫌うというのではなく、岩木山神は津軽人以外の他国者すべてを忌んだのである。池上広正が指摘したように、これは信仰圏の問題なのである。[35] 津軽全体の天候を司る神は、津軽全体の惣氏神でなくてはならない。それは岩木山の神ということになる。岩木山はかつて女人禁制であったし、男子も不浄の者の登拝はもちろんできなかった。とくに女がカネツケする姿を極端に嫌ったという。女の赤不浄のタブーからすれば、山荘＝産所のイメージがあって、それにつながる丹後者がよけいにクローズアップされたのかもしれない。あるいは山荘太夫を流布する岩木山修験が丹後においてなんらかのテンションを生じさせたため、いっそうの憎しみを丹後者に対し植えつけたことも考えられるが、いずれにせよ、津軽の氏神としての権威が他国者を忌避することが基本であった。そうした中で丹後者が一身にその禁忌を負ったのだということしか推察できない。

四　モリ山と模擬岩木山

岩木山が津軽の惣氏神的存在であることについていえば、第二節のお山参詣儀礼の特徴において、それが初参りの観念を基調にしていること、また山頂お室をめぐっての儀礼が氏子入りをほうふつさせることなどからもうかがえた。第三節では、百沢寺法印の津軽藩との結びつき、百沢寺以前の岩木山修験・巫女による岩木山縁起からタンゴビヨリの発想が生み出されていることなど、ともに岩木山信仰の持つ独自の信仰圏がもたらしたものと推察できた。

この岩木山信仰圏の説明にあたり、これを津軽藩主とその権力が創出したのだとするのは、[36]十全とはいえない。この問題はさらに津軽の住民と岩木山信仰の相互関連の中で、検討されねばならない。そこで、津軽の人々が岩木山をどのように観念していたかを具体的に考察していきたい。

(1)　岩木山と農耕

津軽の農耕は雪どけとともに始まるという（六〇～七〇年前）。山の雪がとけ水となって、津軽の田を水びたしにすると、野ネズミが雪塊にのって移動してくるという。このころ、岩木山の残雪は上り犬・下り犬の形となった。この犬の尾はピンと立っているという。[37]岩木山のマナゴヨミという語がある。残雪が鋤の形に見える時は田打ち、ネドリジッコ（苗取り爺）といって、左向きの人の姿になる時は苗取り、大石（東側）の方角に向かって苗を背負って運ぶモッコの形の時には、田のあらくりにかかる。モッコの下の雪が消えて黒くなり、苗が入ったように見えると、子供たちが「お山のモッコサ苗コ入った」と唱え、いっせいに田植えにとりかかる。[38]津軽平野にそびえ立つ岩木山は、おのずと津軽の農耕生活を律することとなる。岩木山の残雪の具合で、その年の豊凶を予言する古老が、戦前まではかならず各村にいたそうだ。『永禄日記』元禄八年（一六九五）の記事にも「岩木山の前藁雪六月末迄見へ、南谷ニハ七月廿日迄不レ消」[39]とあり、その年の雪の消え具合を気にしている。

(2)　岩木山と予兆

岩木山が津軽に起こる異変を予兆するという観念はしばしば発現した。昔より旧六月にいたってもなお岩木山頂に雲がかかって晴れぬ時は、かならず凶作だといわれた。

『永禄日記』元亀二年（一五七一）の記事に、

正月廿一日夜光り物岩木山より出候而、東之山へ飛候、神鳴之様に而人皆動顚仕候、同廿二日夜、同廿三日夜同前にて只事ニ而不レ可レ有と人々申候

とあって、その予兆性をうかがわしめる。寛永十六年（一六三九）に岩木山は鳴動し降灰すること三寸、翌十七年に笹の花が咲いて異変が起こり、大飢饉が二年つづいた。[40]元禄六年（一六九三）の『永禄日記』にも、岩木山噴火があり、つづいて飢饉が起こった。笹の花が開くことは滅多になく、花が咲く年は飢饉の年と関係があるというのは、全国的な民俗現象である。[41]『天明凶歳日記』により、天明三年（一七八三）の記事を見ると、その年の大噴火が凶作の予兆であることを語っている。

今年（天明三年）卯二月鎮守岩城山西の方鳥の海と申処より、種蒔苗代辺まて大小七ケの大穴あき、夫より煙は登り山中震動して泥の水湧出たり、依レ之御見分二月十一日相済御役人中御登山被レ遊候得共、山の半腹より登る事不二相叶一、右穴鳴動する事百雷の如く近所へ立寄兼申候、是当年凶作の第一なり（下略）

岩木山の噴火が及ぼす脅威は、硫黄のにおいや噴煙に悩まされるだけでなく、その年の生活全体に甚大な被害を与えたのである。そこには当然、岩木山神に対する原始信仰的要素も存在するといえよう。

(3)　岩木山出開帳

百沢寺が本尊を江戸へ出開帳させたことが、近世に二回、天明二年（一七八二）と寛政六年（一七九四）にあった。それがいずれも失敗であったらしい。天明二年の場合、津軽半島の今別町袰月の舎利浜から舎利石を拾い取り、舎利仏御影並縁起を添え、舎利石ともども江戸で販売するつもりであったという。宝物としては、

安珠姫玉手箱、同檜扇、同鏡一面、同御小袖二ツ、同御硯箱一通、同御笠一蓋、同杖一本、同御櫛一通、田村将軍具足一領、鬼神自筆証文一枚、源義経鎧一領、武蔵坊弁慶自筆手形一枚、同小袖、同七ツ道具、藤原秀衡奥方常ノ持シ茶碗一ツ、奥州外ヶ浜舎利仏一躰(42)

といういずれもまことしやかな物ばかり、明らかに興業価値をねらったものであった。六月二十八日に国許を出て、七月に着き、江戸在住津軽出身の豪商津軽屋三右衛門の世話で回向院で開帳した。ところが江戸はその年七月は雨天続きで洪水もあり、開帳しても人が集まらず、散々の不評で、九月についに帰国せざるをえない始末となった。一〇月に入って二一日間百沢寺本堂で開帳したが、参詣者もいないということで、岩木山開帳は百沢寺に何のプラスももたらさなかった。とくに津軽の人々はこの開帳にすこぶる冷淡な反応を示している。落書として、

貧州無金米高の郡、難義山の本尊あ子共々涙如来、御長ヶ一升にして、喰ふや喰ずの御作、宝物一、町々を将碁倒の鎧、一、借銭さんの涙如来、一、喰ふや粥の御影(43)（下略）

この痛烈な諷刺は、岩木山そのものを冒瀆するものではなかった。むしろ岩木山に名を借りて、金儲けをたく

らんだ百沢寺への非難であったろう。百沢寺の存在が、前節でも指摘したように、津軽の民衆よりも、藩権力にいっそうの結びつきを持っていたから、百沢寺の宝物開帳といっても、民衆の間であまり人気を呼ばないのも当然であった。津軽の人々にとって、必要なのは百沢寺よりも、岩木山にこもる山神そのものなのである。

(4)　岩木山の万年草

三厩村で聞いた話で、岩木山にはえている万年草をとってきて、庭に植えておく。家人が出漁していて難船したという知らせを聞いたならば、すぐにこれを水に浮かす、沈んだ場合はもう助からない、浮いていれば望みがあるということであった。万年草は高山植物で苔状である。岩木山頂鳥の海あたりに生えているといい、登拝の折にとってくるという。旅に出る人はこれをかならず懐にして行く。そして遠く離れた異郷で、故郷の家人の生死を案ずる時に、その人になぞらえ、水に浸すと、その人が無事な時は青々として潤いのある色となる。その人が死んだ時は、黄ばんでしぼむという(44)。中津軽郡西目屋村では、棺森山とか白神山とか白神山の万年草が用いられている。これを取って来て蔭干しにしておき、山で見えなくなった人があれば、その生死を占う。なまぬるい湯にこれを入れて開くと、生き生きしていれば、まだその人は生きていることがわかるという(45)。万年草が神秘な力を持ち生死を占う呪具に用いられている。岩木山の万年草が重んぜられるのは、岩木山と霊魂観とのつながりを示す手がかりとなろう。西目屋村で白神山・棺森山の万年草をいうのは後述するように一つの意味がある。これを岩木山の模倣とするか、あるいは白神山の独自のものとするかはモリ山の信仰をいかに考えるかによって定まってこよう。

(5)　オブスナとしての岩木山

津軽では旧十二月が神祭りの月で、神様の年取りといって、収穫物を供える。最初の朔日にまつるのはお岩木様で、大シトギを三重ねこしらえてオミキといっしょに神棚に供える。この日の供物がもっとも盛大で、以下二日羽黒・毘沙門（深浦）三日善宝寺、五日エビス、六日弁天、八日薬師、九日大黒、十日稲荷・金毘羅（深浦）、十一日オフナダマ、十二日山の神、十五日八幡、十六日白神（オシラ神）、十七日観音、二十四日地蔵とつづく。(46) 正月の元朝参りには、若者たちが裸で村のオブスナに参るが、板柳町ではそこで、とくに岩木山の方角に対して拝むという。(47) 近世津軽の村内で使われた誓詞神文の中には、はっきりと「殊者津軽鎮守岩木山大権現猿賀深砂権現古懸大聖不動明王護国山観世音平賀八幡大神愛宕山大権現」(48) と岩木山を津軽鎮守つまり惣氏神的地位にまつりあげている。

これは岩木山の農耕神的性格・予兆性などの信仰圏に与える霊験によって、当然予想されるべきであろう。とくに岩木山の行事にそれは集中的に表現されている。旧七日正月の七日堂の神事がそれで、現在は岩木山神社拝殿で行われる。これは一口にいえば豊作祈願をこめた予祝行事と年占である。内容は柳の神事と三拍子の神事とがあった。柳の神事は一丈ぐらいの柳の枝に前年の種籾をつり下げて、あたかも稲穂が稔ったように仕立てる。それを神官が左右にふりまわし、枝を床に突きたてる。その衝撃で枝につり下げた稲穂が落ちない時は、その年は豊作、逆に散乱すると凶作と判じる。三拍子の神事は、御幣のふりと護摩の火と太鼓の音が一致するかどうかで、その年の風害・暑気・雷雨にそれぞれをたとえて予想するものである。(49) この七日堂の行事からはじまって、いっせいに年が改まるものと津軽の人々は意識していたのである。

民衆意識の内側から見た場合、(1)〜(5)までのデータからも明らかなとおり、岩木山は津軽の惣氏神である。これは藩権力の規制という外的要因から発現する性格のものではない。それは岩木山信仰の構造的特質といえるものから説明されるべきものである。その点をさらに明確化するため、視点をかえて別の側面から考察してみよう。

(6) 古代遺跡としてのモリ山

前出の「岩木山縁起」によると、岩木山はもとはアサエまたはアソベの森という小さなモリ山であったのが、安寿が飛来して山神となるや突如、巨大な高山に化したことが分かる。ここで注目したいのは、モリまたはモリ山と称される存在である。津軽の山間部にはモリまたはモリ山の名称はすこぶる多い。こんもり繁った小高い丘状の所で、平地から見ると目立つ森である。岩木山山麓一帯にそうしたモリが集中していることは、地図を広げればすぐ分かる。九十九森・飯の森・森山・小森山・黒森・手斧森・一森・大森・糠森など枚挙にいとまがない。

百沢の近くの森山は守山とも書き、守山明神が祀られている。守山明神の祭りは、神主山田家が代々つとめることになっており、祭日は六月十二日である。岩木山神社に合祀されている故、簡素な祭りであるが、古くからの祭祀であることに間違いない。岩木町常盤平の荒神山には九十九森がある。一〇〇個以上の一〜三坪ほどの円形・楕円形の小森である。荒神祭と直接関係があったかどうか不明であるが、為信公が軍旗をたてた旗塚であるとの伝説も作られている。

岩木山麓のこうしたこんもりしたモリ山が古代遺跡の一つであることが先年の発掘調査によって明らかにされた(50)。九十九森はその結果によると遺構と間違えらたが、実は流紋岩地帯であるため、風水蝕によって生じた自然地形であることが判明して、かならずしも遺跡に該当しないモリもあることが分かっている。守山明神を祀る森山の後方にある小森山は縄文時代の遺跡であるが、ここに大石(長径一・四〇メートル、短径一・二〇メートル)が発見された。さらに首の切れた土偶や仮面土偶も出土したということで、このモリが埋葬施設とか呪術の行われた場所であるという推論が下されている。[51]
弘前市大森の大森勝山の遺跡からは、環状列石が発見されている。その周辺には竪穴住居址群が集中しており、この約一〇〇メートルの丘状のモリ山の台地が墓地か祭祀場であったことが推論されている。[52]
十腰内遺跡の中で、巌鬼山神社の奥にある、カメコ山とよばれる二つのモリ山については、ここにも集石遺構があり、多量の土偶類が出土した。ここもやはり墳墓または祭祀の場所であったことが推定されている。[53]
十腰内の巌鬼山神社は、前述のごとく百沢寺成立以前の岩木山信仰の中心地であった。事実かなりの遺物が山神の丘というモリ山（元宮址）と覚しき所から出土している。[54]
すなわち、岩木山麓のモリ山のいくつかは近辺に集落を伴った古代遺跡で、とくに祭祀または埋葬とかかわりのある遺跡であることが、発掘調査の結果判明している。モリを聖地視し、祖先崇拝の祭祀対象とする事例は、全国で注目されるフォークロアである。岩木山麓の場合、現時点でモリ山祭祀が行われているのは、百沢のモリ山（未発掘）で、これも岩木山神社の神主が御幣をあげるだけのものであり、全国的な事例と比較研究するレベルに達していない。ただいえることは、岩木山がかつて、山麓にある多くのモリ山とほぼ同格のモリ山（アサエの森、アソベの森）であったらしいということで、そのことはそれが祭祀または埋葬の対象として機能していたことを予想させるのである。それが大噴火で巨大化したことにより、他のモリ山より卓越した神格を得るにいたったこと、これは「岩木山縁起」で語られる一夜成山伝説に反映する事実と考えられよう。[55]

(7)　模擬岩木山の性格

つぎにわれわれは、山麓より離れた地域（主に半島部）に見る模擬岩木山（仮称）にまつわる習俗をとり上げる。山岳信仰の一展開として、とくに近世的特徴として、山岳に直接登拝しないで、近隣の小山を対象の山岳になぞらえたり、人為的にその山岳を模したものを作り、そこに登ることにより、登拝の目的を果たす（代表例は江戸の人造富士など）場合がある。[56] 津軽の模擬岩木山もその一般論に適応すべき性格のものだろうか。

鰺ヶ沢町浜町の海際に面した所に日和山がある。この日和山の頂上に岩木山と同形の山形の石が祀られている。お堂があって旧八月一日にムラの者が集まって祀った。このお岩木さんの日和山は沖からの目印でかっこうのものである。

市浦村脇元のモヤ山は岩木山になぞらえられてお山参詣が行われる。脇元はニシン漁の本場で、モヤ山はニシン漁の親方斎藤家の持山である。お山参詣は旧八月一日で、登拝の方式はまったく岩木山に対するのと同じで、姥石と種マキ苗代まで作られている。脇元だけの祭りでなく、相内とか金木町あたりの人も登拝に来たという。御幣やボンデンもある。初山の人は御幣の頭に赤い布をつける。各ムラで紅白のお供えを用意する。各戸から茶碗一杯の糯米を集めて搗いたもの。当日はオブスナ（洗磯崎神社）に集まってから出発する。笛・太鼓・お囃子がつく。山頂に神体の石があるが、これは明治年間のものである。この石は以前は、近くの不動山にあったのが、ゴミソの託宣でモヤ山に移されたものだという。モヤ山と不動山はともにこんもりしたモリ山で、遠く海上からの目印としてもかっこうの地点である。

蟹田町小国の小高い丘に岩木山が祀られていた。明治三十六、七年ごろ、伝染病がはやったため、お山参詣ができなくなったので、かりに岩木山を作ったのだという。

今別町大川平の村を見下ろす小高いモリ山の上に岩木山が祀られている。かつて庄屋嶋中庄左衛門の夢枕に岩木山神が立って、北海道へ渡ろうとここまできたが休む場所がないという。そこで嶋中家が自費で今ある地に祠を立てたのがはじまりと伝える。祠は一度火災にあい、数年前にブロック造りの立派なものになった。祭日は旧八月一日で、若衆組が中心となって準備する。各戸から茶碗一杯の米、嶋中家だけ一升出してもらう。前日のヨミヤには、祠のあるモリ山の麓の道の両脇に露店が出るほどの賑わいである。ヨミヤには、若衆がまず参拝路をはききよめておいて、その後笛を吹き、太鼓をたたきつつ、まずオボスナ（熊野神社）に御幣をおさめた。若衆頭が別当をつとめる。別当はその夜は岩木山の社殿に詰め、参詣人にお供え（紅白）を切って配る。その夜は若衆組は一晩中太鼓をたたいている。翌日は、ムラから外へ出ている人たちも全員戻ってきて、餅・赤飯などを作り祝いあった。二〜三歳の男子は鉢巻・扇を背にさし、御幣を持って、お参りに行く。昭和初期にはたいそう盛んで、三〇〇〜四〇〇人ぐらいがお参りにきたという。村人たちは正月元旦、まずオボスナの熊野神社に参った後、この岩木山祠に参った。

これらの事例からいえることは、(1)ムラの小高いモリに岩木山祠が祀られている、(2)祀られた年代は話者の記憶にもあり、比較的新しいこと、(3)お山参詣方式は岩木山の模倣であること、(4)ムラ内の神々の位置からいうと、オブスナのつぎに崇敬されていること、である。由緒の伝承からも明らかなとおり、近世以降に岩木山を勧請した型であろう。したがって民俗に見る模擬岩木山は、近世的な山岳信仰の展開のなかで発現したといえる。ここで注目したいのは、この模擬岩木山が成立する以前のムラの一隅にあるモリ山のことである。中里町の伝説に、

岩木の神様が竜飛岬より逃れて、まず市浦村脇元のモヤ山に移った。幾年かの後に、中里町今泉の七平に来て永住の地にしようとしたが、ある時、今泉の一婦人がカネをつけたまま、七平に来たので、神は汚らしい醜体を見て嫌気がさし、直に西南の方角へ飛び去った。途中一握りの土塊を十三湖に落した。これがモリヤ（宝森）となった。(57)

という話があり、モリ山との関連で示唆的である。

(8)　モリ山と岩木山

すなわちこれは各ムラのモリ山が岩木山と結びつく端緒を伝説化したものであるが、岩木山が習合する以前にムラのなかでモリ山として何らかの存在意義を持っていたことを示唆している。それは何であるのかつぎに二つの事例をあげてみよう。

岩崎村にある白神山は、一二三二メートルの高山であり、やはり岩木山同様集団登拝が行われる山として知られるが、以前は岩崎村内の松神・大間越・黒崎・沢辺などのムラだけが登る山だったという。他村から人が登るとかならず山が荒れるといわれている。旧八月十五日ごろが登る日で、七日間精進潔斎して、当日はオブスナに詣ってからいっせいに登ること、その登拝方式は岩木山のお山参詣と同じである。そして頂上から岩木山を遙拝した。お岩木さんと白神さんとは姉妹であるといわれている。

弘前市の南方にある小栗山についても岩木山と姉妹だという。岩木山が妹にあたる。姉妹そろってある村で獅子舞を見物していたが、妹が姉を出しぬいてひそかに岩木山の神となった。姉は無念にもはるかに低い小栗山の神となったというのである。二つの山が競い合う類話は全国に多い。津軽では岩木山と小栗山が、ことごとに対立したという伝説がある。『津軽歴代録』によると、

往古有二一神一、互争為二津軽之地主一此神軍高山崩海水溢、俗海津浪山津浪云、山谷変レ海、河沼化レ丘東浜于此時為二入海一と云、勝利神現二岩木山一、敗軍将隠二小栗山一(58)（下略）

と記されており、両者の対立が国争いに根を持つのだという内容となっている。したがって敗れた小栗山の方角から雨が降り出すといわれている。また小栗山の近辺に住む人たちは岩木山登拝をしてはいけないという禁忌もあった。他村の人でお山参詣する人が、小栗山の麓を通る時は、御幣を立ててはいけない、サンゲサンゲと唱えてもいけない、もちろん囃子などの音も立てないなどの禁忌があり、静かに通り過ぎなくてはならないとされて

いた。

白神山・小栗山はいわゆるムラのモリ山とくらべると規模が大きくなるが、やはり地域社会のモリ山としての意味があった。白神山が他村の登拝を嫌っていたことや、小栗山の厳しいタブーも、山麓の人々だけの山であるとの意識から語られたものである。ムラのモリ山も多かれ少なかれ、そうした意味を基底に内在させていたと考えられる。つまりモリ山の存在はムラにあって、ムラのオブスナ的存在であったのではないかということである。現在の各ムラのオブスナは神名を見ても明らかなとおり、外来神たる稲荷・神明・熊野社が圧倒的に多く、そのほとんどは近世初頭に簇生したものと推察されている。それは津軽藩の新田開発にともなって、枝村・分村が派生してきた過程と対応している。モリ山の多くは山間部に集中し、新田村地帯には見られないことから、より古い段階のムラに対応するモリ山信仰を想定しなければならない。その点、岩木山麓の古代遺跡としてのモリ山は一つの重要な示唆を与えるものであろう。

岩木山もモリ山であって、とびぬけた高山ではなかった段階では、一つのムラにつながる信仰対象であったと想定される。これが巨大化した過程で、他のモリ山と対比されるに及び、小栗山の伝説や白神山の例に見るように岩木山と地域のモリ山の関連が津軽の人々に意識されたのであろう。かくて従来各ムラのモリ山への信仰が岩木山のもつ自然神的・農耕神的性格に収斂していったものと思われる。五所川原市で聞いた話では、岩木山は、津軽の神々が自分のところの土を寄せ集めて一晩中に作ったのだという。そうした津軽人の岩木山観の構造が反映しているものと思われる。

岩木山信仰圏について、臆測をほしいままにすれば、岩木山は各ムラにかつて信仰的意味を持って存在したモリ山の重層的構造の上に成り立っているということである。このことは岩木山の信仰圏が藩権力の規制により確定し、特徴をもつという近世的要因を超越して、すぐれて民俗的意味を持つゆえんとなりうるものといえるであろう。

注

（1）岸本英夫『宗教現象の諸相』、一九四三年。
（2）池上広正「山岳信仰の諸形態」（『人類科学』一二、一九六〇年）。
（3）柳川啓一「岩木山まいり」（『社会と伝承』二―四、一九五八年）。
（4）森山泰太郎『津軽の民俗』、一九六五年。
（5）宮田登「山岳信仰と講集団」（『日本民俗学会報』二一、一九六一年、本書第一部所収）。
（6）前掲注（3）論文参照。
（7）森山泰太郎「砂子瀬の民俗」（『津軽の民俗』所収、一九六五年、二五二ページ）。
（8）菅江真澄『津可呂の奥』には、「嫗石、恵美須石のあたりより女は行かじ」とあり、女人禁制の境界を示している。
（9）菅江真澄『外浜奇勝』、一七九八年。
（10）前掲注（4）書、一六四ページ。
（11）木村哲也「岩木山登山囃子」（『東奥文化』二、一九五五年）。
（12）前掲注（3）論文。
（13）国学院大学説話研究会『津軽百話』、一九六七年、四一ページ。
（14）『津軽一統志』（『青森県叢書』六編所収、一九五三年）首巻、神社仏閣の部。
（15）真言五山は他に光明寺・久渡寺・国上寺・橋雲寺。
（16）前掲注（14）書。
（17）『津軽俗説選』（『青森県叢書』一編所収、一九五一年）。
（18）前掲注（14）書。
（19）福士貞蔵『郷土史料異聞珍談』一九五六年、三二ページ。
（20）前掲注（8）書、また『十勝内観音院縁起』にも同様なことが書かれている。

(21)『大浦村郷土史』、一九三一年。
(22)藤原通暦『奥富士物語』下（明和二年、『青森県叢書』九編所収、一九五六年）。
(23)明治十四年「火生三昧御祈禱御寄進帳」（成田治『六郷村誌』所収、一九四二年）。
(24)前掲注(19)書、一七ページ。なお同記事は『東日流物語』によっている。
(25)同右、疫神放退修之事。
(26)前掲注(14)書、附巻。
(27)前掲注(19)書、八ページ。
(28)元禄十四年九月、十世朝祐法印が記した。
(29)前掲注(14)書、巻二、岩木山御示現附曼字錫杖之事。
(30)柳田国男「山荘太夫考」（『定本柳田国男集』七巻所収、一九六二年）。
(31)国学院大学民族学研究会『民族学研究』二、一九六七年、いたこ祭文特集。
(32)『民間伝承』三―三、一九三七年。
(33)前掲注(14)書、首巻、岩木山の部。
(34)前掲注(19)書、一〇ページ。
(35)池上広正「東北地方に於ける山信仰――特にその信仰圏について――」（『宗教研究』一三七、一九五三年）。
(36)同右。
(37)弘前大学民俗研究部『津軽』、一九六五年、六二ページ。
(38)前掲注(4)書、二〇一ページ。
(39)山崎立朴編『永禄日記』（『みちのく双書』第一集所収、一九五六年）。
(40)長尾角左衛門『三好村郷土誌』（一九五七年）。
(41)木村博「竹（笹）の実異変の民俗」（『日本民俗学会報』四五、一九六六年）。
(42)『平山日記』（『みちのく双書』第二二集所収、一九六七年）、三九五ページ。
(43)『天明凶歳日記』。
(44)前掲注(17)参照。

(45) 前掲注(4)書、二八〇ページ。
(46) 同右、一七六ページ。
(47) 同右、一八七ページ。
(48) 前掲注(42)書、四六五ページ。
(49) 前掲注(4)書、一八八ページ。
(50) 弘前市教育委員会『岩木山』、一九六六年。
(51) 同右、一四四〜二〇〇ページ。
(52) 同右、二九一ページ。
(53) 同右、三七七ページ。
(54) 前掲注(4)書、三七六ページ。
(55) 岩木山火山史の中で、岩木山が心核的小丘から巨大化したことが推察されている(同右、四九ページ)。
(56) 前掲注(5)論文。
(57) 成田末五郎『中里町誌』、一九六五年、二八六ページ。
(58) 前掲注(19)書、一二ページ。

第五章　金華山信仰と巳待ち

一　金銀島と金華山

石巻市あるいは女川町から船で約二時間、太平洋上の荒波の中に金華山がある。大勢の観光客を集める島には黄金山神社が鎮座し、きらびやかな社殿に多額の賽銭が集まる。金運の神として典型的なはやり神の状況を呈しているのが昨今の金華山である。

明治・大正ごろまで牡鹿郡一帯によく歌われ、近世のはやり唄に淵源を持つ遠島甚句の一節に、

◎金華山には大箱小箱それにつづいて金もある。

◎竹の柱に黄金のたる木屋根が小判のこけらぶき。

◎竹になりたい金華山《おやま》の竹に上り下りの印だけ。

◎沖に大漁の風が吹けば島に黄金の花が咲く。(1)

同じく松坂ぶし（別名松島ぶし）にも「東にあたりし金華山、あれは黄金の山じゃもの」とある。金華山は黄金の島だと歌っているのである。(2)

近世中期、西川如見の記した『長崎夜話草』に、

日本の東奥の海中に金華山といふあり此島の砂岩に黄金ありといへ共、島の神惜みたまふゆへ是を取事あた

はず若取て舟に乗ぬればその舟忽ち災難ありといひつたふ。

とあるのは当時の伝承史料として興味深い。さらに西川如見は、寛永のころに紅毛人が日本へ来る途中遭難し、東海の一つの島にたどりついたら、「其島の砂石みな黄金なりければ多くの船に取つみて船を出さんとするにふねかつて動事なく……此島の神の惜み玉ふならんと恐れおほへば（下略）」として積んだ黄金を棄てざるを得なかったという話を採録している。そして「世界の図に日本の東海に金島銀島ありとは此島ならん」[3]と推量している。小葉田淳の研究では、叙上の金銀島は西欧人の意識に現われたもので、その原初的姿態は東の果ての太陽の昇る下にあるという幻想の島であり、やがてヨーロッパ諸国の東方進出の歴史にともない、印度洋からしだいに極東の地へとその幻を現実化する方向に伸展したとしている。[4]これがついにはマルコポーロの『東方見聞録』に記される日本即金銀島という観念を生み出すにいたったことは周知の事実であり、西川如見が当時の聞き伝えから東方海上に浮かぶ金華山がすなわち金銀島だと考えたのも当時としては妥当なことであったろう。人間が幻想郷をいだき、これを求めるのは汎人類的事実である。原始仏教徒が、太陽の沈む西方に浄土を求め、古代中国人は山東半島の東端に蓬萊山を描いた。古代日本人が常世国を冠した理想郷を常陸国鹿島に比定したことも事実であるが、こうした思考と古代日本における黄金産出の具体的事実が結びついた時、人々の描く理想と現実はいっそう混融の度を深めたのである。[5]

日本の国内で、黄金産出を求め、ついに巨万の富を得た長者の伝説は意外と多い。長者伝説によるとこれら長者はやがて没落し、巨万の富とともに埋葬されてしまう。そこには財宝が埋められたまま、発見されるのを待つという「朝日さす夕日かがやくその下にうるし万ばい黄金億々」の言葉とともに後世に伝えられることになる。柳田国男は、長者譚を「最初はそれがただ村々の旧家の初代夫婦の者の事蹟であつたことも想像され次から次へと修飾せられ誇張せられ[6]」、現在に至る間に途方もない話となったと解釈している。東北の長者譚では、旭長者と炭焼長者の話が多い。陸前北部でも、本吉郡志津川町の景勝地旭浦に旭長者がおって旭ヶ館に住み、「本吉の旭ヶ館のお財宝漆万杯、黄金億々」の伝説がある。旭長者は藤原清衡の四男であったともいう(7)。桃生町中津山の日招橋、同町太田の反日壇は、おのおの旭長者が太陽を招きよせんとした話を伝える地で、旭長者を源義家としている(8)。河南町の旭山山麓には朝日長者の話があり、その屋敷跡からはいつの日か財宝が現われると信じられている(9)。牡鹿町網地の炭焼長者は炭焼吉次であり、金売り吉次の話と混合した宮城県各地の類話と同じモチーフを持っている(10)。ここではこれら長者譚と黄金産出の関連について触れる余裕はない(11)。ただいえることは、同じ地域社会のどこかの場所に黄金が溢れ出る地があり、それがいつか具体的な形となってこの世に出現するというイメージが民衆の心意の中にいだかれつづけていた点を指摘するに止めたい。

さて金華山自体が黄金からでき上がっている島であるというのは遠隔地の人々のいだいた幻想であるが、いっぽう同じ地域社会の人々は、金華山の島の一角に黄金が埋まっていると考えていた。それは金華山の山奥にある蘇字《そじゅ》峠とよばれる地で、俗人不入の地であった。近世の知識人の間で、日本最初の黄金産出の地について、これを金華山とする者と、現在の遠田郡涌谷町黄金迫とする者と分かれ論争している(12)。結局現在では涌谷説が公的に認められるに至ったが、大正末期ごろまでなお金華山黄金出土の幻想を描く者は跡を絶たなかった。金華山は地質学的にも鉱脈とは無関係である。島が暁方陽光を浴びると花崗岩・水晶石の類がきらめき、あたかも夢幻の金銀島と見えるという一般の説もほぼ妥当であるかもしれない。しかしこれだけでは金華山信仰がはやり神化して、広い信仰圏を保持しえている説明には不十分であろう。『封内風土記』には、三輪明神が黄金を練ってこの巨島を造ったという縁起をのせ、著者田辺希文はこの説が「浮屠役徒」の妄言であり、この出自としているのは「大聖経」中の「聚レ金煉ニ成槃石一、立於国辺海中、而為ニ維平国楨《はしら》一、此島春秋美咲ニ金銀花一」にあるとする。かりにそうだとすると後述する「浮屠役徒」と目された真言僧・山伏が民衆のいだく金銀島への幻想を巧みに利用しつつ、これを宗教的意識の中に現実化しようとしたのではないかと考えられてくるのである。

二　陸奥山と金華山

『夫木集』所載の藤原光俊の歌に、

陸奥の山をそかひに見渡せは、あつまのはてや八重の志ら雲

とある。詞書に「この歌は康元元年（一二五六）十一月かしま社にまうでて浜に出て逍遙するに丑寅にあたりて雲の絶間より山のほのかに見えたる（下略）」と記されている。古代・中世を通じて、鹿島の地はさいはてと考えられていた。はるか東方の彼方に来て、異郷の地を望見する機会はそうざらにはない。光俊の感慨は海の向こうにちらりと見えた陸地と山影を音に聞く陸奥山に措定したのである。陸奥山は伝説の山、黄金産出の山であった。天平二十一年（七四九）聖武帝の時、百済王敬福が小田郡所出黄金九〇〇両を差し出し、これをもって「本朝始出二黄金一時也」としたのは『扶桑略記』の著名な歴史的事実である。この記事の後段に、

或記云。東大寺大仏析為レ買二黄金一企二遣唐使一。然宇佐神宮託宣云。可レ出二此土一者。世伝云。天皇差二使於金峯山一。令レ祈二黄金一之時出矣。託宣云。（一云。入レ夢。）我山之金。慈尊出世時取可レ用。但近江国志賀郡瀬田江辺。有二一老翁石座一。其上作二観音像一。敬致二祈請一。黄金自出焉。仍訪二求其処一。安二置如意輪観音像一。（今石山寺是也。）沙門良弁法師祈二誓件事一。其後不レ歴二幾日一。従二陸奥国一献レ金。（下略）（傍点筆者）

とある。この内容を大雑把にまとめると、(1)金峯山は黄金の出土する山だから、大仏建立のため祈請した。(2)しかし金峯山の黄金出土は弥勒がこの世に出現してはじめて可能となる。(3)近江国で観音像を掘り黄金出土を願う

老翁がいた。この事例に象徴されるような黄金出土を待望する風潮が当時高まっていたのだろう。(4)東大寺良弁の祈請もあって、ついに陸奥国に黄金が出土した。

『万葉集』巻第一八に「賀ニ陸奥国出レ金詔書一歌一首」として「鶏が鳴く東の国の陸奥の小田なる山に金ありと奏したまへれ」の反歌三首の一、

すめらぎの御代栄えむと東なる陸奥山に金花咲く

がある。家持のこの一首は、黄金花咲く陸奥山に対する当時の憧憬をよく物語っている。陸奥国小田郡にある黄金が溢れ出る陸奥山は遠く東方の彼方にある神秘的な山であったろう。

ところで、辺境の陸奥国へ行くのに海路を取ると鹿島が航海の要衝に当たる。鹿島神じたい古代からの航海神であったことは『常陸国風土記』の記事から明らかである。この鹿島から北上して一直線に向かうと金華山に突き当たることになる。犬吠岬の突端の次の目印が潮流にのって真っ直ぐに金華山となるのである。東国のさいはてともいうべき鹿島の地から、またはるかなへだたりを見せる金華山周辺は奥の海とよばれた。[15]ここは荒波逆立つ難所として知られた。古来から難船が多く、水死者の亡霊がシケの晩このあたりを通る船に近寄ってヒシャクを貸してくれといったりするという。この奥の海一帯の浜辺には貴種漂着譚が広く分布するのも当然であろう。鳴瀬町宮戸島の月浜・大浜・室浜にはおのおの義良親王が暴風雨で漂着したのがツキ浜、行在所を立てたのがオウ浜、御室を設けたのがムロ浜と称したとする。[16]「安永風土記御用書出」には、牡鹿郡女川町尾浦について、「神亀年中天竺釈旦国千葉大王之皇子空船ニ乗、当国江漂ニ流右舟当浜江一流ニ寄於此浦一舟ゟ御上り被レ成候処、其節王浦と相称候由」と記している。その隣の浜を御前浜といい、黄金の産出を行った百済王敬福がここに漂着したという伝説が古くからあった。大槻茂質の『夢遊金華山之記』(文化九年)に、

牡鹿の郡遠島の内なるおまへ浜といふ所に天平の昔国司敬福がすまゐしと云ふ古跡ありと其俗の云伝へし事

あり、こは此迄いまだ聞きも及ばぬ事なり其頃この国司にして金華より黄金掘せしもの住ひし処（下略）

とあって、敬福が黄金を発掘したという陸奥山がすなわち金華山であったことを自明のこととしている風がこのころ明白であった。芭蕉の『奥の細道』に元禄二年（一六八九）の記事として「こがね花咲くとよみ奉りたる金華山」と描写しているのも、陸奥山は金華山という認識が、『奥羽観蹟聞老志』（享保四年）巻之九の「陸奥山、今日之金華山」という記述と同様、近世にはごく常識化した民俗知識なのであったのである。しかし事実は前述のとおり黄金産出とは無関係なのであるから、金華山が金銀島即理想郷とされるには何か別の理由づけがなされねばならないのである。古代・中世を通じて東奥の海上に突出する山島はいわば世界の涯にも似たイメージが与えられたであろう。そこでこうした特異な地理的条件に何者かが神秘的な陸奥山を現実的に表現させるような、ある種の宗教的認識を可能ならしめたという推論ははたして妥当であろうか。

三　弁財天信仰と金華山

ここで、金華山を支配してきた宗教者集団について分析してみよう。現在の黄金山神社は神仏習合時には、真言宗大金寺に包括されていた。世にいう金華山詣では、お山詣でとして他地域の山岳信仰と同様、近世期には民衆の信仰活動として盛んであった。現在は、石巻港・女川港から観光船で短時間で金華山に着くが、明治・大正ごろまでは、石巻から渡波へ到り、そこから船で鮎川に入り、さらに一八町歩いて駒峯を越え、山鳥に来る。ここに渡し場があった。「ここに一つの庵室に鐘楼堂ありて彼島に渡らんとするもの先此鐘を撞き鳴らす。彼所にも同じ鐘堂ありて声を合せて船を出す。其船は彼方より来るが故に、若し風波あらく船出し難ければ鐘声をせず然る時は已む事を得ず再び鮎川へ立かへり滞留して其時の至るを待つ」という状態で、[17] 渡し場から金華山まで一六町、潮の流れが速く、舟子三人で約二五分かかったという。[18] やっとの思いで島の浜辺につくと新しい草鞋とはきかえる。この草鞋も「山を下る時も彼方にてはきしをば捨て船に乗るとなり。こは彼山の神沙石に至るまでも他に出づる事を警め給ふを恐るる故」[19] であるという。聖地としての認識は強いものであった。

浜辺から別当の坊といわれる真言宗大金寺（現在の社地の西側に旧寺址がある）まで行き、そこでお籠りして金華山へ登った。現在の拝殿がすなわち護摩堂（黄金山神社となった後も、護摩焚きの痕跡が残されている）で、その背後に登拝道がつづいている。文政年間に絵図として一般に弘布された案内図によると、登拝道には次のような参拝地が列記されている。

辨天社・神明社・滑石不動・清水石・弘法大師坐禅石・水神・孔雀池・両部大日・飛石・天狗角力場・夜光石・黄金石・龍蔵三社大権現社・水晶石・御鉾石・天狗三太石・胎内潜・天の洞・蘇字峠・陰陽石・開山上人坐禅石・影向石・山形石・御船石・開山上人袈裟松・独古水・天狗沢・金波越・銀波越・大平・御船沢・千畳敷・御路地崎・黄金崎・富ヶ崎・浄土口・大箱崎・小箱崎・四天石・御籠石・阿弥陀峯・山神社・愛宕社。

これらは、現在の名称とほとんど変わりがない。これらのうち二、三の注目すべき点をあげると、

(1)不動尊・弘法大師・大日如来に関する伝説が付会された石が多いこと。すなわち真言宗寺院の関与したことが明白である。

(2)天狗角力場とか天狗の名辞が見られ、開山上人坐禅石に示されるような修行者集団の存在が推察できる。開山上人とは成蔵坊長俊といわれる。

(3)胎内潜・蘇字峠とよばれる聖俗界の境界を意味する場所が設けられ、修行者たちの求める聖俗の世界観が成

立している。たとえば、胎内潜は天の洞を入口とし、巨岩の下に穴がある。人がはらばいになってようやく出ることのできる出口を浄土口と称したこと。蘇字峠は俗人不入の地、昔開山上人千日修業の聖地といわれること。嘉永年間の藤原広泰の『金華山紀行』には、大箱崎・小箱崎を過ぎると、賽の河原があり、小石で五輪の形を積みあげている様が描かれているし、大槻茂質の『夢遊金華山之記』には、島の裏側近くに金剛界・胎蔵界と呼ばれる所があったという。

(4) 全島に弁財天信仰にもとづく説明がなされていることも大きな特徴である。竜宮・竜神・天女などを同義として扱い、出現・影向の地として説く。山頂の竜蔵権現（神仏分離後は大海祇神社・海神神社）が中心の祭場であり、尊像は大箱崎に出現したとも、銀波越・金波越に漂着したとも、水晶石に降臨したともいって、さまざまである。

以上の多様な信仰要素を統括する大金寺について検討してみよう。寺伝では草創について、古代仏教の地方浸透の過程で権力者との結びつきから説くこと、陸前の他寺院の場合と同じである。秀衡が寺領三〇〇〇石を寄進したのが永万・仁安（一一六五〜一一六九）のころという。のち石巻城主葛西清重の後援を得、天正のころ灰燼に帰した。そして天正の初頭真言宗の僧成蔵坊長俊（開山上人と称さる）が来て再興し、このころ弁財天合祀が成ったとする。現在の黄金山神社所蔵文書はわずかで、その間の事情を語るものがほとんどない。ただ宝物として蔵されている般若心経を入れた箱蓋に「天正十一年、金華山庵主成蔵」という文字がある。ただこれは書写されたもので、「金華山二所之宮、自昔此経納、只今護摩堂納是、威徳院　遠嶋遍照院度々修理」とあって、金華山に蟠居した威徳院と配下として江ノ島に定着した遍照院らによって、般若心経の箱が代々保管されてきたことが分かる。般若心経は血経で往時の修行の一端を偲ばせるが、その中で奥書の年号が判明したのはただ一つ、「大般若波羅密陀経巻第三百廿」に「寛喜元年」（一二二九）とあった。おそらくは、天正・文禄年間ごろに大金寺史に一つのピークがあったのだろう。それ以前にも信仰地としての存在も確かであった。開山上人といわれる真言宗系の行者の存在は歴史的事実と判断してもさしつかえないと思われる。さらに伝承の上からうかがうと、『封内風土記』に、藤原秀衡が四八坊建立したとして、[20]

大金寺・大蔵寺・大乗寺・大行寺・大明寺・大宝寺・大応寺・大竜寺・大徳寺・大願寺・大養寺。辨蔵寺・辨聖寺・辨智寺・辨教寺・辨徳寺・辨満寺・辨明寺・辨珠院・辨行寺・辨竜院・辨覚院・辨寿院。斎蔵坊・斎覚坊・斎光坊・斎沢坊・斎元坊・斎智坊・斎明坊・斎竜坊・斎岩坊・斎性坊・斎徳坊・斎会坊。天応菴・天望菴・天宝菴・天明菴・天瑞菴・天養菴・天経菴・天城菴・天蔵菴。

を列記している。四八坊といっても四四坊しかない。これが葛西家の時代には一八坊となり、大金寺がこれらを総括することになったという。上記の四四坊の頭文字に注意すると、一種の語呂合わせで、大弁斎天となる。つまり大弁財天の意味である。大金寺の勢力の高まりが弁財天信仰との間に深い関連があったことが推察されよう。さきの般若心経の箱蓋の裏には、弁財天の曼陀羅が墨で描かれている珍しいものである。弁財天を中心に左に吒枳尼天・大黒天、右に吉祥天・毘沙門天とあり、下方に一五童子が従えられている。一五童子とは、三輪・熱田・諏訪・春日・丹生・白山・若一王子(熊野)・竜蔵(那智)・西宮・稲荷・加茂・羽黒・鹿島・八幡・松尾の各明神がそれぞれ童子姿で配置されたもので、水際に鹿島・松尾がいて、米俵を乗せた舟のともづなを引いているという構図である。弁財天を福神の中心に置いて民衆に説いたと思われる。弁財天が分身として多数の童子を連れているのは、中世の民衆の間に膾炙された図柄であるから、金華山大金寺の真言僧・山伏と民衆の結びつきの媒介に弁財天信仰が強く働いていたことは明らかであろう。いったい大金寺の配下にあった山伏たちの実態はどうなのかを知るための材料は皆無といえる。ただ近世末期に大金寺弟子として新たに交衆に加わることを許された最真房・智温房・純如房・戒暁房・敬純房・康純房たちは、[21]真言宗寺院に仕える修行僧であるが、修験者として法印とよばれる人々であった。かれらに代表される行者たちの奉斎するのが弁財天であったことは明らかであるが、月光善弘も指摘しているように、このあたりいったい真言宗寺院の分布と弁財天信仰の分布は一致している。真言宗寺院の鎮守神として弁財天が存在する場合もきわめて多いのである。陸前地方の沿岸部一帯には弁財天信仰が広まっていた。これらの縁起譚について考察してみよう。

(1)稲井町（現石巻市）流留の弁天については、昔一葉の小舟が流れついた。人々が見ると舟中にやんごとなき天女がおり、朕は旭天女であるとのべて姿を消した。よって弁財天を斎きまつったという[22]。

(2)志津川町椿島には天女塚があり弁財天がまつられているが、延徳年中のころ、宮司作兵衛四世の祖某が舟で通りかかったところ、島中に天女が多数舞っていた。しばらくして天女たちが去り、一人の幼女のみが残された。かたわらに白狗児もいた。やがて病となり幼女も白狗児も死んだので、作兵衛が葬って塚となし、弁財天にまつったのだという[23]。

この二例に代表されるように、ともに天女が漂着して弁財天としてまつられたといううつぼ舟漂着譚に素地を置くものである。近世にはやり神として盛行した石巻市住吉島の弁財天は、石巻湾に面しており、『封内名蹟志』には、碧潭の際に立っている烏帽子岩の上にまつられていたと記されているが、これに真言宗寿福寺が関与していたという。

金華山の浮かぶ奥の海には、古来よりさまざまな漂着物があり、必然的に貴種漂着譚も成立したことは前述のとおりである。金華山については、太平洋に直面した際の御船沢・銀波越・金波越・大箱崎に天女が漂着したと伝える。たどり着いた天女が、麓の弁財天堂と、山頂の竜蔵権現にまつられたという。この竜蔵権現は、真言密教と関連を持つ十一面観音の垂迹としても知られる。興味深いことは、古川古松軒が、「山上には天竜大権現と号して、弁財天を祭るともいい、また蔵王権現を安置せるともいう[24]」といっていることで、現在神社側の史料からは容易にうかがうことのできない修験関与の一端が示唆されている。真言宗系修験と弁財天との関係をみると、女川町江ノ島の弁財天については、修験の真野村喜明院が関係していたり、登米郡狼河原村の弁財天には別当修験大誓寺尊性、稲井町流留の弁財天には祭主として周明院が関与していたことが『風土記御用書出』（『宮城県史』二六「風土記」所収）に記されており、弁財天信仰の伝播に修験が一役担ったことが分かる。そうした中で、とくに金華山の弁財天が強調されていたことは、修行道場としての金華山を持つ大金寺の修験たちの勢威によるものであろう。女川町江ノ島で憤死した栄存法印は御霊信仰に資料を提供するものであるが、彼の墓碑銘に「天明八戊申季、隆蔵権現、八月十日」[25]とある。隆蔵＝竜蔵からしてすでに当時金華山の配下にあった江ノ島在住の修験たちの関与を物語っている。現在黄金山神社の氏子区域となっている鮎川は当然信仰圏の中核に位置しているが、牡鹿町長渡浜の大金明神社と雷神社は、それぞれ大金寺と修験善学院の関与していたところであった。仙台市東九番丁の報恩寺にある弁財天については、当寺の住職が金華山弁財天を信仰し、月詣りすること数年に及んだところ、一夜の夢に弁財天が現われ、毎月の来山は大儀であろうから、わが分身を授くると告げた。和尚は夢醒めて驚き金華山に赴いたところ、大金寺の住職もまた同様の夢告を得たという。こうして弁財天がまつられるにいたったのである。信仰圏拡大の典型的な縁起が説かれている。[26]

結局、金華山に蟠居していた修験たちが、弁財天信仰を説きながら民衆生活と結びついていったことは明らかであるが、その実態はいかようなものであったかつぎに考察したい。

四　金華山信仰と巳待ち

金華山周辺は、黒潮と親潮の合流する絶好の漁場であり、牡鹿郡ほとんどの入会漁場となっている。[27]主として鮑・ノリなどが採取されてきた。さらに沖へ出ると、鰹漁の漁場となる。金華山信仰の信者層に、鰹漁に従事している人々が多いのは、漁場へ向かい陸を離れて行き、船の位置を確かめる際、金華山の水平線の高低によって形づくられる山形を目印とすることにより、大漁と航海の安全が保たれるとしていたことに因由する。大正四年以後、機械船が使用されるようになったが、帆船時代の目印としての金華山に対する感覚に差異はなかった。沖を離れて、約二〇マイルあたりに来ると、金華山の約三分の一が没する。このあたりがサンノゴデ（三の御殿）、つづいてニノゴデ（二の御殿）となる。約四五マイル来ると、金華山は小さくなり、星の形のようになる。ここをニオボシ（乳穂星？）とよぶ。完全に山形が見えなくなるとヤマナシということになる。船はさらに南下して行くが、日没時になると、ちょうど舳の方角に当たる金華山に向かって水を撒き、焚付けに火をつけ、お燈明を上げるのがならいであった。安政四年（一八五七）、金華山沖を通りかかった開成丸では「金華山巍然として海面に現れ出づ、弁財天の祠大金寺など見ゆれば、水手ども手洗ひ、口嗽ぎして竹の皮に白米を盛り、海中に散じて合掌礼拝す」[28]という情景であった。これらに見るごとく、金華山が漁師・水夫たちにとって、守護神としての性格が強力であったことはいうまでもない。鰹漁に出かけた人々は帰路を金華山目当てに真っ直ぐ北上する。ニオボシを見た時の安堵感は何ともいえないといわれていた。以前鰹漁は旧五月五日からはじまった。金華山でお護摩を焚いてもらい、お札を受け、舳にこれをまつった。秋の土用には鰹漁も終わり、さっそくお礼参りに出かけ、お初穂を供えてくる。漁師は船に乗って、個人的に島へやってくるので、同信者の講的結合は見られない。自然崇拝に素地をおいた漁神・航行神としての性格は、古来からの金華山信仰の一つの特徴を形成している。

金華山の主要神事は、旧五月初巳の日で、黄金山神社の神輿が、島の前面の亀島に渡る。神輿は、氏子の鮎川浜の若者集団（以前は巳待ち講）によって奉仕されている。当日は満艦飾の舟がいっせいに鼓笛を鳴らして来集し、各地から信者が勢揃いする。信者集団は講単位となっている。それは黄金山神社が昭和七年に組織した永代講と、古くから遠隔地に組織されていた講との二つに大別される。

信者の分布については、宮城・山形・福島・岩手の東北四県に集中している。地元の宮城県内での分布を見ると、沿岸・山間部との区別なく斉一的である。このことは、金華山信仰が漁民だけのものではないことを示している。

牡鹿町鮎川は、いわば金華山のお膝元に当たる地域であり、五月初巳の日には、前日一晩お籠りをした青年団（十八〜二十五歳）の若衆が、神輿かつぎに加わった。お籠りする夜を巳待《みま》ちといい、若衆が宿を順番に定め、金華山の掛軸（弁財天）を正面に置いて夜中まで籠った。

気仙沼市で、現在金華山講というのは、約六〇年前に汽船会社が観光団体に組織した観光目的の団体であるが、それ以前に初巳の行事に金華山詣りを行う気仙沼講中が存在しており、この講中が行かないうちは神輿が渡御しなかったという。これは金華山弁財天が最初気仙沼市内から上がったためだといわれた(29)。この気仙沼講はむしろ農村部に組織されていて、巳待ちを行っていたのである。

津山町横山水沢には、巳待ちケイヤク講があり、村寄合のケイヤクと習合している。毎年二月・六月・十月の十一日に戸主が順番の宿に集まり、まず口をすすいでから金華山の掛軸をかけお神酒をいただき、寄合に入った。約二〇〇年前に成立したといわれるが、巳待ちの名称が現在まではっきり残存しているのは、金華山信仰がこのムラにおいてケイヤクと習合した形で、受容されたからにほかならない。

宝暦のころに、桃生郡大川村（現河北町）に弁財天女がまつられ弁天講が成立した。ムラの若衆が十八歳になると講に入り、四十二歳で退講する。大正二年に弁天堂が改築され、春秋二回の祭礼が施行されているという(30)。これは若衆組と習合した例である。先の鮎川の事例もそうであったが、お籠りの巳待ちが基底に存在することが推察される。

鳴瀬町野蒜から出た天明飢饉の供養塔に次のようなものがあった(31)。

天明壬寅　深谷郡小野塚中講中

巳待供養塔

四月吉祥　同郡野蒜　世話人　尾形正治兵衛

天明飢饉の際、鳴瀬川に死者が相当数流れ、それが仲瀬に上がったので、野蒜ととなりの小野塚のどちらが埋葬するか争いがあったといわれる。おそらく巳待ちの若衆たちが実務に当たって、その供養の意をこめて建立したものと思われる。

巳待ちは巳の日の夜のお籠りを本義としたものである。金華山弁財天の祭日は巳の日であり、弁財天を護持・宣伝した金華山の修行僧・山伏たちのムラ生活への浸透が金華山信仰圏の拡大となった。巳待ちはやがて地縁を超える結合としての金華山詣り中心の金華山講へと変化し、その上にさらに観光組織としての講結合の成立を見るに至ったのである。

注

（1）郡誌編纂委員会編『牡鹿郡誌』、一九二三年、一九六ページ。

（2）同右。
（3）西川如見『長崎夜話草』の中「世界万国金銀之沙汰付紅毛金島ニ到ル事」。
（4）小葉田淳『日本と金銀島』、一九四三年。
（5）古川古松軒『東遊雑記』巻一〇に、『金花山は山の形宝珠のごとく、浪打ちぎわの形は亀に似たり。宝莱山とも称すべき形なり。他国にいう所は、この嶋山には黄金満ち満ち、参詣の山道砂金なりということは甚だしき虚説にして」とあるのは金華山に対する当時のユートピア観の存在を物語っている。
（6）柳田国男「伝説」（『定本柳田国男集』五巻所収、一九六二年）。
（7）平田芳光「陸前旭浦に伝説を探ねて」（『旅と伝説』四―二、一九三一年）。
（8）成田正毅『郷土の伝承』、一九三五年。
（9）桃生・牡鹿郡日本史研究会『桃生・牡鹿郷土の史料集』、一九五四年。
（10）及川儀右衛門『みちのくの長者たち』、一九五七年参照。
（11）中山太郎「宝探し物語」（『日本民俗学論考』所収、一九四三年）など参照。
（12）沖安海『黄金山神社考』、文化十年、大槻文彦校閲、森亮三郎編『黄金山神社考拾遺』、一九二七年。
（13）今井啓一『百済王敬福』、一九六五年。
（14）『扶桑略記』、天平二十一年の条。
（15）女川町誌編纂委員会編『女川町誌』、一九六〇年、九〇〇ページ。
（16）前掲注(9)書。
（17）大槻茂質『夢遊金華山之記』、一八一二年。
（18）中村蓊『松島と金華山』、一九一七年。
（19）『前掲注(17)書。
（20）『仙台金石志』巻一四に、大金寺鐘銘（元禄年間）がのせられ、銘文にも同様な寺伝が記されている。
（21）「黄金山神社所蔵文書」には「奥州牡鹿郡金華山大金寺弟子、恵春房所属最真房、右於当会場令新加交衆畢、仙台談林龍宝寺、嘉永六癸丑年十月」他五通がある。
（22）稲井町史編纂委員会編『稲井町史』、一九六〇年、一二ページ。

(23)『封内名蹟志』第一七。
(24)前掲注(5)書。
(25)宮城県教育会『郷土の伝承』二、一九三三年、四〇ページ。
(26)内藤弥一郎『仙台寺院名鑑』第一巻、一九〇六年。
(27)山口貞夫「牡鹿の地の島」(『島』一―三、一九三三年)。
(28)小野寺鳳谷「開成丸航海日誌」(前掲注(15)書、一六一ページ)。
(29)「千葉桑園記録」(町誌編纂委員会編『気仙沼町誌』一九五三年、八八七ページ)。
(30)大川村史編纂委員会編『大川村史』、一九五六年。
(31)前掲注(9)書。

第六章　戸隠信仰と巳待ち

日本の山岳信仰の性格を考える上で、従来いくつかの指標が考えられてきた。民俗学的立場からいえば、㈠水流分源の山である　㈡天気を予知させる山である　㈢祖霊がいこう山である　㈣山神が棲む山である　㈤修験道が関与している山である　㈥仏教寺院が関与している山である、などが指摘できよう。そして、これらのポイントのうち、どれが一番強調されているかが、該当する山岳信仰の基本的性格を決定すると思われる。

ここに、われわれが対象とする戸隠山に対する信仰形態は、叙上の六つの指標をおのおの充足している典型的な山岳信仰を示しているが、なおこれが生成、展開する経緯において、民衆生活の場に、どのように受容され、現在に伝承されてきたのか、具体的に把握しようとするのが、意図するところである。

一　山麓の戸隠信仰

一般に、地域社会の霊山として信仰される山々には、共通してその山容が地元の人々に朝な夕なに仰がれる場合が多い。そして山容の秀麗さと雄大さの眺望範囲の広がりに比例して、信仰内容の豊富さが語られるのである。

ところが、戸隠は高妻・乙妻山を含めて、地元というべき上水内郡・善光寺平の集落群からは、ついにその全容を現わすことがない。むしろ、善光寺平からは戸隠前面の飯綱山の秀麗な姿の方が明確であり、北上して信濃町の方では黒姫、妙高といった山々が眼前にそびえ立っている。わずかに頂上の一部が、囲んでいる山並みの間に瞥見できるだけである。戸隠登拝の感覚からいえば、飯綱高原にはいって、一の鳥居に立ち、はじめて戸隠の峨々たる神秘的な山容に接し凝然とするのであった。『顕光寺流記』において、戸隠開山の祖学門行者がまず飯綱に登り、九頭竜のひそむ戸隠を目指したという伝説や、大座法師にまつわる巨人伝説、紅葉やお万の鬼女伝説が生まれるのも、はるか山中奥深くの異界に対するごく自然の心意から生まれたものといえよう。そうした舞台となった、まさに戸隠の山腹といえる海抜六〇〇〜一〇〇〇メートル台に位置する戸隠村は、戸隠山を中核とした信仰圏の第一次圏に相当しよう。

戸隠村の上野・尾上あたりでは、北の方角が尊ばれる、戸隠山が直北にあたり、戸隠の神の位置にあたるからだという。今でも老人が朝起き顔を洗うと、戸隠の山に向かって柏手をうつ習慣がある。春の作づけが終わると、ムラ中そろって戸隠神社に参拝し、虫除けの札をもらい、二百十日になると風祭で、風除けの札をもらってくるという作神の性格はきわめて濃い。雨乞《ご》いの場合も、まず、ムラの氏神の境内で千駄焚きをする、ついで中社・宝光社の社家に雨乞い祈禱を頼み、いよいよ最後には、奥社近くの種ヶ池の水をもらい、全員で祈るという段どりであった。

戸隠山を見て「田がかりに雪が見えれば、気候が一年中悪い」とか「奥社の方から霧が出て長い帯を引くと、ダイモンギリといって、好天が続く」とか「戸隠の北側、飯綱東側にさかさ霧が立つと雨天となる」という口碑は、戸隠村における戸隠信仰の基本的要素といえる。尾上の地名が拝ミに起源するような素朴な自然崇拝が広く瀰漫していたといえる。戸隠山神を直接祀る形態は、戸隠の法印さん、戸隠山伏、社家・神主といった媒介者の発生とともに消滅して伝承としてはすでに機能してはいない。しかし、明治時代には、八月二十三日の地蔵盆に、その前夜から村の男衆が草鞋ばきで戸隠山の奥深くにあった地蔵堂にお籠りに行き、帰りに現在の宝光社入り口で踊りをしたとか、八月十六日の中社の宣澄さんの踊りは以前、宣澄さんの霊を祀る怪無山に登拝してから行ったものだというい伝えは、山麓の上高井郡あたりの盆踊り唄の「戸隠山のなぎの松手にとれば、来世の親にあふとも」(『上高井郡誌』大正三年)といった文句と重なり合い、あるいは戸隠信仰が組織化される以前の死霊信仰的要素の存在を示唆するものではないだろうかと考えられる。

戸隠村に南接する長野市荒安(旧芋井村)にくると、もう戸隠の姿はみえず、飯綱が聳立している。荒安には、飯綱山の里宮があり、神主鈴木氏が芋井の祭りをつかさどる。五月と九月の八日が祭日であるが、六月の田植え前後には鈴木氏を先頭にムラ中の者が登拝してお籠りをした。これを作まつりともいった。旧芋井上犬飼では六月十六日に、飯綱の作まつりを行ったが、その時、戸隠中社の辻家(旧寿教院)がいっしょに登拝し、帰りには戸隠の方へ連れて参ったという。概して戸隠山とのつながりは薄く、雨乞い、日照りの天気まつりに、ムラ中そろって戸隠参拝が行われる程度であった。近世の戸隠と、旧芋井両村の飯綱山境界をめぐる争いは、両村を極端に対峙させていた。これが信仰的事実にどれほどの影響を与えていたか明確ではない。

飯綱山の信仰は、すでに千日大夫で総称される山頂でお籠り修業した行者たちにより、独自の信仰圏を展開させる時期があったことが推察される。しかし、戸隠信仰圏と接合して早くからそこに吸収されていたことも事実である。戸隠村の奥社、中社、宝光社の小祠に、飯綱大明神は多くあり、各院坊にも持仏としてまつられ、飯綱大明神供が行われたことが知られている(「本坊並三院衆徒分限帳」天保十二年)。

長野市稲葉では、このムラをはじめて開き水田を作り稲を植えた神として、戸隠と飯綱の二神を合祀していた。長野市の東北にあたる中野市西町の武水穂神社の棟札には、享保十七年飯綱堂建立の旨が記され、別当に南法院なる修験者の名を連ねている(『中野町史』昭和二十年)。この修験は、中野市よりさらに北上した位置にある飯山市在住の専明院、徳法院、常学院、金剛院、光学院、徳正院、上水内郡豊野町の大乗院ともども聖護院派を唱えており、持仏の不動尊は戸隠にかつてあったものという伝承を持っている。信濃町二の倉には飯綱山大聖院を名乗る山伏が明治初期まで活躍していた。いわゆる飯綱使いにまつわる事例はないが、奥信濃の平地に住む修験が、なんらかの形で飯綱、さらには戸隠との関連をもつ縁起を説くことはきわめて多かったのである。

善光寺平で戸隠との関係を以前戸隠三千坊の一であった、という伝承で表現する真言宗、天台宗寺院は多い。信濃町赤渋にある雲竜寺、同町霊仙寺はそうした代表例である（霊仙寺は現在寺址のみになっている）。長野市七二会（旧七二会村）の念仏寺で有名な臥雲院もかつては真言宗で、ここの客殿の破風口に毎年七月十六日に大霧が発生して、あたりが見えなくなる。これを戸隠権現の来臨として信仰していたという（『千曲真砂』）。このほかにも、戸隠の院坊の末寺を称していた寺院は上水内郡、更級郡、上高井郡、下高井郡、北安曇郡など広範囲な山麓部にあたる地域に文政年間までに四三寺を数えていた。

右の郡部は一括してほぼ、善光寺平の沃野にあたる。各ムラには、伝統的なお籠りを中心とする庚申講がきわめて多い（太田正治『善光寺平の民俗』昭和三十九年）。庚申講の祭祀方式は順番の宿＝頭屋にムラ全戸から戸主が集まり、ぼた餅を作って飲食し、夜籠りをする典型的なもので共通している。庚申の日に行うこの行事は現在も比較的良く伝承されている。これに並列して大師講、観音講などが挙げられるが、いずれも近世期には寺院が関与していたことが明らかである。ここで注目したいのはこれらに結びつく形で巳待ちとよばれる講会が以前盛んであったことである。年に六回、巳の日にお籠りをするのであるが、この際、戸隠の院坊から僧・山伏が祈禱に来たのである。この巳待ちが現在の戸隠講（巳待ち講・戸隠代参講）の前身に当たるものであった。

中野市東松川は、現在五九戸あるが、このうち、九戸で巳待ち講を作っている。この九戸は、ムラの旧家で、各々田畑約一町歩近く所有する、いわゆる一人前の百姓だという。年に六回の巳待ちなので、九人で一年半に一回、頭屋になり、宿をつとめる、床の間に九頭竜さんの掛け軸をかけて徹夜して心経など誦した。正月、六月、十月には戸隠からホリさん（院坊主・山伏、明治以降は宿坊主＝神主のこと）が来た。正月には、お判じと、お札を配る。六月と十月には巳待ち講から小麦一升・籾一升を差し出した。その年の最後の巳待ちには、大根煮を作って食べ、また来年の頭屋を決めた。この巳待ちは現在では、村寺の善法院が中心となる観音講と一緒になってしまっているが、文化四年ころに成立したとの伝承を持っている。

中野市小田中では、巳待ちと呼ぶより戸隠講と呼ばれる方が、ムラの人々には通りが良い。ムラ全体が二つに分かれ、二組の講になっている。とくに巳の日に講会を持つというきまりは現在ではなくなっている。戸隠から中社の宮沢氏（旧宝蔵院）が夏、秋二回、ムラへ来る。泊まる宿は旧庄屋の家でこの時、ムラの者たちが集まり、九頭竜の掛軸を前にして祈禱を受けた。夏に小麦、秋に籾を御初穂として宮沢氏に渡し、代わりにお札と、以前は薬（各院坊が作った秘薬）を受けた。御初穂は最近は現金に代わったし、お判じも郵送してもらうことになっている。一方、講中は、秋参りを行う、ムラで一二戸を一組として代参人三人を立てる。米一斗二升を持って登山し、宮沢家に泊まり、太々神楽を献奏した。「永代日待護摩供講中帳」（中野市小林太郎氏所蔵）によると、この講は、「永代年中六度巳待日護摩講」といい、戸隠の地主霊神で本地を弁財天とする九頭竜大権現を祭るため、信心ある檀主が講中を結んだとの一文が記されている。文政八年の「村入用夫銭帳」には巳待ち講の名があり、およそ近世中期ころに盛行した巳待ちがその母胎となっていたことが分かる。

長野市に近い上水内郡豊野町には二つの戸隠講がある。一つは江戸時代からの講だといい、宝光社の武井氏（旧福寿院）の配札を受けて、約二〇戸ばかりで作っていた。もう一つは豊野町豊野区が全部参加した代参中心の講である。明治十三年の創立で百人講をめざして出来たもので、永代豊野太々講として、毎年代参して中社の大西氏（旧松寿院）に泊まり、神楽を献奏する。先の戸隠講中も代参形式をとる場合はこの講といっしょになっている。したがって、配札は武井氏、神楽奏上は大西氏となる。

戸隠とのつながりにおいて、配札を受ける相手と代参宿泊して神楽奏上をする相手が違っている場合があり、これが現在の戸隠講の実態の特徴となっている。これはすなわち、戸隠講における二つの機能——巳待ち形式と代参形式——が歴史的に別個に成立したことを意味している。

山麓の農村内部には元来、伝統的なお籠り形式の集会が営まれていた。戸隠信仰を媒介する宗教者が信仰圏を拡大する過程で、九頭竜＝弁財天＝巳の信仰が宣伝され、巳待ちがその上に組織化された。これは戸隠修験の配札圏と一致するところであった。次の段階で、民衆の戸隠登拝の風が生じ、巳待ちを母胎にして、代参講形式が中心になるにいたって、戸隠の院坊との結びつきが先のごとく二重性を帯びることになったものと推察される。

実は、こうした現象は戸隠山の全容を仰ぎ得るさきほどの第一次信仰圏には稀薄なのであり、善光寺平を中心に、飯綱・黒姫山などの山並みの間にわずかに山容を垣間見得るような地域において濃厚であるといえる。いわば山麓部の第二次信仰圏と想定し得る地域の現象といえよう。ところで、巳待ちが組織化される際、地域住民のどのような要求に基づいてなされたのか、考えてみよう。

二　巳待ちと九頭竜信仰

一口に第二次信仰圏とした地域も、近世期にはいって、戸隠信仰が幅広く民衆の宗教社会に受容される段階では善光寺平から、さらに遠隔地に拡大され、やがて戸隠の配札圏と一致して現われた。

戸隠の僧、山伏たちの実態はここでは直接触れないが、彼らが、民衆生活と交わる過程では戸隠信仰の霊験が、民衆の欲求に基づいてさまざまに語られていた。そうした霊験談は巳待ちなどのおりに、戸隠から来た僧、山伏たちによって語られ、宣伝されたものである。以下、「戸隠霊験談」（筆者の仮称・二沢家所蔵文書、近世末期に筆記され編まれたものか）により、検討してみよう。

右の小冊子に採録された話は三二話あり、おのおの地域社会にどういう形で戸隠信仰が広まったかが記されている。たとえば、

越後国蒲原郡上壱分村神田（現新潟県北蒲原郡笹神村）津兵衛といふものいかなる因縁にや三とせの間に当山の霊岳堂塔仏客（マヽ）を三度夢ニ見たり、誠にふしぎの事ニおもひてわざ〳〵参詣致し普く拝したるに夢にミる処とつゆもたがハざりけれバ弥《いよいよ》奇異のおもひをなしたるがやしきのうらへ当山の御社をうつし神像仏像に至るまで彫刻なしてふかく信心したるにとし月を経るにしたがひ家富栄へければ誠に権現の利生しるしとて怠らす信仰いたし今彼地にて戸隠の多屋と称へて当山宝光院谷法教院（現小谷氏）担家にてとし〳〵回国担の砌《みぎり》ハかならす津兵衛が方に逗留する也、

右のような因縁で、法教院の配札圏は、津兵衛を中心として、上壱分村に広がることになった。「戸隠の多屋」というような形で、戸隠神が勧請される状況も興味深い。ところで「戸隠霊験談」における地域分布は地元の信州が一一、越後が九、上州四、武州二、その他甲州、下野、下総、飛騨、江戸、奥州が一つずつ、このうち江戸の場合は、松前で戸隠の名を知った者が江戸に来て信心を深めるというもので、近世中期ころ、中部から東北にかけてのかなり強力な信仰圏の存在を知ることができる。

さらに、霊験の内容を見ると機能的には九類指摘できる。すなわち、㈠水除け・瀬引きの祈禱で洪水を防ぎ、水路を変える　㈡出水の祈禱で湧き水、降雨がなされ、旱魃を救う　㈢病気治癒　㈣蛇の祟りを鎮める　㈤商売繁昌　㈥山除け　㈦虫除け　㈧安産　㈨火除けである。

㈠類の例がもっとも多く、八話ある。二、三例をあげてみよう。

(1)当国松本領松川組細野（現北安曇郡松川村）で、村を流れる乳川がたえず氾濫して、河普請しても治まらない。人知を超えることなので宝泉院（現中谷氏）に瀬引きの祈禱を頼んだ。そこで、宝泉院が七年に一度この場で瀬引きの法を修することを誓い瀬引きの法を行うとたちまち川瀬が定まったという。以後、この地に神田を作り、初穂米を戸隠に奉り、七年に一度ずつ瀬引きの法を修してきたので平穏だった。ところが、近頃修法を一度怠ったため、たちまち川瀬が大きく切れて大洪水となってしまった。村人は大いに後悔して宝泉院に嘆願したので、宝泉院は気の毒に思って直行し、二日間瀬引き法を修したところ、雷鳴と轟雨が続き、翌朝水はすっかり引いて、元のごとくになったという。「此瀬引川除の秘法ハ戸隠大権現の秘法にして霊験を蒙ることいと多かれ」

と記されている。

この瀬引きの秘法とは、杭や石を用いて、氾濫した水路を元に戻すかなり合理的な技術であるが、その際戸隠に向かって壇を築き、供物を供え、白布を川原に敷いて、護摩を焚いた。すると、戸隠より大権現が飛来してきて、敷かれた白布に憑依して、正しい水筋をつけるものと考えられたのである。

(2)越後国蒲原郡に紫雲寺潟（現北蒲原郡紫雲寺町）がある。享保年中に、善光寺在の竹前権兵衛なる者が、この沼から大海までの二里の間に水道を掘り、新田開発を行おうとした。ところが普請にかかって一里程にくると岩石が邪魔して一向に前へ進まない。資金も尽きて途方にくれたがふと瀬引き川除けに霊験ある戸隠大権現を思い出し、かねて知り合いの宝光院谷の法教院（小谷氏）を訪れ、祈念を乞うた。以後一七日の間お籠りし法教院と共に秘密供を修した。満願の日激しい風雨があった。それから権兵衛は帰途についたが、道々この間の大風雨で紫雲寺潟の水道が一夜の内に海辺まで開けたという噂を耳にした。着いてみるとまことにその通りなので、立ち帰って御礼参詣をした。その後、新田二万石を開発した権兵衛は二〇町四方之除地をもらい彼が善光寺在米子の出身なので、村名も米子村（現紫雲寺町米子）とすることになった。法教院とのつながりも、四代目に至ってもなお続いており、法教院が彼地に廻檀する折の宿をつとめている。

この話は、近世村落の水田開発と結びついて信仰圏が拡大したことが示されている。近世中期の代表的な越後紫雲寺潟の新田開発は、社会経済史の上で注目されている事実であるが、至難を極めたこの工事に際して、戸隠の霊験が伝説的に語られたことは注目される。

つぎに、(二)類に関するものは五話ある。

(1)松本領青鬼村（現北安曇郡白馬村）で、弘化四年信濃国大地震の時、用水掛りの池の水が涸れてしまい、田植えもできない状態となった。たまたま廻檀に来た宝光院谷玉泉院（現楠川氏）に出水の祈念を頼んだ。玉泉院が池に来て見ると、池中に水気が少しもない。そこで池中に壇をしつらえ、九頭竜権現を深く念じつつ、茶椀に清水を汲んで加持し、それを池中の水口の穴へ入れて、しばらく祈禱していると、突然水口より水が噴出してきたという。

信州では弘化の大地震によりあちこちで水源が途絶えた。その際、戸隠の山伏たちが九頭竜権現の名で水をもたらした、という伝承は多い。右の話ではでてこないが、水の元になる清水に戸隠の種ヶ池の水をもらってきて用いたとする事例が語られている。戸隠の種ヶ池の水は信者にとってきわめて神聖な存在であった。種ヶ池から「お樽」に水を入れると、目的地に着くまで二人一組となり、村境ごとにリレー式で運んでいき、決して地面につけてはいけなかったという。戸隠登拝がバスで行われるようになってからも、種ヶ池の水を地面につけぬよう網棚の上に樽が置かれている光景がしばしば見られたものである。

(2)越後国頸城郡藤崎・百川村（現西頸城郡能生町）では旱魃が続いたので、奥院谷安住院（現安藤氏）に請雨の祈禱を依頼するために登山し、ついでに種ヶ池の御水をもらった。「此水は種水にて道中にても下におく事ならす、一七ヶ日間施主の方に置ていのり七日をふれば当山に持来り種ケ池江渡す事なり」という規則があったという。まず百川村で三日半祈ったが、雨の気配がなかった。仕方なく、藤崎村に渡すべく、村境の河岸にまで百川の者が水を持参して、藤崎村の者に手渡したところ、突然雨が降り出したという。不思議なことにこの雨は藤崎、百川の両村を除いては降らなかったという。

右の話は戸隠に雨乞いする典型的な事例である。㈠㈡類とも、ムラ共同体が危難におちいった際、救いを戸隠に求める。戸隠修験が、村人の味方となって、戸隠の神力を得るという形式、すなわち共同祈願である。ことにその霊験が水神としての機能であり、水源をもち、水を自由自在に操る働きが示されている。

㈢類の病気治癒についての霊験談も豊富で六話採録されている。内訳は歯痛、唖、業病、いざり、などを治した事例である。

(1)嘉永二年正月十日の夜、当山門前の和兵衛の虫歯がはれ上がり苦しんだ、そこで安住院（安藤氏）を頼み祈念してもらった。その夜、和兵衛の夢中に異人が現われ、正体不明のものをあたえ、これを食べれば痛みが止まるといって消えた。その通りにすると、たいそう美味の物で何だか分からぬが、たちまち痛みは止まったという。

上水内郡吉原村でも、真乗院（現奥田氏）が二枚しか歯がなかった娘の歯並みを九頭竜権現に祈念して生えそろわせたという話がある。九頭竜権現の神饌に梨がある。だから戸隠信仰の中に、梨を食べてはいけないという禁忌がある。一方で梨を食べると歯病になると警戒されていた。寛政七年の『譚海』に「歯を煩ふ者三年梨をくふ事を断て立願すれば、はのいたみ立処に治する也、三年の後梨のみをしきにのせ、川中へ流し賽礼をなす事也、又立願の人戸隠へ参詣すれば梨を献ずるなり」とあり、歯病治しのはやり神として広く宣伝されていたところである。

(2)飛騨国益田郡焼石村に摂善院（現高山氏）の檀越で太郎兵衛なる者がいた。彼の悴は、生まれつきの唖なので、父母は大いに悲しみ神仏の冥助を祈ろうとし、ひたすら戸隠大権現に祈った。もし常人のごとくにしてくれるなら、この子が十五歳になるまでの間に必ず御礼参りに召し連れ、一生の間、御膳献供し奉ると誓った。翌年にいたりこの子がふと言語を発し、人並みに物言うようになったので、世人これを聞きいっそう戸隠参詣人が増えるようになったという。

病気治癒の霊験談の中に「戸隠大権現は生身の御神にて霊験ことにあらたかなるよし」とか「九頭竜権現は生身の御神にて霊験のあらたなる事諸神にこへさせたまへバ」という記述がある。「生身の御神」とは、現身の形を持っているということで、それは蛇形に具象化されていた。雷鳴と轟雨をともない天空を飛来する竜のイメージは、九頭竜の名称からも明白である。したがって蛇の祟りはことに強調されたものであった。

(四)類では蛇の祟りを受けたのを戸隠の僧に鎮めてもらったという話が三話ある。

(1)越後国頸城郡松之山村（現東頸城郡松之山町）の関屋瀬兵衛方で、下男が座敷にはいると何か額にあたるものがある。火をともして見ると、六尺余の大蛇が燕の巣にはいっていたので、捕らえて前の谷へ捨てた。しばらくして鶏が騒ぐので行って見ると、その大蛇が鶏の巣にかかっているので大いに腹立て打ち殺した。その夜から瀬兵衛の悴恵治が狂気になってしまった。あちこち祈念療治をしても治らないので、ついに戸隠の摂善院（高山氏）に祈念してもらい、一代之間の御膳の献供を誓った。するとたちまち狂気が平癒した。不思議なことに、先に殺した大蛇の死骸は門田の辺りにありながら、屋敷の直ぐ前にも小さな蛇が一匹別に死んでいたという。

この話は蛇霊が人身にとりつき祟るという意識があり、蛇を使わしめとする戸隠信仰がたくみに利用されていたわけである。

㈤類―㈨類までは、戸隠の神が水神であり蛇体をもつという九頭竜権現の特異性を直接語るものではない。たとえば山除けについては、山崩れを防ぐために常楽院（現水野氏）が祈念した話。虫除けは武州岩槻の城下に「志なん太郎」という毒虫が発生したのを普賢院（築山氏）の檀家が戸隠から札をもらってさおの先にはさめて木の下に立てたら一夜の中に駆除されたという話。火除けは火災が近くに起こっても、戸隠の札を前にして祈念すれば免がれるという話。安産については九頭竜権現にお供えしたものの残りを臨月の朝、浄水とともに飲むと安産だったという話。

いずれも、院坊の僧、山伏が配札の途次、村人たちの要求にこたえて、呪法を用いてさまざまに活躍したことを語るフォークロアなのである。

しかし、基本的には配札圏において巳待ちがつくられた端緒として、先にも指摘した戸隠大権現、すなわち九頭竜の水神としての独自の霊験が、村人たちにもっとも要求されかつ、受容されたことがうかがえるのである。そこには水難を防ぎ、必要な水をもたらしてくれる農業の守護神としての存在が強力に浮かび上がっているのである。

九頭竜権現に対するイメージは、

信州戸隠山は甚だおそろしき山なり、参詣のもの先神主の家に入て、行水斎戒して登山す、神主の家より本社まで半道ばかりあり、本社は山前にあり、山足に大成洞穴あり、九頭竜権現まします所なり、梨の実を備て帰り来るに、梨を喫する音聞ゆといふ、洞の前磐石有、そこに御供所ありて奉仕の僧輪番して守る（『譚海』巻一〇）

として現在奥社に祀られる九頭竜権現の近世期の有様を描いている。それは山中奥深くに潜む恐ろしい神の姿であった。これに奉仕する僧は、日々寅の刻に御供を備ふ洞の中へ入事三町ほどにして、供物を備ふる所、杭を四本うちて其上へ供物を箱に入たるままに置て、跡しざりして洞の口まで出帰とぞ（中略）権現の御心に叶たる僧は年へてもつとむる者おほし、又暫時つとめて退く者もおほし。（『譚海』巻八）

というのである。生身の蛇神に仕える僧としての霊力は九頭竜に仕えることにより、いっそう喧伝されたのであった。僧といっても、清浄な十七歳以下の童（院坊の子弟）であると現在は伝承されている。かれらは早朝、沐浴潔斎して米を炊ぎ神饌を調進した。そして一升の飯を九膳に分けて九頭竜の岩室に運んで供えていたという。これを「献供古式」というが当番の若者は、一年交代でつとめたという。

このような神窟に棲む九頭竜が、僧・山伏たちの秘供、修法により、地域の災難時に平地に呼ばれて降りてくるのだと考えられていたのである。だから地元の巳待ちのお籠りは、配札に来た戸隠の僧・山伏を囲んで、いとも厳粛な祈念だったのであろう。巳待ちの掛軸の構図は、九頭竜の蛇体を中心に弁財天が配祀されている。「奉信待己巳、九頭竜大権現、御本地弁財天」と記されているがこれは江戸時代によく見られたタイプのものである。水神の九頭竜を巳の神とし弁財天に習合させることはごく自然であった。寛政九年の時期に、九頭竜のために唐銅鳥居を建立し寄進がなされたが、それに結願したのは、巳待ち万人講中であった。、これは永代太々神楽を献奏する太々講―代参講へと大きく発展していた（「信州戸隠山三社九頭竜王唐銅鳥居建立永代並太々神楽献奏縁起」今井家所蔵）。この段階では戸隠山中から九頭竜を招くことを待つより、自ら進んで登拝して九頭竜にまみえようとする心意が、配札圏の拡大、僧・山伏の布教に応じて村人たちの方にもはっきり生れていたのである。

三　戸隠信仰の浸透

日本の山岳信仰史の上で、代参講の成立は近世的特徴といえるものである。近世中期以降、この現象は全国的に広まっていた。地域住民の積極的な宗教行動が中世的系譜を引く山岳の僧、修験たちの専門的宗教者たちだけを頼りとせず、自らの手で講の組織化を図ることとなったのであった。その際、農村内部の伝統的集団の講が、外来信仰を受容する下地として働き、それが代参講成立の母胎となった。たとえば、木曽御嶽講は木曽谷農村部で行われていた日待ちの上に成立していたし、愛宕講は畿内農村部の地縁組織と結びついていた。戸隠代参講も、まずは信州、越後などの各農村内のお籠りを軸とする日待の集会から巳待ちの名称のもとに成立した巳待ち講がより発展したものであることを指摘した。これは、中部地方を中心に関東、東北、近畿と広範囲な広がりを示しており、この分布圏の広さはおそらく他に類例を見ない事例といえよう。その理由の一つは、二で記したように、九頭竜の恐るべき霊験を説いた戸隠の僧・山伏の強力な宣伝力とそれを期待した当時の地域住民の宗教意識が指摘されるだろう。

戸隠講の分布図で気付くことは、東北地方で北の三県を越えて、北海道の渡島半島に伝播していることである。「戸隠霊験談」につぎのような話がある。

江戸今戸に油を家業とする伊達寿助と云者が居た。彼は若年を松前で過ごしたが、ある時、大病を患い、医療を尽くすが効き目がなかった。あの夜、寿助の枕元に山伏が七、八人並んでいるので、寿助が何用かと尋ねると、「己れらは汝が寿命今日限りなればとのことを知らせんため来りし」と山伏たちが答えた。寿助大いに驚き、今死ぬと主家の損亡を償うことができない。何とか命を延ばしてくれまいかと頼んだ。その答えに「寿命のことはわれ〳〵の力には及す、戸隠山九頭竜大権現を一心に念し、かつ平癒の後参詣せんの立願あれば四十八歳までの寿命をたまう」とあった。そこで寿助大いに喜びその通りにすると答えると目がさめた。まわりの看病人たちは熱のうわ言だと思っていたという。寿助は戸隠山九頭竜権現がどのような神であるか今まで聞いたこともなかったが、平癒することもあろうかと一心に念じた。そのおかげで治ってしまった。これひとえに九頭竜大権現の加護だと御礼参りに行こうとしてもどこに鎮座しているか分からないまま、時を過ごしていた。その後、江戸に出て戸隠の場所を聞くと、はじめて信州だと分かり、もう四十歳近くになっていたが御礼参りに出かけたという。木綿八八反を調え、江戸から道筋の霊仏霊社へ壱反ずつ奉納して行き、その残った物を九頭竜権現に納めて、先年の礼をのべた。そして自分は四十八歳までの寿命であるが、さらに延ばしてくれるようにと頼んだ。その夜は中院谷正智院（現二沢氏）に泊まって日々の祈念を願った（以後、正智院が配札のため出府の時、寿助の家に宿することになったという）。さてその後なお霊験はあらたかで彼は天保年中八十八歳まで生きたという。

この話で、注意すべきは、(1)松前という北端の地で、山伏が戸隠信仰を宣伝していたこと、(2)江戸ではすっかり著名なはやり神であったこと、(3)願掛けに江戸から戸隠に登拝したこと、(4)以後、特定の院坊とつながりができ配札圏の一翼に加わったこと、などである。

江戸では、延宝年間以降、遠隔地の名社名刹の神仏の出開帳の現象が盛行した。戸隠もその一つとして、天明五年と文化八年に出開帳を行っている。天明五年の「御開帳日記」（今井家所蔵）や文化七年六月十二日よりの「江戸御開帳支度日並記」（宮沢家所蔵）などにくわしく開帳の準備の状況が記されている。一山あげての大事業であり、約一年がかりで、戸隠から江戸に向かうのであった。

江戸の開帳の模様は文化八年の状況を鎌原桐山が『朝陽館漫筆』に記している。

戸隠権現今春東都深川八幡境内において開帳あり、六十日の間なり、東都迄往来の行粧美々敷事とぞ、東部にて開帳取持の町人数人ありて本坊深川へ着の砌、伺とて行し時、取次の者挨拶そまつにて先づそれに扣《ひか》へ居らるべし、やがて御本坊御目見仰付らるべしと申しければ、町人共立腹し我々は権現様御開帳の事こそ御世話もいたすなれ、御本坊の御目見は望む所にてなしとつぶやきける（下略）

「取持の町人」とは、つまり江戸における戸隠講の世話人であり、彼らが開帳受け入れの役をになっていたのである。ところが担当の院坊のはからいがあまりにもったいぶっていたため、町人たちとうまく折り合わない。

取持の町人共右の趣ゆへ取持もはか〲しからず、寄進物も少なくその上開帳中参詣も多からず、雨天勝ゆへ六十日の内四十日ほどならでは開帳もなかりしと也、賽銭も開帳の費用と差引丁度くらいならんと也

（『朝陽館漫筆』）

とあり、この開帳は、あまりかんばしくない成績であった。元来、農村地帯に強力な信仰を集めている戸隠の特徴だけに、江戸の町人社会には、まだ霊験が十分に発揮できなかったのだろうし、戸隠の僧・山伏にしても、町人たちに農民に対する態度と同様のやり方でしか応待できなかったことも不成功の原因であったようだ。

それに対し、農村への浸透・伝播の仕方は無理がなかった。現在でも宿坊と古い講中とはまるで親戚のようだといっている。先祖代々からのつき合いで、両者いろいろ相談し合ってきた仲だといわれる。今ではお札を配札するために、ムラへ宿坊の主が出かけて行くことは、まったくなくなってしまったが、たまたま旅先で寄ったら、ムラでは何十年振りとかで総出の大歓迎をしてくれたという話を聞いた。現在三七戸の宿坊には旧別当勧修院の久山家を除いては、近世以来の配札檀家集団の巳待ち↓戸隠講がある。久山家の講の成立は明治以降のものであり、元来、戸隠の統率者で明治以前には檀家を必要としなかった存在なのである。他の三六坊にとっては、配

第４表　院坊配札檀家数ならびに収納金（天保12年）
（「本坊並三院衆徒分限帳」による）

常楽院	水野	2600	15両		
安住院	安藤	450	3両	1分	
東泉院	藤井	1400	3両		2朱
金輪院	今井	—	5両	3分	
常泉院	常田	1780	7両	2分	
妙観院	京極	1700	6両	2分	
仏性院	渡辺	1800	6両		
妙行院	太田	3900	15両		
成就院	成瀬	900	4両	1分	
妙智院	松井	600	5両	3分	
観法院	神原	1000	3両	2分	
真乗院	奥田	800	2両	3分	
正智院	二沢	2000	10両		
行勝院	武井	1200	6両		
十輪院	横倉	1200	6両	2分	
徳善院	極意	3000	19両		
実道院	落合	500	3両		
宝泉院	中谷	1200	4両	2分	
覚照院	大杉	1200	6両	2分	
智泉院	武田	1500	3両		
寿教院	辻	820	4両		
宝蔵院	宮沢	1300	5両		
松寿院	大西	1800	3両		
摂善院	高山	1000	2両	2分	
教釈院	岸本	2000	9両		
玉泉院	楠川	3000	13両		
法教院	小谷	3600	16両	2分	
普賢院	築山	3600	15両		
広善院	越志	2000	7両	2分	
善法院	山本	8000	25両		
浄智院	福岡	1800	10両	2分	
智照院	富岡	2200	12両		
遍照院	宮本	2000	8両		
福寿院	武井	3500	15両		
安楽院	清水	1100	10両	2分	
延命院	趣訪	2000	7両	2分	

札圏はとりわけ経済的基盤であり、それを育み広げることに努力してきた。そうした各院坊の配札圏を知る上で、各院坊に残る講の台帳は重要な資料であるが、残念ながら十分に保存されていない。わずかに越志家（旧広善院）にある、天明五年の「担家届」が最古のもので、文化・文政・天保・慶応年代の檀方帳が若干部、二沢家（旧正智院）に大正・昭和初期の「戸隠講社員簿」（茨城県中心）があるに過ぎず、広大な地域に分割されていた配札圏の全貌をつかむことができない。

明治五年の越志家旧広善院の配札数は一八〇〇枚あった。配札圏は信州善光寺平の北部と現在の下水内郡豊田村、上水内郡三水村あたりから南下して篠ノ井、上田、小諸、さらに南下して南佐久郡の甲州境までくるコースと、上水内郡小川村を通って西へ北安曇郡を北上して越後国にはいり、中頸城郡から糸魚川筋にはいるコースの二手に分かれており街道筋の各村々に広がっていた。天保十二年の「本坊並三院衆徒分限帳」では、当時の広善院の配札檀家は二〇〇〇戸だから、その配札圏は近世末期には、信州・越後のほぼ右の範囲に限られていたことが推察される。ちなみに各院坊の配札檀家は、第４表の通りである。各ムラ々と接しながら、配札先が固定していたものと思われる。

越志家の事例と直接比較にはならないが、二沢家の大正十三年の「上水内郡戸隠講社」を見ると、越志家のが戸隠山を下って北東部にあるのに対して、二沢家は芋井から浅川、鬼無里、小川、中条、七二会、柵村などに配札圏があった。大正から昭和にかけての二沢家の県内の配札圏は別表の通りであるが、越志家の近世期のものにすでに示されていたように、南信地域への分布は意外に少ないのである。

院坊の主は毎年秋の配札の折には、弟子の山伏にまかせないで、自分で荷物を背負って山を下りた。荷物は、扇子、杓子、箸、櫛などがあり、巳待ち札、大札、中札、午王札、川除け、猿除けを配札する際に添え物として差し出していた。もちろん一人だけでは全部の荷物を運びきれないから、家に止宿している弟子の山伏を先に平地に遣わしておいて、行く先々で、しめし合わせた宿に泊まり品物、神札を補充して行くのである。各ムラでの泊まり先はいっぱんにムラの旧家か庄屋である場合が多い。庄屋の家に着くと、庄屋付として村中川除札と中札（札の大きさで、大、中、小とある）に加えて箸、物指しなどを渡し、お初尾として二〇〇文もらった。それから、庄屋の家人にムラの案内を頼んで、一軒一軒まわっていた。家々の要求によって、札の内容も異なり、添え物も別々である。宿へ帰ると、夕飯後、宿の奥の床の間に九頭竜の掛軸をかけて、御幣を置き、その他必要な札や、火防札や虫札などを置いて、八ノ巻の不動経を誦した。これがふつうに行われるムラの巳待ちで、村人全部が集まるのである。さらに家祈禱を頼まれて行う場合もある。これは一日がかりで、家の勝手に九頭竜をかけ、幣束を切り、朝から晩まで八ノ巻不動経をよむ。これを日待といい、二〜三戸がいっしょになって頼んでくることが多かった。「道切之秘

第5表　二沢家戸隠講社員（配札檀家）数（昭和10年）

市郡名	講員数
上水内郡	900
長野市	86
下水内郡	5
上高井郡	407
下高井郡	8
飯山市	516
中野市	333
須坂市	59
更級郡	129
埴科郡	4
小県郡	129
北安曇郡	117
上田市	120
小諸市	226
北佐久郡	392
西筑摩郡	37
合計	3468

法」「四方堅メ」「クサノマジナイ」「霜切神事」「蛇蚖除」など、ムラ内を歩きまわっている時に頼まれると気軽に応じたのであった。

村中三十軒程午王配札致事水札、馬虫除入用、最為ニ村中安全ニ之川除三枚宿ニ頼置事、初尾玄米出ス也、為ニ村中安全ニ川除弐枚宿迄遣、玄米出ス、右村中不レ残五十軒程配札致也、馬、午王、水札、日待講中八軒有レ之其当番に泊る、くし、センス遣す（越志家「檀方諸用控」）

などの当時のメモからみると、その活躍ぶりを知ることができる。

初尾は、配札のたびごとに神札と引き替えに得るわけだが、旅を続けて行く途次ではそれを運ぶことができないので、数村一括して村人の方が院坊まで届ける方式がとられていた。文政六年の「北山河中島上田檀方帳」（越志家所蔵）では、戸隠の北側にあたる地帯の芋川、倉井、加坂、釜淵、川谷の五か村が登山口に当たる善光寺村まで、おのおの初尾を出し、一括して戸隠山まで届けてある。永江村の分は倉井村の宿まで持参し、両方いっしょにして、善光寺村へ差し出すようにと記している。夏の廻檀の時は大麦、秋の場合は籾と決まっていて、各家一升ずつ、ムラによっては一反分の収穫をそのまま差し出すこともあった。

それにしても、三六の院坊（久山家を除く）の配札圏はきわめて錯雑していたのである。一つのムラで神札を受ける院坊と、登拝して宿泊、神楽を献ずる院坊とが相違することは前述した通りであり、発生は前者の形式が古いのである。院坊にとっては、配札する檀家が登拝の講中を作って、山中の宿先を決める場合、当然馴染みの院坊を求めることを予想するわけだが、なかなかそのような形に嵌まってこないことは興味深い。この現象はごく新しい時期のことであるが、実際に近世の宗教社会で、三六坊互いの配札圏を拡張して行く際、共食いの様相を示したことも明らかであった。安政二年の「為取替一札之事」（富岡家所蔵文書）に、

一、旦家配札之縁銘々従来之旦家ニ限リ配札可レ致心配若心得違ニ而他院旦家江致ニ配札ニ、或イハ手人差越、

種々無レ謂勤方仕候族者、退散可レ被レ致候事（下略）

右の一文は配札において生ずる緊張関係を戒めているのであるが、実際には配札の先々のムラの中で院坊同士が派手な争いをひき起こすことはほとんどなかったらしい。これというのも、三六坊の背景に、当時の霊能高き九頭竜権現が厳然と控えていることで、信仰組織自体に大きな分裂が生ずるには至らなかったせいでもあろう。

戸隠信仰を地域社会の民衆生活の内側からとらえようとした場合、具体的な信仰現象として、巳待ちが設定された。地域住民の信仰集団である巳待ちが戸隠山の九頭竜に何を期待していたのか、九頭竜に奉仕する戸隠の僧・山伏たちを通してそれは表出している。山麓からさらに広がる信仰圏が想定され、そこへ浸透して行く際の戸隠信仰の媒介者と人々のつながりを伝承態の中に見ることにより、叙上の課題に迫ろうとしているが、なにぶんにも、その実態を示す資料に不足しているのである。

巳待ちのもつ伝承的性格は、本調査の時点ではほとんど失われたといってよい。もはや郵送されるお札にかつての九頭竜の神秘的宗教的な面影があるのかは問題だろう。戸隠信仰と民衆との結びつきの仕方には、従来の巳待ち講の要因とは別なものが形成されてしかるべきと思われる。それが何であるか知るためには、戸隠信仰のより以前の姿を再確認することが必要ではなかろうか。

第七章　浅間山信仰と修験

志摩から伊勢度会郡一円の各ムラに、浅間（アサマともセンゲンともよぶ）さんの小祠がある。この小祠の祭りは、毎年五月末から六月にかけて、村人挙って催してきていたが、昭和三十八年の調査時点では、二、三のムラを除いてほとんど行われなくなってしまった。

本章の目的は、(1)伝承者の記憶の中にある昭和初期頃まで盛んであった慣行の実態を復原し、(2)そこに重層的に表出している複雑多岐な信仰要素をふるい落とし、(3)アサマ（浅間）信仰の本来的性格を摘出することにある。この作業は、したがって民俗事象が消滅する過程に注目する視点に立つものではない。民俗事象の歴史的性格を認め、志摩地方の住民の伝統的思考のあり方をみようとする立場である。

志摩地方の信仰生活を考えた場合、この地域が、伊勢・熊野の二大信仰拠点の中間地帯であることから、両者の接触・複合する複雑化した実態の存在が予想される。しかし、そうした多様な信仰生活の根深いところには、当該地域社会の住民心意の反映が存在するはずである。つまり志摩地方には、その地域的特性ともいうべき宗教文化が、社会的・経済的・地理的諸条件のからみ合いのもとに形成されており、すべての民俗事象発現の要となっているわけである。

一　浅間信仰の諸相

磯部町檜山《ひやま》は、山間のムラ（昭和三十五年、二一世帯）である。このムラの共有山の中で、一番高い山を浅間山という。その山頂に祠があり、大日如来の石像が安置されている。毎年六月二十八日をタケさんの日とよび、祭日としている。ムラの中央部に下浅間として遙拝所があり、かつてそこに石風呂があった。現在でもその台石がある。石風呂のかたわらに小川が流れ、その水を焚火で熱した石にかけ、蒸気を利用したのである。これが垢離の時に用いられていたという。石風呂の脇に大きな椪の木があり、これを浅間さんの木といった。木の下にバッタラ菩薩が祀られていた。この管理は村寺の竜泉庵（臨済宗）が行っていた。ムラには毎年の浅間番二名が交代で定まっていて、祭りの前日には、浅間山の頂きへの道の草刈りをした。各家で大きな竹を一本切ってきて、御幣をたくさん吊り下げる。祭日の早朝、各家の戸主が、先の竹の梵天と神酒・洗米・大根酢漬（赤漬）を持ち、下浅間に参集して垢離をとった。それから行列を作り、浅間山に登った。登拝の途中で、「サンゲ、サンゲ、六根清浄」の唱え言をし、山上の祠の前で、トキの声を三度発した。

阿児町志島は半島の東海岸の漁村である。ここの氏神は津島神社で、浅間社がそこに合祀されている。志島の地縁結合の単位は組で、各組ごとに浅間講がある。このうちいくつかは現在も継承されている。浅間講は富士講ともいった。旧五月二十八日の早朝、各戸から一人ずつムラの前の広の岡浜へ、ふんどし一つで集まり、垢離をとる。その時、「一に礼拝、謹請将来、センゲ、センゲ、六根清浄、お注連に礼拝、サンゲ、サンゲ」と唱えた。それから家に帰り、精進料理を食べた。午後になって、浜に祀られてある浜の浅間さんの祠の前に竹の梵天を上げ、再び垢離をとり、お供えした後、梵天を浜から流した。この垢離を「上げ垢離」といった。この行事の指導をするのは富士登拝の行者であったという。この行者を中心に講が作られていたのである。正、六月の十八日に講員による垢離があり、同じく六月には富士代参があった。富士講には、ムラの全員が加入しているわけではなく、同信者集団であった。しかし、ムラ人たちには、浅間祭と富士講行事が同類のものだと考えられている。

阿児町神明は、真珠養殖で従来の半農・半漁村を脱皮したムラである。ここの浅間社は浅間《あさま》の浜の際の丘の上にあった。祠には大日如来が祀られている。祠の横に牛講の碑が立てられていた。この浅間社は、ムラのT家のイットウの本家の先祖が富士詣りにいってもらってきたのだと伝えている。富士から勧請して、本家の屋敷神に祀られていたのだが、やがて現在地に移され、ムラ全体で祀るようになったという。旧五月二十八日が祭日で、各家の戸主が順番の宿に前日からお籠りに集まった。宿は五〇年ぐらい前までは固定していて、イットウの本家が勤めていた。宿でお籠りし、浜へ出て三度垢離をとり、精進料理を食べた。女人を近づけず、男たちが食事を作った。宿元はこの日に大きな注連を作り、ムラの入口にはりめぐらす。宿には、「浅間大神」の掛軸。祭日の早朝、お籠りした全員で浅間の浜で垢離をとり、裸姿でムラ中を太鼓をたたきながら、練り歩いた。唱え言は「南無浅間大菩薩」を繰り返す。農家で牛を飼っている家が集まり牛講を作っているが、この日に牛の安産を祈って浅間さんにお参りした。ベコが生まれると、直ぐ浅間さんに参る慣行がつづいてきた。浅間さんはこの場合、牛の守護神なのである。この牛講のメンバーがそのまま富士講を作っていた。富士講は富士登拝を行ったが、土用になって出かけるのが通例であった。先のTイットウの本家の主人が行者で、この人は、また大峯山の登拝も重ねており山上講を作っていた。なお宿にお籠りして三度垢離をとる際、一つは富士山のため、二つは浅間さんのため、三つはムラ全体のためといいならわされている点は注目される。

阿児町立神も真珠養殖業と農業のムラである。ここの浜辺に立石明神という大きな岩がある。これを浅間さんともよんだ。祭日は旧五月二十八日で、三日前から宿にお籠りする。宿は、ムラを東西南北の四組に分けた各組ごとに順番にあたる。ここで女人を近づけずに精進潔斎した。祭日に各自垢離をとり、白装束に身を固め、巨大な梵天をかざしつつ、行列を作り、立石明神に向かって出発する。行列の後に宿の主婦が神餅をユリに入れ頭上にのせてつづいた。立石明神は、ムラから離れた浜辺にあり、引潮の時でないとたどりつけない。この行列の先頭には、ホラ貝を吹きながら行者が行く。この行者は富士登拝か大峯山登拝をした者で、行者を中心に富士講と行者講（大峯山上講）が形成されている。

以上の四つのムラの浅間祭の例から、次の諸点が、要約されてくる。

(1)祠は、山間部ならムラ山の一番高いところ、沿岸部なら、浜辺や海中の巨岩に祀られている。

(2)祭祀は、旧五月二十八日を中心として、ムラ全体の禊ぎ祓えの意味をもっている。

(3)祭器の特徴として梵天がある。

(4)祭祀には修験色の濃い行者が関与している。

(5)富士浅間講・大峯山上講が関係している。

(6)祭祀の対象に大日如来が多く、時に木花咲耶姫がある。

(7)牛の守護神としての機能がある。

以上の諸要点は相互に幾層にもからみ合いながら、伝承態として展開してきたわけである。次には、これらを歴史的な相に整序したときに、そこにいかなる意味が考えられるかが問題となってくる。

二　アサマ信仰と富士浅間信仰

浅間の漢字はこの章のはじめにも記したようにアサマともセンゲンともよめる。浅間をアサマとするのは、信州の浅間山、伊勢・志摩国境の朝熊岳が広く知られている。浅間をセンゲンとするのは、富士浅間であることは周知の事実である。富士浅間はアサマが元来の読み方で、センゲンの音読みに変わったのだという説もあるが、志摩の場合、両者のよび方が並列しているところに、富士浅間信仰のかかわり合いがクローズアップされてくる。天和二年（一六八二）の「国崎村古絵図」には、国崎村には富士ガ峰があったことが示されている。[1] また、鳥羽市神島にも富士山があり、この山からとれる竹がムラの祭祀行事に用いられていたことが報告されている。[2] となりの伊勢国に入ると、伊勢市（旧宇治山田市）大世古町字北宮川町にあった浅間社は、祭神木花咲耶姫で、富士登拝を行う者が、毎年五月富士垢離をする場所であったという。[3] 伊勢市では、五月の初申の日を浅間祭とし、この日に富士垢離をするのが一般的であった。[4] これらの場合、信仰の対象が駿州富士浅間にあることは明らかである。正徳三年（一七一三）の『志陽略志』によると、志摩のムラで浅間社を祀っていたのは、現在の鳥羽市の坂手、阿児町の鵜方・神明、浜島町の南張、志摩町の御座の五か所であるが、記載のないムラに実際に祀られていなかったのかどうかは疑わしい。鳥羽市石鏡の近世初〜中期頃と思われる「五人年寄帳箱文書」には、「五月に御富士まいりこり里中の者（下略）」と記されているし、鳥羽市今浦でも、以前富士垢離といえば、青竹に紅白の御幣をつるし、沖に舟を漕ぎ出しながら、御幣をふりまわす（棒振りという）ことで、これを指導したのが、ムラの浅間社の禰宜であった。この禰宜の前身は山伏であったという。現在、堂に祀っている神仏像が、愛染明王・不動明王・役行者・木花咲耶姫・大日如来と並んでいることから、彼の民間宗教家としての性格をよく物語っていよう。また、木花咲耶姫が安置されていることからして、富士浅間信仰とのつながりも明らかなのである。

三重県度会郡の沿岸部一帯にみられる浅間祭については、すでに高谷重夫の報告で明らかである。(5) その実態は

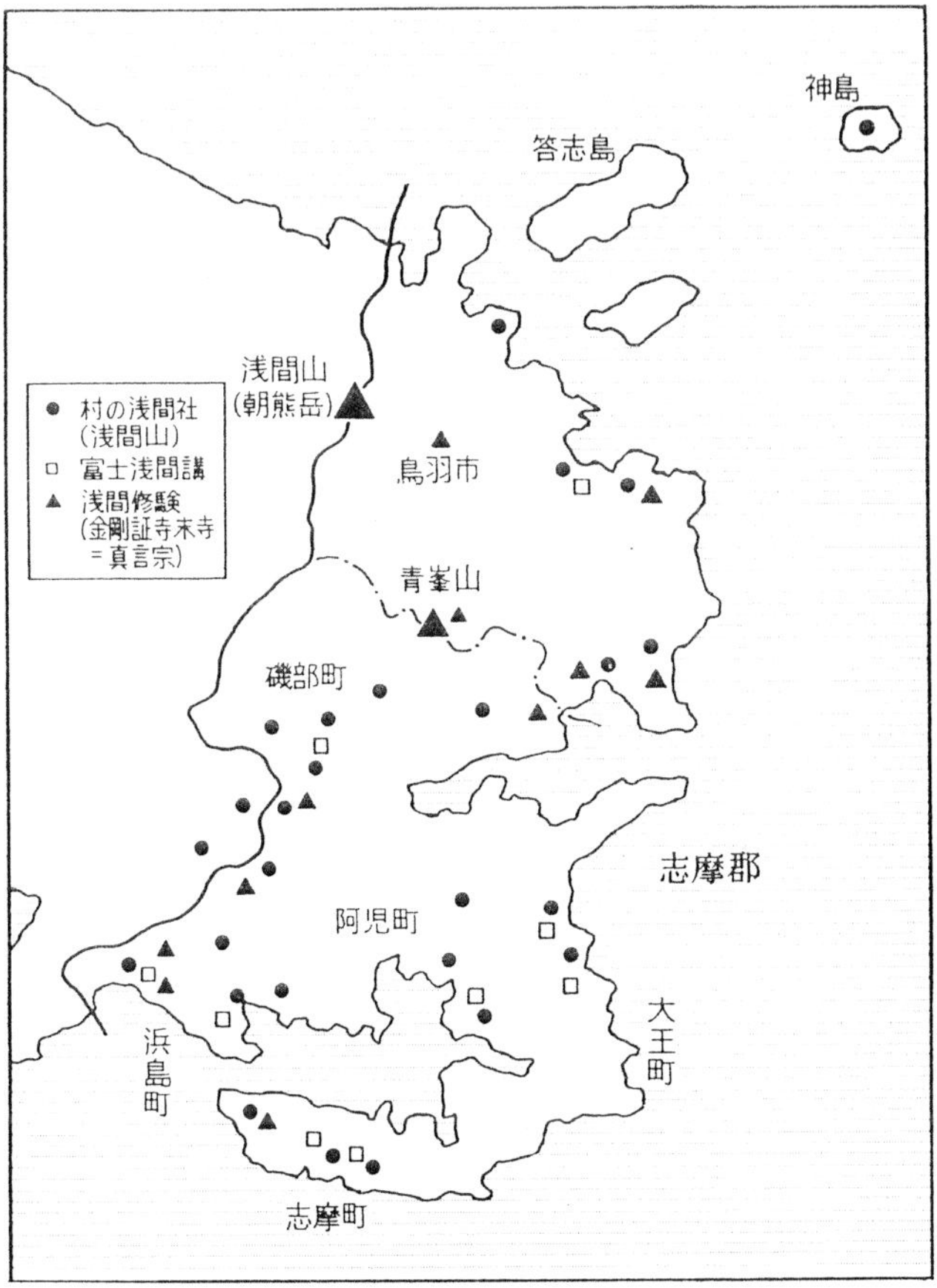

第3図　浅間信仰関係分布図

志摩とほぼ同様で、富士浅間講とのつながりによる富士登拝が盛んに強調されている。「浅間講讃歌」のなかに「かるかれ、かるかれ、山よかれ、そよと吹いたは、南のかぜよ、吉田のみなとへ、そよそよと。かるかれ、かるかれ、山よかれ、お富士お山はこいの山、やがてげこしてまた詣る（下略）」という文句からも察せられるように、近世中期の流行的な富士登拝の有様がうかがえるのである。

第３図の簡単なドットマップからの傾向をみると、富士浅間講は沿岸部に多いといえる。志摩の沿岸部からは、晴天の日はるか東方海上に富士の姿を瞥見することができた。このことは富士信仰の展開に一つの意味を持っているといえよう。

ところで、われわれは、志摩にみる浅間信仰が富士浅間信仰の浸透・展開した一つの形態であるという理解で終わるのであろうか。そこでさらに考察を深めてみよう。

伊勢市中島町字小川町の堤の上にあった浅間社は、寛永年中より祀られていたという。この社祠について、「伊勢旧蹟聞書」には、

宮川の堤の上なる浅間の拝所といふものは、石川大隅守殿、御奉行の時、彼堤を築出して末代まで堤の堅固のためにとて、別宮の土宮を勧請の意にて、土ノ宮拝所の石を建給ふなるを、後に富士垢離といふ事をする者、其堤の下に浴して、東の方なる富士山を遙拝したるが、遂に是拝所と混じて、五十年来は祠の小き物を造りたり。(6)

とある。つまり、近年まで富士垢離の浅間社と伝えていたものが、別にそれ以前の信仰要素を持っていたことが示唆されている。こうした点に注目してみると、度会郡鵜倉村（現南島町）贄浦《にえうら》の「浅間講讃歌」の中で、「浅間様は踊れよとおっしゃる。踊りてふりお目にかける」とか「竹になりたや、お山の竹に、だんだんさかえるしるし竹」といった文句があって、これは富士登拝に無関係に歌われていることに気づく。浅間様はアサマとよん

でいた。先に阿児町神明の浅間祭の潔斎する浜をアサマの浜とよぶことを述べたが、これは興味深い点であろう。志摩町越賀の道中唄にも、「アサマの神は踊れとおっしゃる。踊りてふりをば見せましょう」の文句がある。浅間をセンゲンとしない点が、あるいは富士浅間とは別のアサマ信仰の存在を示しているように思われるのである。つまり富士浅間で律しきれぬ要素が指摘され得るのである。

それは、強力な潔斎観念が濃厚な点において示される。練りを作って踊りまくる所作にその意義があらわである。その際、神の依代としての梵天が「お山の竹」であることが必要とされていた。お山とはムラの浅間山で、そこはムラの聖地の意味があったであろう。そこへ富士浅間講にもとづく富士山が措定されたわけであり、信仰儀礼として要求された富士垢離が、たまたま志摩地域社会の持つ強力な潔斎観念と結びつくことによって、広く富士浅間信仰を受容・浸透し得たものと思われる。

三　アサマ信仰と修験

浅間祭の司祭者として修験が存在していたことは、今までしばしば触れた通りである。志摩一円に修験の活躍がいちじるしかったことは、不動明王像や役行者像が多く祀られていることからうかがうことができる。とくに村内に山上山《さんじょうさん》が定められており、頂上に役行者の小祠が祀られ、そこを中心に行者講とか山上講の同信者集団が結成されていることに注目したい。

鳥羽市小浜の山上講は、五月十七日が縁日で、この日九名の講員が浜で垢離をとった。海中に入り「南無行者八幡大菩薩」と唱え、祭文をよむ。その折、八十八の神々を招来するというが、各自が藁一〇本ずつを持ち（音頭とる行者は八本)、神名を一つ唱えるたびに藁を一本ずつ流していく。この後、大峯山登拝が行われるのである。阿児町志島の山上講もすこぶる盛んであった。ムラに四人の講元がいて、かれらはおのおの数度の大峯山登拝を行ってきており、ムラの中で大きな権威を持っていた。講中の幟に、

御当山御免　大峯㊀講中　吉野山正大先達桜本坊直同行　志州志嶋　俗先達　林亀蔵　向井林蔵　小先達
林七郎右衛門　上村長左衛門

とあった。現在の講員は三〇戸ほどで、大峯山の戸開き（旧五月八日）に先達に連れられて登拝した。先達の家では正月七日に日待があり、講員が集まった。講元の家の掛軸には不動明王の絵像があり、女人がかってにこれに触れることが許されなかったという。

こうした大峯山登拝が近世期に修験たちによって指導されていたことは推察するに難くない。いったいいかなる修験が、どのような方式で志摩の民衆生活とかかわり合いを持ってきたのだろうか。

志摩には室町期に作られたとする不動明王像が多い。志摩町和具の剣光寺、阿児町国府の国分寺、鳥羽市松尾の正福寺、同答志の潮音寺、同石鏡の円鏡寺などに代表的なものが安置されている。(7) それらの中でいくつかは、近世期にいちじるしくはやり神化している。現在も信者を集めている志摩町御座の爪切不動や浜島町迫子《はざこ》の不動などがそれである。爪切不動については、空海が御座村の聖ガ岳で護摩供修行百日間を行い、一字一石経の塚を作った後、不動明王を爪で彫刻したのだといっている。(8) 空海になぞらえ、旅の修験者がムラに定着する様相をうかがえるが、修験の特異な霊験を語る入定塚の伝説の多いことも注目される。磯部町沓掛の長者屋敷なる所は、以前山伏が住んでいた場所で、山伏が井戸を掘りその中に埋まったまま数十日間生きながらえていたと伝えている。(9) 大王町名田の人穴は災難あるとき里人この中に隠れ、難を逃れたという。(10) そのほか、火雨塚伝説とつながる志摩町御座細田の人穴や、阿児町志島いったいの海岸にある人穴など、入定塚・七人塚にまつわる話がさかん

に説かれ、修験者の活躍を知ることができる。

こうした修験の出自の一つに、当然熊野の山伏が予想される。熊野本宮の神札を配布する山伏について、志摩町越賀の修験妙祐坊に関する文書には、「此時節熊野より御廻り被ㇾ成候山伏は左馬と申仁」(11)と記している。この妙祐坊は、熊野本宮の行尾坊からきた妙祐上人で、ついで祐徳上人がこの付近を歩き、越賀城主越賀隼人の信任を得て、当地に定着したものだとされている。(12)志摩に多い不動堂設立の端緒もこうした修験の定着によるところが多かったことを示していよう。

ところで、ムラの中で役行者が祀られている場所が、浅間の祠にきわめて近接している実例が多い。一般に行者といえば、このあたりでは、富士と大峯に数多く登拝した人々に対するものであり、浅間祭と山上山の祭りをともに管理・指導する宗教者であった。これら行者は近世修験の影響を受けたものであり、浅間信仰と修験の結びつきも当然予想されてくる。

明治十七年の『浜島村地誌』によれば、浜島村（現浜島町浜島）には二つの浅間山があった。一つは里の浅間とよばれ、一つは小曽坊浅間といった。里の浅間には、胎蔵界の大日如来・不動明王・大峯山役行者、小曽坊浅間には、金剛界の大日如来がおのおの祀られていた。小曽坊浅間の大日如来については、ムラの浅間講の講元で、浜島村大矢の庄屋善次郎なる者が、寛政七年（一七九五）に招来したものという。その年の旧六月一日に大日如来が善次郎の夢枕に立ち、「今日は朝のうち晴天、昼から荒天になる、出漁を見合わせよ」と託宣したが、その通りになったので、爾来この日をもって村の浜祭とし、漁休みをすることになったという。浅間を金剛界・胎蔵界に二分し、大日如来を主座とし、不動明王・役行者を祭祀対象に習合させている。これは熊野修行の山伏といった出自ではなくて、真言系修験に限られた思考といえよう。なお浜島村の浅間祭は他のムラと同様に旧五月二十八日である。この日に浅間講と山上講が合同して垢離をとった。浜に男竹を一間四方に立て、注連縄を張り巡らす。その中に入った講員が、先のムラの浅間山に向かって祈り、次に海中に頭が隠れるまでつかってから、水面に顔を出す、といった動作を何度もくり返すのである。(13)

この浜島の浅間祭には、浅間信仰に対する強力な修験の関与を看取できる。すなわち、大日如来・不動明王・役行者といった外来的要素の習合という形においてである。

ここで、こうした宗教現象を起こさせている真言山伏の系譜をさらに検討することが必要である。「志摩国英虞郡鵜方村天照山円城寺大乗院世代相伝由緒書」(写本、阿児町鵜方、前田丈次氏蔵)により、ながめてみる。

この文献の年代については、初期の段階ではやや曖昧な点が多いのであるが、記述内容の事実から判断せざるを得ない。これによれば、当院初代観行院法印は、鵜方村の有力者であった小脇・小村両氏の結縁を得て、不動明王を持し信者を集めていた。その後世義寺正大先達法印秀妙阿闍梨に従って修行し、再び鵜方に戻り定着した。その活動振りについて、「湯ヲ立、湯ノ花テ其土地祭神ニ奉献ス、夫ヨリ託宣ス、七十六ケ村ノ内ニテ、毎年正月七日迄ニ当院へ年賀ニ来ル村々(下略)」とあり、具体的に、阿児町の志島、大王町の畔名・名田・波切、鳥羽市の矢納・大津場・国崎・石鹿(鏡)の名があがっている。これらのムラから、正月の日待に鵜方大乗院に参集したわけである。この大乗院は、毎年七月十八日に大峯山に登拝した。「大峯小篠登山仕帰村之後右村々安全之タメ護摩供祈札奉納ス、当院春秋両度配札茲ニ始ム」とあり、いわゆる配札圏が確認できる。この修験は、また「当山巫女注連職添合神子小脇ミユキ継同式相済、如レ故相務罷在候処、同年ノ冬ニ至リ卒ス」とあり巫女を用いた祈禱を行っていたことが分かる。

当院七世の時、十二か院の触頭となった。寺院は、上之郷・五知(以上、現磯部町)・大津場・鳥羽(以上、現鳥羽市)・築地(現磯部町)・国府(現阿児町)・片田(現志摩町)・浜島(現浜島町)の各ムラに散在していた。

当院一〇世の時、「近来度々火災アリ、此度ノ困難実ニ不レ忍、始メテ秋葉三尺坊ヲ当院本堂ノ裏ニ壱社ヲ建立」とあって、一種はやり神的な形で、秋葉信仰がとり入れられた。

当院一二世の折、先の触下修験の中、築地村地蔵院・観音寺・成就院、五知村子造院・延命院の五か寺院が、無住となったり、破壊されたりした。この間、当院の勢力がやや退潮気味となっていた。

一四世になって、新たに四か寺院が創立された。一つは鳥羽の観音院の老僧快舜が威徳院を別立。二つは船津（現鳥羽市）に朝熊岳の明王院の老僧覚円が移住して弁養院を創立。三つは河内（現鳥羽市）に宝生院。四つには相差（現鳥羽市）に林光院、これは上之郷村神宮寺の法弟文覚によるものである。

一五世の時、大日大聖不動明王堂が再建され、檀中も志摩一円五六か村にわたったことが勧化の結果により知ることができる。

一八世の時、触下の修験は、鳥羽・船津・河内・相差・飯浜・片田・国府・上之郷・浜島・南張の一一か寺院となった。

二〇世の時、「天明二、三年の両年ハ牛疫病流行、村方大変諸方加持祈禱有レ之候」とあり、この時期に牛の防災のための守護神が必要とされたと思われる。さらに、

寛政元年酉年、村役人中モ相談之上、永代護摩講ト唱へ、毎年正月九日ヨリ十五日迄七日之間、精進潔戒仕二護摩供行一、天下泰平、風雨順調、国君御武運長久、郷内安全、五穀成就、各々家内安全、疫災砕（ママ）除、海辺渡海安穏、大漁満足之御祈禱、専一相勤候事也、

とある。ここに「永代護摩講」の創立が明白であった。現在われわれのみる大峯行者講成立の起源はおそらくこの時点であろう。この講は修験の護摩供を中心とするが、講の運営はあくまで在俗信者の側にあった。すなわち「永代護摩講世話方」として、当村住人、西崎伝兵衛・森本忠作・谷川原茂平・大矢嘉吉・前田嘉兵治・谷川原次平の六名が名を連ねていた。また、「寄附人其ノ外諸人等参詣群集ス」とあって、寛政年間の頃、在俗信者

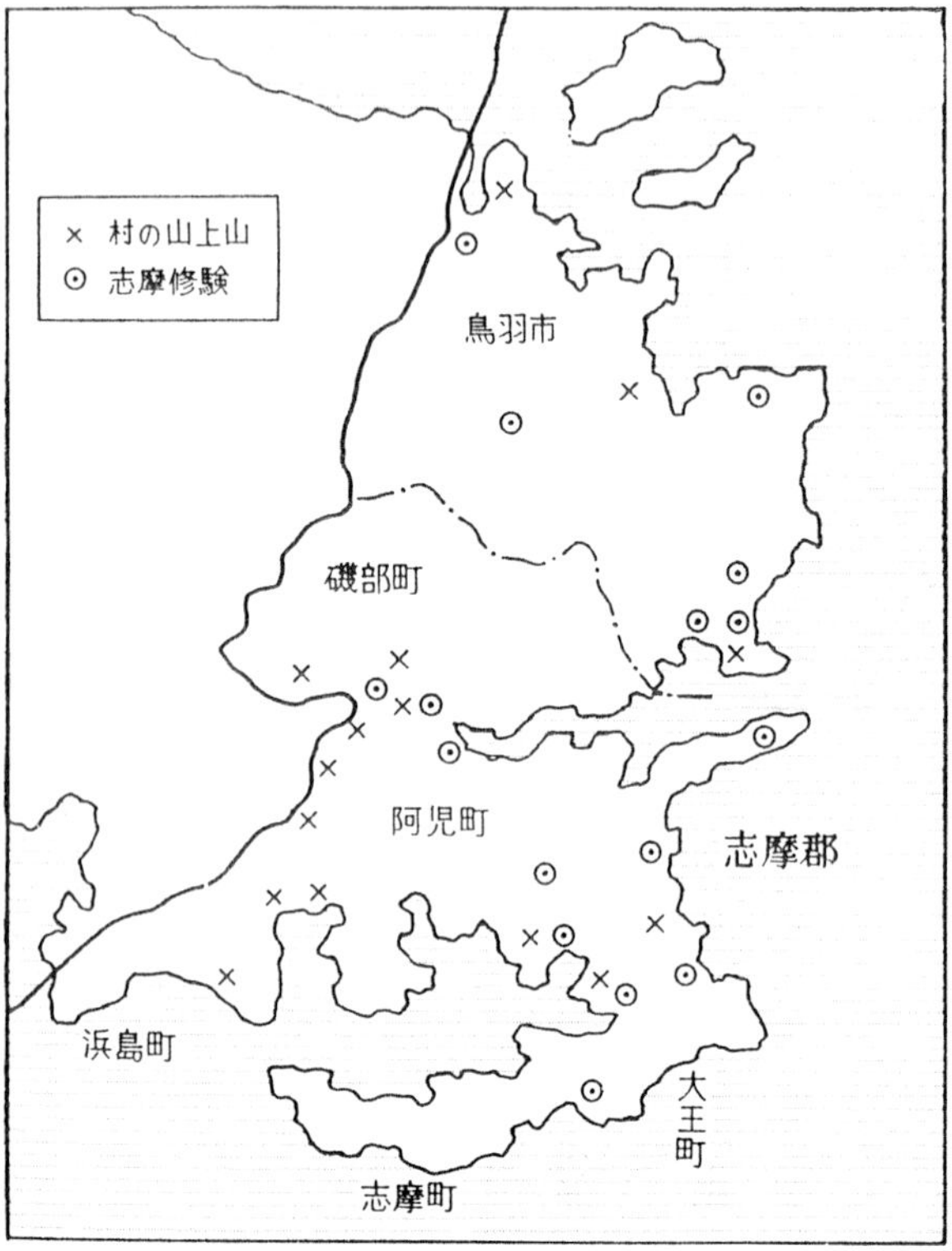

第4図　志摩修験分布図

側の積極的信仰活動を知り得る。

二一世の時は天保年間に入るが、「天保七年二月十五日ヨリ三日三夜抽ニ丹誠ニ祈禱ス、大庄屋谷藤兵衛・小林武太夫両氏、総代トシテ羽織袴ニテ参詣ス」とあり、ムラの政治的指導者を加えての村祈禱が行われたことが分かる。

天保年間は、志摩全体が凶荒期にあったことはしばしば指摘されてきたとおりである。「此ノ天保年中、国中困難ニ付、夫ヨリ自然祭祀等止ムル村々数多アリ」とは、当時の逼迫した世相の反映であろう。先の五六か村の霞が、二九か村に減少したことなどもその点をよく物語っている。以上の素描から、次の諸点が要約される。

(1)大乗院記録の年代が初めの部分が不明確である。しかし、近世初頭に志摩に定着したことが推察される。
(2)当初は志摩を巡る熊野系の修験であったに違いないが、定着後伊勢の修験世義寺(14)と関係を持ったこと。
(3)したがって、世義寺の修行場としての大峯山が、志摩の修験と信者たちの信仰活動の場となったこと。

(4)その信仰圏は鵜方を中心に北は現鳥羽市から南は現大王町の東部一席に広がり、近世中期にはほぼ全域にわたっていること（第4図参照）。
(5)そうした展開過程の中で、地域住民の求める不動の霊験、秋葉権現の火難除け、牛の疫病除け祈禱が行われたこと。
(6)民衆生活との端的な結びつきは、在俗信者を結集させる護摩講である。鵜方（現、阿児町）の例を見ても全村挙っての形であることが分かる。

以上、ここに志摩修験と名づけらるべき性格がうかがえる。志摩修験の強力な布教宣伝がムラ中の浅間山と山上山との習合を可能にさせたわけである。ことに大日如来に牛の守護神的性格を付与させたことなど具体的なあらわれである。浜島町塩屋・迫子は志摩修験明王院の管轄下にあるが、ここの浅間さんは牛の病気を除いてくれる石仏であるといい、夏土用の丑の日、潮の高い日であるが、牛を海辺へ連れて行き、きれいに洗ってから、浅間さんに同道して灯明や線香を供えてくるという。こうした牛の守護神化は修験の解説にほかならぬとして、大日如来がはたして牛の守護神として軌を一に祀られるようになったのかどうかははっきりしない。木花咲耶姫を祀る浅間が富士浅間の影響下にあったと同様、大日如来もまた志摩修験の手によるいわば本来の浅間信仰とは異質の信仰内容であることが指摘されるのである。

四　浅間《あさま》山（朝熊岳）の信仰

富士浅間（センゲン）ではない、浅間（アサマ）信仰が志摩に存在し得るという仮説ははたして成り立つであろうか。

そこで浅間をアサマとよぶことに注目してみると、ここで伊勢・志摩の国境にそびえ立つ浅間山（朝熊岳）に気づくのである。

伊勢国から見た場合、この山は伊勢神宮の裏山として注目されていた。「朝熊かけねば片参り」という伊勢道者の登拝の対象であった。伊勢神宮との関係については、「小朝熊神鏡沙汰文」[15]にくわしい。山上の朝熊社は神宮の摂社の一つである。同社の神鏡は予兆を示し、神託を表わすものとして崇敬されていた。長寛元年（一一六三）五月六日に「累代之御鏡」が紛失したため宮司がただちに奏上した。「依二何咎一祟天如二此等一乃怪異平波所レ致曽利令二ト求一之処、兵革疾疫可レ有（下略）」というようにそれは朝廷のいちじるしく動揺するところとなった。神仏習合の結果、真言宗醍醐派の金剛証寺は早く創立されていたが、すでにこの山には、道教的色彩の濃い暁台道人による明星天子を祀る明星堂が設立されていたという[16]。また、山頂には、八大竜王の祠がある。竜神はつまり水分神である。朝熊社も「大山祇命子朝熊水神、形石座」[17]の記事があり、朝熊岳が水流分源の地ゆえに、水を司る神格が与えられていたことが明かであった。

磯部町一帯で雨乞いのときに、「雲が昇るぞ、岳山（浅間山）こえて、どこをふもとに昇るやら」と歌われることは、水神のいる浅間山という認識が裏づけとなっていることを示している。実際、山上には、道教の雨宝童子を祀った連珠池や、旱魃にも涸れないという竜池があり、古くから山麓の農民に意識されていた性格であろう。鈴木泰山の研究によれば、古代・中世にかけての複雑な信仰内容の変移は、古俗―道教―真言―明星天子―虚空蔵―妙見大士―八大竜王―雨宝童子とつづいている。真言と道教の混合がその複雑化に対し拍車を加えたと思える。昭和三十八年度に山頂の発掘が文部省文化財保護委員会の手で行われ、伊勢神宮の御師による経筒納経の慣行があったことを知ることができたが、はたして弥勒浄土の出現がどこまで期待されていたのか、後考をまちたいところである。いずれにせよ、この山に真言宗醍醐派金剛証寺が勢力をもったこと、そして別称として勝峰都卒院と号したことは、弥勒信仰に一つの意味を与えていると思われる。同時に多くの山伏たちがこの山に結集していたことも推察できる。浅間山から志摩へ下る尾根続きに山伏峠の名が冠せられたり、志摩修験の一人に朝熊岳明王院がいたことなどがその事実を示している。室町初期にこの寺は臨済宗となり、今日に至っている。ただ臨済宗といっても表面的であり、信仰内容は修験色の濃いものが多かった。『塩尻』に、「今年癸巳春三月十三日より百日の間勢州朝熊岳虚空蔵大士開帳とて参宮の次て人多く登山せり山は弘法大師基をひらきましてもと真言求聞持の霊場也中頃以来禅院となりし此度開帳に什宝をも出し且其目を板にゑりてひろめ侍るとてまゐりし人贈りし程に左に記しととめ侍る」とある。「伊勢朝熊嶽霊仏霊宝開帳目録」として、「本尊虚空蔵大菩薩、明星尊天、雨宝童子」を筆頭として、七福神、慈覚作と定朝作と伝える大日如来・不動明王像などがあげられている。(18)

大日如来・不動明王を持していた金剛証寺は当然祈禱寺の機能を持っていた。これは志摩一円に広がる末寺により民衆生活に密着していた。鳥羽市石鏡の円照寺、同相差の梵潮寺、同畔蛸《あざこ》の西明寺、同堅子の宝珠庵、同松尾の正福寺、同河内の庫蔵寺、磯部町山原の正伝寺、浜島町浜島の竜江寺・極楽寺、磯部町檜山の竜泉庵、志摩町御座の潮音寺の計一一か寺である。この中でも松尾の青峯山正福寺、河内の丸興山庫蔵寺はともに現在著名な祈禱寺である。両者とも金剛証寺の奥の院と号し、正福寺は、近世にいちじるしくはやり神化している。もともと青峯山が海上の彼方から望む山容により航海者の目標となっていたから、航海安全、さらに大漁祈願の対象となり得た。そしてここに蟠居する山伏たちが志摩の民衆生活と深いかかわり合いを持つことが多かったのである。

元禄七年（一六九四）の「相差神事記録」に、

正月六日ニ青峯ゟ午王書ニ法印御越被レ成候ニ付、大年寄中皆々長福寺へ出合相勤申候、法印へ者壱飯振舞

仕、則御泊り被レ成候浜にて神子者祓を被レ成御そなへハ臼一升三合御みき見合をそへ御神前へそなへ祝申
候、

また、

極月ニ青峯ゟ蘇民之札書御越ニ被レ成候食米ハ臼弐合宛地下惣中よりあつめ来り申候、是ハ正月朔日同六月午王書右三度之飯米ニ仕候残御座候得者大年寄も見合しようはんたへ申候右三度之布施として米一升宛地下惣中より春三月ノ時分ニあつめ青峯山ハ米八斗先年より進し来り申候、右蘇民之札書ハ壱老殿も一はんしようはん被レ仕候御事、

とある。また、

青峯ゟ麦出来申候節ハ御札参地下惣中へくはり麦ノ御初尾心持次第ニあつめ申候得者、青峯へ其麦四斗五升
上ケ申候付リ籾くわん進之儀も麦同断ニ候事

とある。この三か条のように、青峯山から出張し、初尾をとりあつめ、代わりに祈禱を行う山伏の具体的活動が推察できる。彼らは、先の阿児町鵜方の大乗院を中心とする志摩修験とは別に、浅間山を中心とするいわば浅間修験といえる存在であった。これと志摩修験との交流は、大乗院の触下に浅間山出身の船津（現鳥羽市）の弁養院がいたことから想像されるように、あまり両者の間の緊張関係はなかったらしい。大乗院が道統を仰いだ滝波山世義寺と金剛証寺はもともと真言派修験と関わったことも一因となるであろう。この浅間修験によって、大日如来の信仰がかなり強められたことについての具体的資料に不足するのであるが、現在ムラの浅間山に大日如来が多く主座として存在している事実は、志摩修験だけの力だけでなく、浅間修験の関与をぬきにしては考えられないのである。

浅間山の縁日は、旧五月二十八日であり、これはムラの浅間山の祭日と同じである。この日に多数の参詣者が

ある。これをタケ詣りとよぶ。浅間山は志摩・伊勢度会郡の方からその山容を見ることができる。秀麗な山容に対しタケさんの名を与えるのはごく普遍的であり、浅間山も山麓の住民から久しくそうよばれてきた。

タケ参りの習俗は、およそ次の三つのタイプに分類できる。

(1)家人が死んだ翌日、家の者二人で詣る。

(2)死んだ家人の新盆のとき参る。

(3)タケさんの縁日に詣る。

これが、浅間山を中心に(1)→(3)と地域的に同心円的な広がりを示している。また、三つのタイプはおのおの重層的な表われ方をしている。すなわち、

(1)は(2)と(3)の慣行を並列させる。

(2)は(3)だけを並列させている。

(3)はそれのみ。

これをきわめて大雑把に地域的に見ると、(1)の場合は鳥羽市中心にその周縁部、(2)の場合は阿児町・志摩町に至り、(3)は大王町・志摩町・浜島町にわたっている。もちろん、ムラによって多少の差があるが、(2)と(3)はほとんどが重複している。なお、この目安はきわめて便宜的であり、今後の調査で修正されるかもしれない。

(1)の場合、さらに敷衍すると、葬式の翌日親戚の者二人が、死者の髪の毛・衣類を持ってタケ詣りし、金剛証寺で戒名を書いてもらい、帰途、山上に生えているツゲかシキビをとり、家に帰って、墓にさしたという。

(2)の場合、新盆の霊がタケさんの水を欲しがるという。そこで家人（とくにお婆さん）にタケ詣りをしてもらい、戒名を卒塔婆に書いてもらって、タケさんの池（竜池）の水をそれにかける。とくに子供の場合には、わざわざ子供のために水をもらってきたという。

磯部町いったいでは、人が死ぬと、四十九日の間はその霊魂が屋根に止まっていて、その後ははるかタケさんの所に行くのだという。子守歌の一節に、「浅間山からとんでくる烏、銭もたずにからからと」とあったり、言い伝えに、「浅間山の頂を烏がいっぱいまわると死人が出る」といったりすることは、先のタケ詣りの一連の習俗とともに、浅間山に死霊が籠るのだということを示している。以前には、口寄せの巫女が縁日に集まり、死口を語ったという。その詳細な実態については、すでに桜井徳太郎の調査によって明らかにされている。

死霊→祖霊のプロセスは浅間山を祖霊のこもる霊山と意識してくるわけであるが、この際金剛証寺がどの程度の解説をしたかは不十分である。祖霊信仰を単純に仏教以前の姿と割り切るには、浅間山信仰についてさらに多くの資料が採集される必要がある。ただ宗旨が真言宗だとか臨済宗だとかいう区別はほとんどない。浜島町迫子では寺が曹洞宗だからタケ詣りをしないとした例は特異なケースと思われる。

浅間山が水流分源の山岳であり、祖霊の山であることは、それが地域社会の霊山であることの必須の条件を備えているといえよう。

ところで、高山の浅間山とムラの浅間山とはいったい如何なる脈絡があるのかという点である。

村の浅間山は、日本の山岳信仰の近世的展開の一つのタイプを示していよう。そこに大日如来が祀られるのは浅間修験の関与を示している。そして木花咲耶姫を祀るのは富士浅間信仰との習合を示している。このことは浅間をセンゲンとよばせたことに端的に表われている。さらに大峯山登拝を宣伝する志摩修験も加わることによる、山上山信仰が複合したりした。元来、志摩の地域社会の人々には、五月末から六月初めにかけて、強力なムラ全体の潔斎が要請されていた。招福攘災を意図する乱舞の練りは、そもそもが加護を与える祖霊に対しなされるものので、結局は祖霊のいこう浅間山がその対象の地位にあったと思われる。ムラの浅間山はそのモデルの意味が付与されて成立したものであり、修験・行者との信仰生活を指導する人たちの関与の仕方の差異によりさまざまの要素がそこに組みこまれたのであろう。

注

（1）『新訂増補国崎神戸誌』（一九三五年）所収。
（2）和歌森太郎「神島の村落構成と神事」（『民間伝承』一二―一一・一二、一九四八年）。
（3）『宇治山田市史』下巻一九二九年、九二八ページ。
（4）同右、一四五九ページ。
（5）高谷重夫「伊勢度会の浅間信仰」（『近畿民俗』一〇、一九六三年）。
（6）前掲注（3）書、九五一ページ。
（7）山崎英二「郷土之史実抄」四〇、一九六三年。
（8）同右、二六、一九六三年。
（9）『磯部郷土史』、一九六三年、二五ページ。
（10）中岡登『越賀風土記』、一九五四年。
（11）同右。
（12）前掲注（10）書。
（13）前掲注（7）、二八、一九六三年。
（14）世義寺は現在、伊勢市岡本町にある。古義真言宗醍醐派。この中心は護摩堂の威徳院で大峯山を道場とする先達寺院であり、現在も七月七日の柴燈法式は人々に膾炙した行事である。
（15）『群書類従』神祇部巻一二、所収。
（16）鈴木泰山「伊勢湾周辺に於ける中世仏教の伝流」（『愛知大文学論叢』開学十五周年記念特輯、一九六二年）。
（17）前掲注（1）書。
（18）『塩尻』四九、七九二ページ。

第二部　稲荷信仰と地域社会

第一章　地域社会と稲荷信仰

一　地域社会と稲荷

日本の民間信仰史研究の進展は、近年著しいが、稲荷信仰に関していうならば、これほど民衆生活に密着して、多様性に富む展開を示しているにもかかわらず、まだ十分体系立てるにいたっていない。おおよそ分かってきているこことは、稲荷は農村部において農業神として機能するのに対し、都市部では流行神的現象があり、商売繁昌や病気治しに霊験あらたかな神格となっていること、これに土地の守護霊の狐神や狐憑きの信仰がからんで複雑化していること、などである。

全国的に稲荷神は浸透しているが、その多くは京都の伏見稲荷から勧請したという縁起である。たしかに近世段階では伏見稲荷と、その別当寺であった愛染寺の関与により、稲荷の神名がいっそう流布したことはいえるが、近年の民俗学的研究によると、伏見を中心とする信仰圏では覆いつくせない現象が指摘される。稲荷信仰の中核ともいうべき稲作と狐との関連に限ってみても、伏見稲荷の方からの説明づけだけでは十分になされることはできない。各地には稲作の神があり、また古くからの狐神に対する信仰があった。これに伏見稲荷が結びついてきて、統合したことが予想されるが、その際土着性の強い在地の稲荷信仰が、すべて伏見稲荷の中に吸収されたとは考えにくい。柳田国男はその点を次のように指摘している。「問題の骨子は諸国の狐神信仰が、伏見を起点としてしかも段々変化退化したか、はた又大小全く異なるものが、後々少しずつ互いに連絡を取るに至ったか、或は又古く共通の信仰の表現であったものか、世を経て一方は特に大いなる成長を遂げ、他の多数のものは別個途を歩んだものか、三者必ずいずれかの一つでなければならぬのだが、それはまだ決し得られない」(「狐塚のこと」)。すなわち伏見稲荷にしても、元来その地域社会の神格として発展したものであって、それぞれの稲荷信仰の地域性というものがあるはずだと考えている。したがって、稲荷信仰の研究にしても、伏見稲荷の展開の面にだけ限定するわけにはいかない。

そうした観点から、地域社会ごとに展開している稲荷信仰の実態を究明していくことが必要である。すでにこうした視点から直江広治の「稲荷信仰普及の民俗的基盤」(『朱』四号)や、大藤時彦「稲荷信仰の周辺」(『朱』一二号)、亀山慶一の「漁村における稲荷信仰」(『朱』一五号)、萩原龍夫の「江戸の稲荷」(『朱』四号、七号)、西垣晴次の「稲荷信仰の諸相」(『朱』一六号)などの研究がある。直江は、青森県津軽地方の稲荷信仰が、近世津軽藩主の崇敬を受けたこと、ムラの草分けの家の内神としての稲荷が、村社に昇格したこと、さらにムラで稲荷を勧請したことの三点が、稲荷祠の増加の理由となっているとし、とくに祭日が二月初午に統一されていないことから、伏見稲荷の影響が強くなかったことを指摘している。そこにはむしろ津軽地方に伝統的に信仰されている狐神信仰が基本にあったらしい。大藤も日本の民間信仰には稲荷信仰が普及する以前に狐神信仰が濃厚だった点に注意しており、年頭にあたって狐に供物をして豊年を期待したのだろうとしている。また屋敷神としてのウチイナリが、先祖神と同一視されていることなどが、伏見稲荷以外の性格を知る一つの手がかりになるのではないかと考えている。亀山は東北から北陸の日本海沿岸地方の稲荷が漁業神として類型化される点に着目しており、これが漁業技術の発展に対応する、つまり大規模な網漁の展開と軌を一にする点をのべている。萩原と西垣は、近世江戸の民間信仰の中で特徴的であった稲荷信仰の実態をそれぞれのべている。萩原は、武蔵野台地の端に発展した江戸の立地条件と対応して、古い稲荷社と目されるものが、台地端に祀られている点を指摘しており興味深い。西垣は、稲荷の信仰内容の中で、世直稲荷の名称があることに注意している。この稲荷が世直大明神として幕末に成立した点が、当時の地域社会の世相の反映であることを推察している。さらに西垣は、津軽の稲荷についても触れ、津軽においては稲荷が、新田開発を契機に激増したことを指摘しており、土地神的要素が示唆されていることに興味がわく。

各地の稲荷はさまざまな変差に富んでいる。たとえば山梨県甲府の明治初年の民俗を記した『甲斐の落葉』をみると、初午には各町の稲荷と馬頭観世音の祭りが同時に行われている。とくに甲府太田町公園の正木稲荷と中巨摩郡下河東村永源寺の馬頭観音に人々の群参があった。近在の若者たちが、日頃使っている馬を美々しく飾り立て、赤い衣裳をまとって騎乗し、それぞれ村名を書いた小旗を手にもって参詣したという。初午は馬の方に重点が置かれ、馬の守護神に参拝することに中心が置かれている。赤色の着物を身につけるのは、これからの農事開始に先立って魔除けを祈願するためのことと思われる。また初午の日に、家によって五色の紙幟を屋根の上に立てる場合があるが、そうでない家もある。地所を持っていない家は、そこに稲荷社を祀ることができないので、屋根に幟を立てているらしいと著者の山中共古は指摘している。これはなかなか興味深い報告である。つまり稲荷は土地に付着した神格であり、いわば土地神の性格をもっていることを物語るからである。

筆者は以前江戸という地域社会に展開した稲荷信仰を分析したことがある（「江戸町人の信仰」『江戸町人の研究』第二巻に所収）。そこでは稲荷が、農業神型・聖地型・土地神型・屋敷神型・憑きもの型の五類型に分類できた。稲荷が田畑を守護する機能は農村地帯に普遍的である。一方、江戸が都市として開発されていく段階で、狐が棲みついていた森などが、逆に聖地で祟りがあると説かれ、そこに稲荷の存在が語られるようにもなる。特定の聖地だけでなく、江戸町人の居住する市街地にも人の所有地ならば神霊が留まっており、地主神として認識される稲荷も数多くある。それらは旧家の屋敷神をはじめ、しだいに各戸屋敷神という形で祀られるようになったのである。江戸時代中期以降の稲荷の簇生は、そうした土地神→屋敷神の流れの上に成り立っている。信者の側からいうと、主として狐憑きの託宣によって、はやり神化しやがてそれが屋敷神に祀られるという傾向をとっている。以上は江戸の近世における宗教社会においての情況なのであるが、こうした観点から、それぞれの地域社会ごとの稲荷信仰の実態分析を行う必要性があり、本章もその志向にそうものである。

二　田の神・狐神との習合

そこで具体的事例を、近世の相馬地方において検討してみよう。近世相馬藩は、歴代の藩主が吉田神道を崇敬していたこともあって、神社祭祀は盛んであった。小祠の類も数多く見られており、中でも人神の存在などが注意されている。ここで史料として用いるのは、相馬藩を村別に調べた地誌の『奥相志』である。これは斎藤完隆を中心に安政四年（一八五七）より明治四年（一八七一）にかけて編纂され、各ムラ内の神仏信仰についての史料が収められている。その中から稲荷信仰についてのいくつかのタイプをまとめておきたい。

まず第一のタイプとして類別できるのは、田の神や狐神と習合した稲荷である。多くの稲荷は祭神を倉稲魂または保食神としている。たとえば、「祭るところ倉稲魂命にして、白狐稲荷、古小高大明神と称す。里社にして社田一石。祠官田代和泉正。当社の来歴詳ならず。」（「小高郷小高村」〈現相馬郡小高町〉）とあるのはその一例である。

倉稲魂を祀り、白狐を名のるところにこの稲荷の特色があるが、相馬地方には、同じ倉稲魂を祀る田の神の祠が数多くある。たとえば、「大田神　祭る所倉稲魂ノ命。相伝ふ、旧社にして鷲宮遷座以前より鎮座すと。近里の者これを崇敬す。春秋二季社日に之を祭る。国家安穏、君家武運長久、五穀豊饒を祈る。故に今に至るまで女波、熊草、水谷、殿内、福岡、有山邑上の者怠無く参詣し、神札を各に配る。苗生ずれば則ち神社を苗代に立て、昆虫の災を除くといふ」（小高郷女場村〈現相馬郡小高町〉）とある田の神の社は、かなりの古社であり近在の崇敬を集めていた。その神札は、苗代に立て、虫害を防ぐのに霊験があったことが分かる。祭日が社日である点は一つの特徴であろう。

「国土安穏五穀成就の神となす。農人特に信仰し、衆人この山に集ひ、旱魃に雨を請ひ、積雨に請ひて験あり」（宇多郡中村〈現相馬市〉）という田の神は、山頂に祀られ、雨乞い・日乞いに霊験のあったことが記されている。この田の神も古社であって、相馬氏以前の中世土豪である鈴木氏が創建したとの縁起をもつ。この宮祠はいったん破壊されていたのを、元禄十二年（一六九九）に再建したと伝えている。田の神が相馬地方でも伝統的神格であったことは、神体が「神木古松一株」とか「松二株」と記述されていることからも推察される。

「田の神小祠、松木下にあり。神幣、九月九日之をまつる。社は野中の高地四間に一間半、松二株あり一は周六尺三寸、一は周六尺、高さ二丈四尺、枝は東西六間、南北八間四方に蔓《はびこ》ると雖も神木として伐る者なし」（中郷大亀村〈現原町市〉）の記述をみても、その地にかなりの松の大木があってそれを伐ると祟りがあるといわれていたようだ。

どの時代に、田の神が祀られるようになったのか不明確ではあるが、「古往当邑の原野を墾して倉稲魂命を祀り之を崇めて田神の宮と云ふ」（北郷南柚木村〈現相馬郡鹿島町〉）、というように、原野を開拓し、田地を開発した段階で、田の神を守護神に祀りこめる風がごく自然にあったのであろう。

北郷南柚木村には、穂落神の伝承が伴っている。志摩国磯部の伊雑宮を勧請したという縁起があるわけだが、ここで稲作の神がより強調されていたことを物語るものだろう。すなわち、「磯部太神宮、豊年ノ宮と称す。右同地にあり。社地小山。宮方一間。人皇十一代垂仁天皇の朝に当り、天照皇太神宮勢州度会郡五十鈴河上に鎮座す。時に鶴あり、伊勢二見郷の萱原に飛び来り一の稲穂を側に置きしきりに啼くこと七日七夜（下略）」とあり、伊雑宮とそっくりの縁起を記した後、「大なる古松右の地にあり。これ鈴木十太夫祠官奥氏の祖先の墓標なりと云ふ」とあって、磯部の伊雑宮の穂落神の伝説が付加される以前の段階には、伝統的な田の神の小祠と同様に、松の神木を中心とした小祠であったことが推察される。

この田の神に、稲荷が習合したのは、一つには倉稲魂神という神格で同一化できるという神道側の解釈によるが、さらにこれを祭祀する宗教者側の立場にも原因があったように思われる。このことと関連する史料を次にあげておこう。

宇多郷立谷村（現相馬市）には距離的に近接して、田の神と稲荷が祀られていた。

田神祠　町畑にあり。社は平地。宮方一間。例祭九月十五日。神軀木像。元禄九丙子二月修覆。棟札あり。導師上之坊。別当常台院。

稲荷神祠　稲荷前にあり。社は平地。宮方一間。例祭二月初午日。神体木像。棟札、元禄三庚午二月修覆。別当常台院。

この両者の表面的な相異といえば、祭日ぐらいのものであり、司祭者はともに修験の常台院であったことが両者を容易に結びつけ得る可能性があったと考えられる。また異なる祭日を考えた場合、田の神の方は春秋の社日であり、だいたい春三〜四月と九月に集中している。このうち春の社日は、春の初午の日と接近している。実際田の神の方で「二月八日の社日」を祭日にしている例が二例あった。これは二月初〜中旬に集中する初午の日と習合してもおかしくはない。

祭神を倉稲魂という稲霊の神格を採用して表現する場合、その名称においては田の神・稲荷に共通するわけだから、同根の霊能が一般の村人に期待されることになるのだろう。しかし両者は近世末期の段階においても、一つのムラの祭祀の上で並祀されていることも事実である。数の上からみると田の神の祠の方が稲荷の祠より多いことも確認できる。また社殿の構えからみた場合は、稲荷の方が大きい社殿をもつといえる。

先の小高村の稲荷は、別称白狐稲荷と称したから、白狐にまつわる由緒のあったことがうかがえるだろう。宇多郷小泉村（現相馬市）の椿原稲荷についてみた場合、昔老狐が椿原村にいて、その狐の名を椿原於三といい、これを祀ったのだという伝説を伴っている。やはり小高郷蝦沢村（現相馬郡小高町）にある稲荷は、「本殿方八尺、拝殿三間半に、四間」であり、「社田二十石」で正一位の神階をもった規模の大きい構えをもつ。この稲荷については次のような縁起があった。以前藩主が鷹をこの辺に放ったところ、野狐が現われて、これを食べてしまった。藩公怒って、狐は稲荷の隷だからというので、その稲荷の祠を破壊してしまった。その後近衛公が来遊した折、蝦沢の稲荷が祠を失ったために浮浪しており、たまたま近衛公により憑いたという。そこで近衛公が藩公に言うには、稲荷明神を有免してやるようにとのことであった。そこで藩公は答えて稲荷を許すといった。近衛公が稲荷をよぶと、まず大蟇の姿をして現われた。公は「貌を変じて来れ」と告げた。すると今度は「弱冠礼衣の男子」に変じて出現した。そこであらためて宮祠が建立されたというのである。「古来霊験顕著にして、自国他邦よりの来拝者多し」というほどになった。

この縁起をみると、稲荷の本来的性格は、白狐・老狐の類であり、狐神ともいうべき神霊である。一つの地域が開発される以前に、その土地土地に狐が棲息しており、人間たちから崇敬されていたものなのである。明らかに狐神を稲荷として祀りこめることと、田の神を稲荷として祀りこめることと両様あったことが推察されるが、その場合、稲荷と狐神とが結合する方が、田の神＝稲荷よりも以前の形式であったとみてよいのではないか。

三　土地神・鎮守神との習合

第二のタイプとしてあげられるのは、稲荷が聖地や特定の土地と結びつけられ、鎮守神として祀られている場合である。たとえば、「岩山にして浦陸の堺に聳ゆ。これを百石岩と名づく。前に見ゆ高二丈八尺、山足五間余、岩頂方一間。祭神宇賀魂。二月初午日祀る（下略）」（宇多郷岩子村〈現相馬市〉）とあるのをみると、浦と陸地の境界の地にそびえ立つ巨岩が、稲荷として祀られていることが示されている。また北郷小山田村（現相馬郡鹿島町）の笠沼稲荷についてみると、「此地の堺の方に当り山頂に小沼あり、笠沼といふ。今其形を存す。往古ここに鎮座す。今の地に移せる年歴不詳（下略）」とあって、山頂の小沼が神池であり、そこに稲荷が祀られていたのが、今の祭場に移ったのだと記されている。

ここでは岩や沼そのものが神体として崇拝されていたことが推察される。それと稲荷とが結びついている点は興味深い。宇多郷中野村（現相馬市）の稲荷小祠は、「杉古木二株あり。俗に此地を呼んで伯耆殿の藪と云ふ。古昔社家遠藤伯耆居る。故に爾云ふ。或は云ふ。慶長中、石橋氏居る。その宅趾にして鎮守の祠なり（下略）」と記されているように、藪地の中に稲荷があった。この地は社家の所有地であり、その地の鎮守神になったことがうかがえる。旧家の屋敷地などの一角に鎮守として祀られた稲荷は、いずれも近世以前から、その土地にあったとの伝承をもつ。北郷北海老村（現鹿島町）の稲荷は、「古昔浦尻館主紺野氏の鎮守たりと云ふ」とあり、その後土地を受けついだ芹沢羽石衛門が代々の守護神に祀ったといわれている。宇多郷日下石村（現相馬市）の竹駒稲荷についても、「当祠は、古昔佐伯十右衛門の第内にして、佐伯氏鎮守の古祠なりと云ふ。元禄中、仙台領岩沼竹駒旧名武隈稲荷を勧請して再建し、竹駒明神と称す。時に元禄元年二月初午日。別当常台院立谷邑修験」とあるところをみると、竹駒稲荷は、旧家佐伯氏の土地にあった古祠らしいが、その後元禄初年に仙台領竹駒稲荷が同じ祠に勧請されたことが分かる。つまり古祠は、土地神であって、そこへ稲荷が新たに勧請され定着するに至ったのである。

勧請した稲荷といえば、代表的なのは相馬藩の旧中村城にあった天水稲荷（現相馬市内）で、城の三の丸に祀られていたものである。元禄十一年（一六九八）九月十三日に藩主相馬忠胤の娘亀姫が祈願して、江戸にある麻布の邸から勧請したと伝えている。それがそのまま城内の鎮守神に昇格したのである。北標葉郷南幾世橋村（現双葉郡浪江町）の稲荷は、「昔泉田家の老臣辻尾張の鎮守なりと云ふ」とあり、中世以来の旧家の鎮守神＝屋敷神になっていたものである。また宇多郷中村（現相馬市）にあった後藤稲荷というのも、古昔は、鍛冶の名匠後藤金次郎の家の鎮守神であった。『奥相志』記載の神名後藤稲荷は、その故事から名づけられているのである。同様な事例は、宇多郷坪田村（現相馬市）の稲荷である。これは稲荷山にあるが、「在昔坪田主殿の鎮守なり」と明記されている。この稲荷もかつて中世的土豪の屋敷神となっていた点が明らかにされている。

こうした方向からいうと、旧家の屋敷神→ムラの氏神化が当然予測されるのである。宇多郷磯部村（現相馬市）では、

稲荷神祠　上之台にあり。社地三間四間。当邑根元ノ里社なり。今小祠にして神幣一体を安んず。縁起天永元年九月十三日創建といふ（下略）

右の史料から、これもムラの根生いの神であることが明示されている。縁起の年代も中世以前にさかのぼらせており、わざわざ里の古社であった点を強調していることがうかがえるだろう。

以前その土地に居住していたと思われる中世的土豪の家の鎮守であったものが、そのまま近世に入って放置さ

れていた。その祠を改めて近在の者が再建したということによって、そのムラ全体の守護神と化していく。そうしたプロセスを語っている事例に、たとえば宇多郷成田村（現相馬市）の稲荷がある。

（前略）当祠勧請年暦詳ならず。古昔叢祠あり。此地もと大内権左衛門の別墅なり大内氏享保中家絶ゆ。祠前の圃は大内氏の墓所なりと云ふ。是に由りて之を見れば、もと大内氏の鎮守か。元文六辛酉年竹ノ内農家の長次右衛門なるもの馬場野邑の人と共に寄進し宮祠を造る。二月十一日初午の日祭礼、此日旗を上る。来拝者多し。後に木匠伝内なるもの大工町に居り之を崇信して守神となす。故に俗に伝内明神と称す。安政中暴風社木を折り、祠を破る。衆人寄進して改造す。古の造作の如くならず（下略）

この縁起をみると、いつの時代かは不明確であるが、叢祠があって、その祭地は大内氏の所有の土地だった。大内氏は中世以来の旧家であるが、享保年中に絶えてしまった。この段階では、大内氏の屋敷神または鎮守神である。次に元文六年（一七四一）、長次右衛門なる農民が村人を語らって、宮祠を再建して、祭祀を行うようになった。この際、長次右衛門がいかなる由来で再建したのか説明はないけれども、いちおうムラ全体の守護神となっている。いわば成田村の里社と意識された稲荷である。さらに加えて木匠伝内が、これを信心して、自分の住む大工町に勧請した。これを伝内明神とも称したという。これは伝内の個人的心願によるものである。

現在の相馬市は、旧中村城を中心に栄えた城下町であったから、この地が町場化していく段階でかつての土地神は、町民の居住地の中で鎮守神化したり、流行神化した段階が推察できるのである。

四　流行神化する過程

そこで第三のタイプとして考えられるのは、稲荷が地域を超えて流行神として信仰されている場合である。典型的な一例をあげよう。中郷萱浜村（現原町市）にある稲荷については、以前この土地に飯縄使いとして知られた山伏相学坊なる者がいたが、死んで里人によって原畑という地に埋められ、その塚は相学壇と称された。この付近を常に白狐が徘徊していたので、里人はこの相学壇を相学稲荷ともいったという。さて天保十年（一八三九）、地引網の船頭だった太右衛門・左根右衛門の二人が、近年の不漁を憂えて豊漁を祈願し、相学稲荷の宮祠を建立した。その後祠が壊れたり、また作り直されたりしていたが、嘉永五年（一八五二）、霊験があって未曾有の大漁となった。そこで大漁稲荷と称されるに至った。安政六年（一八五九）、別当成就院が上京して、愛染寺から正一位の神階を受けてきて権威づけをはかった。万延元年（一八六〇）、新たに拝殿を設けた。そして祭日も、二月初午だけでなく、暮と三月・八月の十七日に定められた。「諸人参籠遠近より来拝する者多し」というきわめて流行する稲荷となったのである。そもそも元は、狐憑きを落とす飯縄使いの一山伏の墓所であり、そこへ狐を祀りこめたことによって稲荷が祀られたのが発端であった。これを祀っている萱浜村は半農半漁のムラであり、とくに漁業に依存する家の多かったところから、共同の祈願として大漁が望まれ、そこで大漁稲荷の名が奉られたのである。宗教者の関与があって、伏見稲荷の別当寺であった愛染寺からの正一位の神階を得たためいっそう近在に知られる稲荷になっていったのである。

宇多郷中野村（現相馬市）の稲荷（別称中野明神）もやはり知られた流行神である。正一位稲荷大明神の神階をもっている。祭神宇賀魂は稲を荷う神像である。「霊験殊勝にして、諸人斎禱すれば則ち霊応著し」といわれて、霊験あらたかである。「社地古木森々として狐窟あり」とあり、狐神信仰があった。またこの地は、中世には中野常陸の領地であり、中野氏の鎮守としても祀られていた。のち佐藤長兵衛の所領となり、ふたたびこの地の鎮守神になった。寛政年中に、佐藤氏が罪によって釆地を没収されてしまい、この地は藩公直属の土地となると、稲荷は佐藤一族の鎮守神から昇格して里社になったという。その後木挽町の者が雨塔花表を修復したり、中世の中野氏の系譜を引く中野市右衛門なる者が、祖先の鎮守だったことを知って氏子となったりした。また別当は真言宗真福寺であったのが嘉永年間以後神職田代右京之進が代わってこれをつとめるようになったという。「古来、人を咒咀して釘を社頭の杉に打てる者あり。昔別当真福寺の僧、神祠に詣で歎じて曰く、神は非礼を受けず、何ぞこの禱を受けんや。その夜夢む、神枕上に現れ神詠を告げて曰く、わが杣に歩みを運ぶ者あらば善し悪し共に願ひ満てなん」とあるように、個人祈願の対象となる流行神として知られる存在になっていたのである。

またある時盗賊が、ご神像を盗み出そうとしたが、どういうわけか境内を一歩も出ることができず、夜通し社内をぐるぐるまわって明け方に至ったという。ついに恐れをなした盗賊は、神体を元へ戻して逃げ去ってしまったという話や、また夜半に高提燈をかかげた行列が神社を横切ったのを見たという狐火の話などが、この稲荷の霊験にまつわって語られている。かつてこの土地の古社であり、そこに狐が祀られており、旧家の鎮守になって、やがて里社となり、さらに広域に知られる流行神になったという事例である。

これら流行神となった稲荷には、真言宗の寺院や修験が著しく関与したことが推察される。先の相学という山伏は飯縄使いであったが、白狐を操っていたのである。「（前略）狐は性悪の獣なり。妖僧悪獣を神となし、里人之を信ず、悲しきかな」「真言僧狐を以て稲荷となすの法あり（下略）」と『奥相志』の編者斎藤完隆は述べている。当時の知識人である編者は稲荷を邪教の類とみているのである。

現相馬市内にあった飯縄神祠は、『奥相志』に二か所のせられている。祭日はそれぞれ二月初午であった。百槻村の例では、その上棟文に「奉レ造二立飯縄大権現一、大檀君平昌胤公御武運長久祈処、大尊師日光院元盛、別当善性院、元禄六癸酉年九月十日」とある。また「行屋、権現祠の傍にあり。夏六月邑人集りて湯殿行を勤むる所なり、文久元辛酉の年この屋を毀つ」と記されており、そこは修験たちの行場でもあったらしい。大導師日光院は、この辺りの修験の中心的存在のようである。もう一か所の飯縄は、坪田村にあり、この地の里社であって、別当は「中村修験花輪山日光院」であり、やはりここも日光院の管掌するところであった。

宇多郷馬場野村（現相馬市）に百槻山法蓮寺八正院と称する本山派修験がいたが、この修験は古くから在住していてその旧名を勘宗院といい、正徳四年（一七一四）八正院のあとを継いだものである。彼は八幡と熊野と稲荷の三社の別当となっている。『奥相志』記載の「延享三丙寅年記する所の本山派修験牒」に「百槻山法蓮寺常住院」の名があり、その道場安置の神仏として、「不動尊、大日如来、延命地蔵、牛頭天王、稲荷明神」があげられている。修験が稲荷を祀りこめることは明らかであるが、とりわけ巧みな宣伝により、その霊験を強調したのである。

今まで述べてきたように、第一から第三までの三つのタイプが、近世相馬地方のムラの稲荷にはみられた。これらはそれぞれ段階的にとらえられるべきものである。まず稲荷の古祠といわれるものには、一つに田の神という農民の伝統的神格と習合する方向があり、他方土地神から旧家の同族団の鎮守神に昇華する方向があった。そして後者の場合の稲荷は、さらに鎮守神の枠を超えて、里社というムラ全体の祭祀を受ける地域神に昇華していく。この過程は、中世の土豪の一族の神が、近世的村落の成立の中で、地域の守護神として機能したことを示している。稲荷の名称をとったのは、多くその段階であったといえる。さらに関与した宗教者の性格、とりわけ真言宗系の寺院や修験の影響を背景に、さらに地域を超えた信仰圏をもつ流行神として、稲荷が展開したのである。

五　稲荷信仰の地域差

以上のようなケースは、はたして他の地域社会においても普遍的なものかどうか検討の余地がある。そこで今までの事例と比較する意味で、相馬とまったくかけ離れた、四国土佐藩のほぼ同時期頃の稲荷信仰の実態をみてみよう。『奥相志』と対応する史料として、武藤致和『南路志』（文化十年）を用いたい。

まず注目されるのは、稲気神社の存在である。この祭神は倉稲魂神で、「山城国稲荷神社御同徳」と説明されている。当社は文亀三年（一五〇三）の夏、虫害がはなはだしく、稲が稔らなかったため、伊勢より勧請されたと伝える。この倉稲魂は、稲毛神母《いげ》とも称されている。これは稲霊の名称でもある。

『南路志』闔国第八之一に記載された宇賀神社は、惣蔵とも書かれているが、ここに糠塚の伝説が伴っている。その内容は昔この地に宇賀長者が巨大な屋敷に住んでいた。そこに糠塚があるのは、宇賀の長者が、毎年糠を捨てたためそれが山と積もったためであった。糠塚の集積したものが惣蔵だという。この惣蔵の由来は、「往昔集ニ国中ノ新穀一以祭レ之也以レ玆考セハ当社ハ蓋祭ニ稲霊宇賀魂一也」といい、惣蔵社つまり宇賀神社は、糠塚を母体にしたものであり、稲霊を斎き祀ったものだと説明されている。また糠塚は宇賀塚にも通じ、稲毛神母《いげ》と同じことであって、稲荷を祀ったものだといわれている。

ここで稲気神社・宇賀神社・稲荷はそれぞれ名称が多少異なっているけれど、稲霊を祀るものである点において共通していることは明らかであろう。

土佐地方の稲霊については、以前国造屋敷の中に祀られていたとの伝承がある。「此社の傍に大榎木有枝葉繁茂す一枝を除く者有れハ神大に祟をなすと云」と記されているから、きわめて古くからあった神格である。まず聖地として祀られていたのである。稲霊の祭祀が、伝統的な稲の神、つまり田の神に対してなされてきたものであり、それに伊勢系の倉稲魂と伏見稲荷の系統が付加してきたことは推察されるだろう。

稲荷が土佐地方で多く勧請されたのは、どの時点であったのかをみると、たとえば、

稲荷大明神　衣笠村坊知谷　祭礼九月九日社人野村越後社地一代五歩舞殿地面五代貞和五年京都ゟ勧請

とあるように、貞和五年（一三四九）を記したものがもっとも古い。「棟札貞和五年己丑初勧二請稲荷大明神一、正保四年棟札之文面ニ有レ之」と記されているから、その絶対年代はともかく、正保四年（一六四七）以前の勧請であったらしいことはほぼ明らかであろう。また、

稲荷大明神　吉井境内　享保十七子年二月廿六日勧請村中病有家毎ニ煩ニ付絵像勧請之処無病ニ相成と云

という記述からみると、享保十七年（一七三二）に流行病がはやり、それを鎮めるために稲荷の絵像が勧請されていることが分かる。

これらは京都の伏見稲荷からの勧請であり、この時点あたりから土佐にも稲荷の名称が増加したようだが、先の東国の相馬地方にみられるような地域に密着した浸透の仕方は示されてはいない。

日蓮宗浄眼寺は、延享三年（一七四六）に日陽上人によって再建されたものだが、それまでは無住退転であって廃寺の運命にあった。これが中興された際に日陽上人が、稲荷大明神を境内の鎮守神に祀りこめたという記事がある。鎮守神はこの場合は寺院の境内神の意であって、先の相馬地方にみられたような同族的祭祀を帯びた形式のものではない。したがって地域社会の共同体的祭祀を伴うような稲荷の実態は、土佐地方ではみられてはいない。

先の稲気神社は土佐地方の伝統的な田の神であって、この稲霊に対する祭祀ということから、倉稲魂が祭神と

して採用されてきており、倉稲魂がまた稲荷と同義であるという理解から、稲荷の名が習合したらしいことは予測される。しかしそれ以外に、とりわけ稲荷が勧請神として迎えられるについての土佐地方における在来の要素はむしろ少ないと思われる。

そこでこの点を相馬地方と比較した場合、相馬においては、田の神と狐神の信仰が、より在来的要素として機能していたことが特記される。これに土地神の性格が強く付加していたのであった。一方土佐地方では、このうち狐神と土地神の性格が認められておらず、稲荷はまったくの外来要素としてしか認識されていないのに気づかれる。ただ稲荷の勧請された年代をみると、土佐では少なくも近世中期以前のことであることである。ただ一例疫病除けの霊験をもって、流行神に化するタイプをもった稲荷があった。ただ流行神と化した稲荷の展開については、これ以上分かっていない。

相対的にいって、東日本地方には稲荷の祠が多く、西日本地方にはより少ないといわれているけれど、右の相馬と土佐の事例だけではそのことを簡単に速断はできない。しかしそれにしても、筆者の調査した限りでは江戸と相馬地方での現象面の類似性はかなり顕著なものであるのに対し、ここで例示した西日本の土佐地方の場合は、田の神との習合化という面を除いては、あまり稲荷の浸透度は十分ではないといえるだろう。なお他地域社会の事例を集めてみて、稲荷信仰の地域社会への浸透の仕方についての一定の法則性の存することを探りたいと考える。

第二章　稲荷信仰と民衆生活

一　食物霊と狐

稲荷と民衆生活の結びつきについては、これまでにも大量の資料が収集されてきており、これを体系的に把握することが難しくなっている。民俗学上、各地域社会に展開している稲荷信仰の実態についての報告例は数多くなされており、従来、柳田国男の一連の稲荷研究によりひとつの展望がなされていた。

近年、五来重による稲荷信仰の総合研究の成果が公表され、しだいに体系化への方向づけが明確化してきている。五来は、稲荷を民俗的稲荷・神道的稲荷・仏教的稲荷の三つに分類したうえで、神道的稲荷と民俗的稲荷に共通する原始宗教的稲荷が表出しているとして、その文化現象の根元にあたるものを明らかにすべきだと主張している。それは何かというと四点あり、一つは食物の霊または神、二つは死者の霊、三つは自然の精霊、四つは予言と呪術であるという(1)。

五来のいくつかの指摘のなかで興味深い点は、動物の狐が稲荷神と同体化されるについて仏教的要素の介入があったことのほかに、キツネの名称が食物霊という原始宗教性とかかわる「食物の根元」という理解である。キツネの古語はケツネであり、稲作以前の雑穀や木の実、根実(芋類)、魚鳥獣肉までを含めた根元霊で、「ケ(食)ツ(の)ネ(根元霊)」というべきだとする。たしかに『古事記』の女神「ケツヒメ」＝大気津比売は代表的な穀神で、「女神殺し」のモチーフをもつ穀物起源を説くハイネヴェレ神話の範疇に属している。これは女神大気津比売が殺された結果、その死体より蚕、稲種、粟、小豆、麦、大豆が成り出たという神話である。イナリを稲荷とする穀霊起源よりも、さらにそれ以前の型が食物霊＝ケツネだったということになるのだろう。(2)

現在民俗学上の解釈では、稲荷というのは狐神を本体とする信仰としている。立派な社殿の形式をとらない小祠の稲荷のレヴェルで聞書きをすると、神意を授けてくれるのが狐であり、とりわけ狐鳴きによって、漁の多い少ないを判断する東北地方の漁村の事例が報告されている。狐がコンゴと鳴けばかならず大漁となり、グワンゲと鳴けば不漁となるといったり、カインカインと鳴けば何か不思議なことが起こり、コンコンと鳴くときは慶事になるという言い伝えがあった。

青森県西津軽郡の海岸部に分布している稲荷信仰の実態を調べた直江広治は、その特徴を次の三点にまとめている。㈠供え物についた狐の食べ痕をウゲと称し、ウゲによって漁を占う。㈡狐の鳴き方によって漁の豊凶を占う。㈢高山稲荷の三五郎狐の鳴き声で占う。この鳴き声は、浜が大漁の際に、白狐が鳥居の上から「コーンコーン」と鳴き、反対に不漁の際には「グワングワン」と鳴くという。この高山稲荷は、伏見の稲荷大社とは直接関係がなく、東北地方に広い信仰圏をもつ流行神である。地形上、ごく古い時代から漁民たちの聖地視するような、海から見える小高い丘状にある。闇夜でも高山の灯が見えると、航海の安全が保たれるといわれている。したがって航海安全、漁民守護の機能のうえに稲荷＝狐の神意が習合したことになる。直江の推察によると、津軽地方のシャーマン的存在であるゴミソが、この稲荷に関与していることが、現在の流行神成立の一つの要因となっているらしい。(3)

西日本の近畿・中国地方には、冬の寒中に、狐に食物を与えてまわる狐施行の習慣があった。師走狐とよばれ、これは年の変わり目に出現する狐に対する名称で、人々が春の初頭に狐の出現を期待して、食物を捧げる風習のあったことを示している。「師走狐は叩いても啼かせ」という口碑もあり、年の変わり目の狐の鳴き声は、ある種の宗教的感情をよび起こすことがあったのであろう。

和歌山県南部では、かつて師走の頃に狐施行をした。赤飯と油揚げをセットにして、狐の出そうな所に置いていたという。中部地方の一部や、丹波から摂津にかけては、以前「狐狩り」の行事があった。小正月の頃、七歳から十二歳ぐらいまでの男の子が、わらで作った狐を青竹の上につけて、それを先頭に太鼓をたたきながらムラ中をめぐり、手に持った御幣を振りつつ、太鼓の音に合わせて、次のような唱え言を述べたという。すなわち、「われは何をするぞいや、狐狩りをするぞいや、狐のすしを幾桶つけて、七桶ながら、えんえんばつさりこ、貧乏狐追い出せ、福狐追い込め」というのである(4)。この狐狩りの場合、表面上は狐を送り出しているように見えながら、福狐を招こうとしている。正月にあたって、貧乏狐を追放して福狐を迎えてくるというのは、やはり狐そのものを信仰の対象としていたことの残存なのである。

狐は人間の居住地と隣り合わせに棲んでいたこともあって、境界領域によく徘徊していたことは、古老の記憶に残っている。狐塚というのも、狐が棲む小穴がついていて、今も地名として残っている事例が多く、だいたい人里離れた地点にあり、狐施行などではそこが聖地として位置づけられていた。柳田国男は、この狐塚と稲田の関連に注目して一文を記している。狐塚は祭地で、古墳だった痕跡もある。塚の上に稲荷の小祠があって、もう狐の穴は発見できない塚が多いが、もともと古墳だった場所が、狐塚に利用されたと柳田は指摘している。一方、五来重は、「古墳稲荷」を一括して古墳に祀られる祖霊または御霊が稲荷に祀られた事例として把握している。狐穴のある古墳稲荷の場合、仮りに狭い穴から狐が出入りする姿を見た人は、墳墓の中の霊魂の去来ではないかと錯覚し、自然と狐を稲荷の神霊もしくは化身とみなし礼拝の対象にしてしまうというのである。これを五来は「原始宗教的霊魂観」の一つの表出形態と考えている(5)。

柳田は狐塚を、田の神の祭場ではないかと想定した。したがって狐塚は、もっぱら田圃の近くに集中していなければならないことになる。「大体に田の神が冬は山に在り、春は田に降つて秋の収納の終りまで、稲作の守護に任じたまふといふ信仰は、今でもまだ全国の隅々に亙つてややうすれながらも其痕跡を保存して居る。それがこの狐を田の神の使令と認めるやうなちよつと外国には類の無い習俗を、成長せしめた原因であつた」という(6)。

ここで問題になるのは、田の神信仰の実態である。もはや現実の農事暦が田の神祭りと対応しなくなっており、狐が山から下りてきて稲田の周辺を徘徊する姿を見るというのも、田の神祭祀の実際とは無関係な時間帯になってしまっているということである。柳田は仮説を実証することが不可能になっていることを認めつつも、なお狐の挙動を見て、その声を聞きながら、山にいる神霊をミサキとする古代的信仰を強調している。ミサキは神の統御に服した小さい霊であり、霊獣の姿をとっていた。それは神の使役霊なのである。人は実際に神の姿は見えなくても、使役霊＝使令である小動物によって神意をうかがうことが可能だと信じられていた。単純にいうなら、田の神と狐の結びつきという柳田の仮説が狐塚の存在によって証明できるかどうかという点が問題として残るだろう。

神話的世界からいえば『山城国風土記』逸文で秦氏の先祖を語る一条に、餅を的にして弓で射たところ、それが白鳥となって飛び、山頂にとどまった。そしてそこに稲が生えたので稲生《な》りすなわち稲荷の名称が起こったという記事がある。餅と白鳥との間には穀霊の観念が介在しているが、この段階では、狐はイメージされていない。狐が参入したのは、狐を古語でキツとよび、一方、食物神をミケツ神とよぶところから、ミケツ神に対して三狐神とあて字するようになったことから推察されるのであろう(7)。

前述の五来説は、むしろキツネが食物の根元であることから、イナリの穀霊以前の存在とみていた。各地の稲荷社の言い伝えでは、つねに稲荷社のほうが先に祀られていたことを説いており、後から寺や社が創建され、先住の稲荷神が並祀されることが示されている。ということは、霊獣視された狐が先に祀られたのであり、人々が定住するに際して、まず食物の採取を保護してくれる神霊を必要としたという意味で、食物霊とキツネの習合を予想できるのかもしれない。

二　稲荷講と憑きもの

稲荷信仰といえば、すべてが伏見稲荷大社に収斂するかのように思う人が多いようであるが、かならずしもそうでないことは、これまでの稲荷信仰研究史のうえで明らかにされてきたことである。この場合、全国各地、至るところに稲荷信仰が展開しているという前提に立ち、地域社会に根生いの稲荷の実態をとらえることが必要になっている。

そこで一つの地域社会の内部に、稲荷信仰が発生展開するプロセスを具体的に検証しながら比較していくことが当面の一つの課題となっている。この場合、稲荷講と屋敷神としての稲荷が指標として浮かんでくるだろう。

尼崎市西昆陽の稲荷講について、森隆男の研究(8)がある。この講は、安政四年（一八五七）に成立した。祭神は正一位友金大明神と称し、ムラの四人の有力農民が中心となり、三九名から寄付を集めて、十二月吉日に祭りを行っていた。当初、明神講とよばれていたのが、大正二年になって稲荷講を名のるようになった。講の行事は、初午のほかに、寒施行、七月の土用の祭りと、年に計三回執り行われている。西昆陽には、氏神として素盞嗚神社があり、宮座祭祀の形式をもち、特定の家筋の四氏によって構成されている。一方、稲荷講のほうは開放的で、ムラ全体の加入となっている。寒施行は、寒中の狐施行のことで、小豆飯や油揚げを狐に施行する行事である。

このあたりでは、大正時代には一月二十日前後にあたっていた。小豆飯の握り飯を葉蘭の葉に包んで水引をかけ、村中約四〇か所に置いてまわったという。握り飯や油揚げは狐の好物とされ、狐に奉っているわけだが、神供を置く場所が固定されているという点が興味深い。それは稲荷行者が指示したり、たんに狐が出そうな場所といったあいまいな表現で説明されている。また寒施行を別に穴施行といっていることから、かつて狐穴や塚があり、実際狐の棲み家だった地点もあったらしい。森隆男の調査によると、供物を置く一八か所は、墓地や神仏を祀っていた場所であり、「ネヅカ」「横手」「十三ヤブ」といった堤防の土手や藪をさしており、村人から狐の棲み家と思われていたという。さらに「ぼうぐい」とか「どんど」の地名もあって、そこは明らかに境界領域にあたっており、そこに狐の霊あるいは狐そのものが出現するという認識によっているのである。一方、狐をもてなすという心意があり、小豆飯や油揚げはケンゾクサンが持ち帰るという口碑もあるという。狐に施行をしておき、狐によってその年の吉凶を占うという古風な民俗が基本にあると推察される。森の指摘では、この狐施行は、村境や辻などの境界領域に供物を置くことによって、ムラの中に侵入する悪しき狐を排除する意味もこめられているという。もう一つ注目されることは、この狐施行が稲荷講の行事にとり入れられたのは、大正年間になってからという点である。明治時代末までは、稲荷講では初午祭りが中心であり、民俗行事としての狐施行は、ムラ全体で行われ、稲荷講とは直接関係していなかった。つまり森がいうように、狐施行の単位が、ムラ組から稲荷講に変化したのであり、その間に稲荷行者が介在したというのである。

稲荷講は有力な旧家が勧請して祀ったので、ムラ内でしだいに氏神に次ぐ地位にまでなった。友金大明神の名称からいえば、ムラの有力者たちが何らかのご利益を求めて稲荷を勧請したのであり、村人の総意が稲荷を十分に受け入れている。ムラでは伝統的に狐に施行し、狐の恩恵を得る目的の狐神信仰がベースにあった。狐には両義性があり、良い狐と悪い野狐の類が存在しており、農作物に害をもたらす悪狐を神送りの方式で排除する心意もあるから、狐施行もある時期にはそのように理解されたものと思われる。興味深いのは、勧請神としての稲荷とされていながら、いち早く同化して伝統的な狐信仰と習合してしまうという状況なのである。

ところで江戸をはじめとする都市を一つの地域社会ととらえた場合、そこに表出している流行神は顕著な民俗現象として知られている。そのなかで稲荷信仰の表出形態はどのようなものかを考えてみることは一つの問題である。

都市型稲荷は、そこに都市民俗の反映があるという想定であり、本来の土地霊的稲荷のあり方とは別に、祟りや憑《つ》きものなどの稲荷がいちじるしく発現している状況が指摘できる。[9]

大阪府南河内地方の稲荷信仰を分析した藤本幸雄によると、「河内屋可正旧記」などに元禄時代（一六八八〜一七〇四年）の同地方の状況が記されており、興味深い。[10] そのなかのいくつかの狐憑きは、亡妻の死霊がとり憑いたのは狐のなせる業と判断した事例、子狐を藪から追い払ったために親狐が怒ってとり憑いた事例、だまされて発狂した様子を狐憑きと判断した事例、などがあげられている。しかしこれらの憑きものが直接稲荷に結びつけられたというケースは見当たらないのである。

速水保孝や千葉徳爾らの憑きものの研究からわかることは、憑き物を特定の家筋に結びつける動物霊の信仰は古代よりあり、そのうちで狐霊が突出していることは否定できない。狐がとり憑くことによって、特定の家筋が庇護を受けて栄えたことを説くフォークロアは多く、逆にそのことがいわゆるふつうの村人たちから被差別の対象とされているという現実もある。千葉が指摘したように、中世的な狐信仰が残存する近世農村に、急激な貨幣経済の導入があって地域社会の構造が変動を起こした場合、小動物だったイタチの雌がヒトギツネに擬せられ、邪悪な霊となって新興成金的な家にとり憑いた、という社会的反映があるのかもしれない。

ところで大都市になると、都市生活がつねに社会不安を醸成するという仕掛けをもっており、特定の家筋にのみとり憑く現象とは異なり、数多くの怨念や祟りが輩出しやすい状況がある。狐憑きはそうした都市生活の不安が複雑な人間関係とからみ合って、非業な死をとげた者たちの霊と憑きもの霊とが習合しやすかったことが予想されるのである。

このように憑きものを落として怨念を鎮めるという呪術が流行し、山伏・巫女の影響の下に、屋敷神稲荷の縁起がつくられ、そこには狐の神託が邪悪な狐憑きといった御霊的要素として発現していることが示されている。

三　土地の守護霊

稲荷の基本的な性格に欠かせないことは、地域社会のさまざまなタイプに共通して、土地の守護霊と同化しているという点であった。

江戸の切絵図類を見ていると、屋敷や町家が立ち並ぶ間に、かならず空き地が置かれている。火除地とわざわざ記してあることは、江戸に多かった火災の際の類焼を免れるための役割をもたされていることは明白であるが、気になるのは、火除地に、これもかならずといってよいほど稲荷の小祠が祀られていたことである。この稲荷の祀られている場所は、空き地である裏手の会所地なのであり、そこは空間論的にみると東西南北の四方がいずれも家屋に囲まれており、外部の道路から自由に出入りすることができないのである。江戸は都市化が毎年進んでおり、一七世紀後半になって、会所地に新道が設けられるに至り、稲荷への外からの参拝者も入れるようになった。ということは、本来的には、会所地の稲荷は町内の特定された地域の守護霊であったことを示している。この点は、江戸に限らず、地域の農山漁村の稲荷の小祠の設定のされ方をみるとよくわかる。密閉された空き地に祀られ、そこを中心とした周囲の空間に土地の守護霊としての機能が及んでいることになるだろう。

つぎに江戸とその周辺の地域に展開する土地神型の稲荷の実態を検討しておきたい。

川柳に「屋敷替白い狐の言ひおくり」というのがある。屋敷地に棲みついた白狐が、土地の精霊の化身であり、屋敷の主人が別の代替地に引っ越した後、やはりそのまま屋敷地に居残っているのが通例だったらしく、新たに別人が移ってくると、当然今までのしきたりを言い継いでくれる。もし後任の屋敷地の主人が丁重に祀らないでおくと、祟りが生ずるというケースが間々あったのである。

つぎのような史料がある。天明五年（一七八五）三月、江戸牛込通り寺町の金物屋の十一歳になる長市という子供が突如狂気の状態となり、ののしり狂い出した。そこで祈禱すると、長市は、

われは番町御厩谷の佐野善左ェ門方に久しく住みし狐なるが、定めて知るべし、さき頃佐野家は断絶して、跡屋敷は松平忠左ェ門拝領し、この松平忠左ェ門、代々の狐を稲荷と号し祭れり。よつてわれは追ひ出されて、その居所を失へり。この辺りに一社を建立し、われを祭らば、永く町内火災なき様に守るべしとして、大いに口走りしかば、たれかれ打ち寄り評議して、一社建立して遣はさんと言ひければ、童子大いに喜び申しけるは、永代あらん限りは、町内類焼あるべからずとて、そのままかたはらに倒れ伏して、狐はなれたり（『思出草紙』）

というわけで、寺町の裏手の崖下の空き地に一社を設けて、佐野稲荷となしたというのである。この縁起では、土地霊である狐がみずからの存在理由を物語るために、わざわざ幼童に憑いて、神託を述べたことになる。この稲荷は本来、佐野善左衛門家の屋敷地の守護霊であったが、例の田沼意知暗殺の一件でお家断絶となり、屋敷地は没収され、新たに松平家が移ってきた。松平忠左衛門は、以前自分の屋敷地に祀っていた稲荷をそこに祀ってしまったため、佐野家の屋敷地に棲みついていた狐は追放され、帰属する土地を失ってしまったことになる。そ

こで狐は、祀らないまま放置されているとやがて野狐となり、さまざまな祟りを発現する存在になってしまう。御霊や怨霊と同じ立場になるのである。幸い空き地の一隅に祀られることにより、町内全体の火除けの役割を果たすことになったというのである。

ところでこの史料には、寺町の空き地に、由井正雪の屋敷稲荷であった正雪稲荷と、町内鎮守の別の稲荷がすでに祀られていたというから、合計三社の稲荷の祠が並祀されることになったと記している。一説にこの空き地は、かつての由井正雪の屋敷地であったのが、正雪が処刑されてしまった後、雑草の茂る空閑地になり、やがて宅地造成されて、住宅地化してから、旧来の正雪稲荷が地主神として最初に祀られるようになったとしている。由井正雪は叛逆者であり、処刑されたわけで、その怨念は残っている。追放された狐の霊が御霊と結びつきやすい状態からいえば、祀られるプロセスは、十分妥当性があったといえるだろう。

このように江戸の宅地に祀られている稲荷の祭場は、居住民たちが、居住空間を安全に保持していくために、代々祭祀を行う聖域として存在してきたのであった。こうした民俗儀礼は、春の二月初午を中心とした祭日に、江戸の町内やおのおのの宅地で継続され、現在に伝承されているのである。

さて近現代に稲荷を祀るに至った経緯を民俗学的に調査していくと、そこには土地の売買にからまる人間の心意をよみとることができる。そこで以下、若干の事例をあげながら考えていきたいと思う。

先年、東京都大田区内で区史編纂のために民俗調査を行ったが、そのなかで、稲荷信仰の実態が明らかにされた。この地域は、大震災以前までは、東京近郊の農村地帯であり、農業神としての稲荷は数多く祀られている。そのなかで、屋敷地に祀られた屋敷稲荷にまつわるフォークロアを調べてみると、土地の精霊としての稲荷の面目が躍如としている。『大田区史』資料編・民俗はいくつかの事例が載せられている。

大森の鈴木家では屋敷内に二つの稲荷社が祀られている。昭和初年、近くに土地を購入したところ家中に不幸が起こった。易者の見立てによると、購入した土地に稲荷が放置されままになっているというので、一社を設け都千咲《みやこせんざき》稲荷と名づけた。さらにまた後年、近くに別の土地を購入したときは、あらかじめその土地に稲荷が祀られていることを知り、先の稲荷ともどもそこに並祀したというのである。

このような屋敷内の稲荷社にからまる伝承は、近・現代においての土地購入や住居改築、住居の移転などの際に形成された事例がまことに多く、そしてかつ類型的なのである。つまり、本来特定の土地に付属しているべき稲荷の社をないがしろにしたということを、関係者の誰もが気づかないでいると、たちどころに災厄がふりかかってくるという。それはたとえば、息子が下痢をおこしたり、子供が乱暴になったり、家族のうち誰かが体調不良になるといった、日常的なごくありふれた災厄の状態をさしている。ほとんどの病気の原因を、土地霊である稲荷の祟りだとみることによって、改めてそれまで放置されていた稲荷をふたたび祀ることにより、先祖伝来の土地を再確認するという営みをくり返す結果となっている。

大森四丁目の朝日稲荷は、現在、近くの町内二十数軒で祀っている。この社は元来、土地の旧家田中家の屋敷内に祀られていたのであるが、地区内共同で祭祀するため、屋敷内の社殿を取り払った。すると同家にいろいろと不都合が生じたので、再度屋敷内に稲荷の分霊を祀ることによって、この稲荷は町内の共同祭祀と、屋敷地の個人祭祀との二つの方式に分祀されるに至った。この場合、稲荷は丁重に町内の人々によって祀られたにもかかわらず、本来守護霊の機能が働いていた土地から移動させられてしまったことに対してクレームをつけたというのである。

同様に田園調布の調布稲荷も、昭和四年に区画整理の結果誕生した新しい町内会で、旧家の高井家の屋敷稲荷を町内会単位による共同祭祀にしようとして、新規に立派な社殿を造ったのであった。しかるに稲荷はただちに抵抗してしまい、高井家の旧地へ戻されることを望み、高井家にいろいろと災厄をもたらしたというのである。

そこでふたたび稲荷の分霊を高井家に祀り直すことによって、土地の精霊に妥協してもらったそうである。

どこの稲荷の祀り方にも土地にまつわる類型的なモチーフがある。やはり大田区南馬込の金子家では、現在宅地に福徳稲荷を祀っている。これは戦後この土地を購入したとき、それまでの地主が、屋敷地の稲荷をそのまま放置して転居してしまった。そこで改めて当主が祀り直したのであるが、無名のままではいけないと思い、港区赤坂の豊川稲荷神社まで行って、名づけをしてもらったのである。また羽田六丁目にある福守稲荷は、以前ある旧家の所有地にあった。しかしその家は没落してしまい、土地は大正時代の末、現在の居住者たち四軒に分割売却されることになった。土地の守護霊として祀られていた稲荷は、稲荷の祠が安置されている土地の所有者がいちおう祀り手になることになったが、四軒のうちの一軒の主人がいうには、狐が、毎年子を産み数が増えていくと、子沢山の稲荷を祀っている一軒だけが、それにつられて栄えてしまうといって反対した。そこで四軒の家の土地が交差する中央地点に社殿を移し、その四軒の敷地に平等に祠の位置がかかるようにしたという。この話などは、実際に狐の生殖などこの場所ではもはやあり得ないにもかかわらず、精霊としての狐霊の存在を前提にしていることが示されている。

地主ではなく借地人が祀っている事例もある。羽田六丁目の増田家の庭先にある教徳稲荷がそれで、地主のほうは無関係だが、二月の二の午の日には、地続きの借地人七軒と増田家の近親者が、増田家に集まり、祭りをしている。このことは、実際にその土地を日常生活のなかで具体的に利用している居住者に対して、稲荷の守護霊の働きが及んでいると信じられていることを示している。

土地に住み、土地を利用している者たちの心持ち次第で、稲荷は恵みを与えるし、祟りを発現することもあり得るという、これはごく自然のカミの表われ方を示しているのである。そして居住者たちが積極的に信心をつづけていくと、居住空間そのものも良好な生活環境になっていくという伝承が語られている。たとえば、はじめその土地に家を建てたが、そこは谷の最奥部にあたっていた。そしてその一角は土地柄がよくないという迷信があった。その土地を開発した八軒の家では厄除けの気持ちで稲荷を祀ったところ、しだいに住み心地のよい場所になったとか、方角の悪い地点に建てた家が、鬼門除けの意図で凶の方角にわざわざ稲荷を祀ることにより、その土地を安泰にすることができた等々のフォークロアがある。

すなわち、土地にからんだ稲荷は、㈠移動を嫌う性格であり、根っから土地そのものに定着しているカミである。㈡土地の維持を安全に導く、守護霊の機能をもつカミである。㈢土地の所有者よりも、土地の実際の居住者と深くかかわるカミである。㈣つねに祀り方の良し悪しを気にして敏感に反応し、祀り忘れたりするとすぐ祟るというカミである。といった四つの特徴が指摘されている。(11)

四　地域開発

そもそも土地の守護霊は、稲荷だけに限定されるわけではなかった。土地を占有するという古代的観念のなかで、占有した土地を超自然的なものの庇護を得て保持しようとする信仰は通時性をもって、どの時代にも引き継がれていたといってよい。

日本の八百万の神々のなかに、地主神という神格がある。ジヌシノカミまたはトコヌシノカミと訓じている。意味するところは、その土地を支配している神であり、神話の世界でもっとも著名な地主神は大国主命であり、大己貴命《おおなむち》であった。周知のように大国主命は、はじめから葦原中津国の大地を支配していた神格であり、高天原から降臨した天皇家の祖先神に国を譲ったことが、国譲り神話のなかで印象的に語られている。

『日本書紀』に記された国譲り儀礼において興味深い点は、本来土地を支配していた大己貴命が、天神に所有権を渡して退去する際、かつて大己貴命が国を平らげた時に用いた広矛を、天神の使者に授けたことである。大己貴命は、この矛によって国を支配できたのだから、天孫がもしこの矛を用いればうまく行くだろうと述べている。矛はちょうど杖にあたるもので、その力によって土地を領有したのであり、神話時代における土地所有権のシンボルとみなされる。土地の所有者が矛あるいは杖をもっており、その杖を大地に突きさすことにより占有の範囲を標示し得たものと想像されている。いわばそれは四至を特定するための呪具なのであり、大地にさしこまれた地点がすなわち境界を意味したと思われる。

『常陸国風土記』行方《なめかた》郡の条にでてくる夜刀神は、そうした状況を具体的に示している。土地の豪族箭括《やはず》氏の麻多智は、土地開発を推し進め、大地を開墾して新田を開いていったが、それを妨害したのが、先住の神の夜刀神であった。夜刀神は蛇身をしており、頭に角があり、災厄をもたらし、その祟りにあうと家が滅びてしまうという激しい神なのである。麻多智は、夜刀神と戦うために甲鎧《よろい》に身を固めて、みずから矛を持って戦い、夜刀神を打ち殺し、追放してしまった。そして境界の山口にくると「杭を標てて、堺の堀を置き、夜刀神に告げて曰く、此より以上は、神の地と為すことを聴さむ。此より以下は、人の田と作すべし。今より以後、吾は神の祝となりて、永代に敬ひ祭らむ。冀《ねが》はくは祟ることなく恨むこと勿れといひて、社を設けて、初めて祭れり」ということで境界争いは一件落着している。これも一つの国譲りのフォークロアなのであった。すでに夜刀神が領有していた土地に、後から麻多智が入りこみ、どんどん開発を進めていった。当然最初にいた地主神は土地を奪われていくので、反発する。両者の間で葛藤、抗争が起こり、その間被害者も続発するという事件である。しかし最終的には両者の境界が明確化されるが、その際用いられたのが矛あるいは杖、杭による牓示であり、そのことを契機として、地主神の祭祀が土地開発者側である、新住民たちの手によって行われるようになる。そこで代々祭祀がきちんと行われ、開発者側が一定の奉納物を差し出して、丁重な態度にでるならば、地主神＝夜刀神は祟りを発現させないということになった。

　土地の占有の標示として矛あるいは杖が使われていたことは、後世の伝説をみるとよくわかる。その代表的事例は、杖立伝説であった。旅の聖《ひじり》に仮託された来訪神が、この土地にやって来て、持てる杖を挿した場所がすなわち聖域として特定されるというモチーフで共通している。弘法大師の場合は、挿した杖の根元から清水がこんこんと湧き出たことにより、その土地は水の豊かな土地になったと説かれている。あるいは挿した杖がやがて大樹となり、神木として崇められた。村の鎮守に祀られる聖域のご神木と霊泉についての由来は、いずれもかつて聖者の持っていた杖により占有されたことから始まっているのである。

『神道名目類聚抄』には「地主神」の項として、「上古ヨリ其所ニ鎮座ノ神アリ、後又祭ルベキ事アリテ、別神ヲ其所ニ祭レバ元ヨリ鎮座ノ神ヲ地主ト称スル事アリ」と説明している。この文脈からいうなら、前出の大国主命＝大己貴命、夜刀神などはともに地主神である。また土地に、開発される以前から棲息していたと思われる生物たちもまた、地主神に祀られる性格があるといえる。

　この地主神の悲劇は、力の強い外来神が来たときは、いったん追放されてしまうという運命を担っていることであった。国譲りに追いこまれた大国主命、夜刀神もそうである。そして稲荷信仰が語られる段階においても、同様に伝えられてきた。たとえば伊豆の『走湯山縁起』には、元明天皇和銅三年（七一〇）二月に、社殿が鳴動して大風が巻き起こり、社殿内より金盤形の何かが転がり出てきて、北方に去ってしまったという。人々が驚いて社殿内をのぞいてみると、神鉾・円鏡ともに紛失していた。つまり先住の神が、他界に移動してしまったのであり、それ以後霊湯は涸れてしまい、人々は悲嘆にくれていた。すると神託があって、「我是地主白道明神也、依二大神影向一譲二敷地一傍侍二済度一、周二四海利生一潤二一天甘心一也」という。すなわち実は地主神が退去して、新たに大神の出現を迎えたという出来事を示したというのである。つまり地主神は、さらに霊力の高い大神の来訪を前にして、自ら今まで支配していた敷地を譲って退去したという構図がある。しかしそうはいうものの、土地を譲渡する際にはトラブルはたえず起こったのだろう。時代が下るにつれ、その葛藤がはなはだしくなるのも自然の理なのである。それを稲荷信仰史のうえにあてはめてみると、先住の地主神＝稲荷の祟りなどに表現されてくるのである。

こんな話もある。東京都田無市の芝久保町五丁目にあるトウカメの稲荷にまつわるフォークロアである。この稲荷は、明治三十九年にこの場所から田無神社へ移された。ちょうど明治政府が強行した神社合祀政策の一環なのであり、この地域社会の小祠はいずれも田無神社に集められてしまった。しかし、いったん田無神社に合祀されたはずのトウカメの稲荷だけが、元の土地に戻ってしまったというのである。それは昭和十二年か十三年の暮れのある夜更けに、社殿近くの工場で火事が起こった。高張提燈をかかげた消防団員が工場のほうへ走り寄って行くのと反対の方向に向かって、小さな燈りが物音も立てずつぎつぎと去って行くのが見えた。人々はその燈りが、火事で狐たちの逃げる姿であると想像した。実はこの火事が起こる少し前から、近くのお婆さんの夢のなかに、稲荷がしばしば現われていたという。そこで、「いく日も同じ夢をみるのは、お稲荷さんが元の場所に帰りたがっているのではないか」という噂が広まっていた。そしてこの火事も、自分の土地から遠くに離されてしまった稲荷の祟りではないかとの評判がたち、こうしたエピソードがつぎつぎと出てくるため、結局元の土地に社殿が再建されることになったというのである。[12] 田無市は東京の郊外地として発展した地域であるが、つまり特定の土地に帰属している地主神＝稲荷の存在は、他地域社会と同様の性格なのである。この場合、国家権力にもとづく世俗的な力が、いろいろと政策的に機能したにもかかわらず、土地に密着する霊力を超えることができなかったことを如実に物語っていることになるのだろうか。稲荷と土地の関係をみていくと、そうした今では忘れかけている自然の威力の存在がうかがえるのである。

東京羽田空港の駐車場のど真ん中に鳥居を残してなお鳥居の移築に抵抗している羽田穴守稲荷の展開は、稲荷と人と土地の結びつきを知るうえに興味深い事例を提供している。現在、羽田五丁目に所在する穴守稲荷の縁起を概観してみると、一九世紀はじめの文政年間、この地の名主鈴木弥五右衛門が、この辺りの水辺の土地数町歩を埋め立てて、新田開発を行った。そして水害防御のために堤防を築き、そこへ松を植えて、稲荷の小祠を祀った。天保年間に暴風雨があって大津波が押し寄せ、堤防が決壊寸前となった。見張りの農民は名主に急報して、村人五〇余名が現場に集合し、堤防の決壊を防ごうと死力を尽くし、やっと災難を免れたという。人々はこれも堤上に祀られた稲荷の守護のお蔭だとして、いっそう稲荷を信ずるようになったという。当時この辺りは草木が生い茂った狐の棲息地であり、狐はそこを通りかかる人間たちをよくだましていたという。名主鈴木弥五衛門は、そうした狐たちを新田開発を行うことを目的に、追い出すことになったのであるが、当然開発後の地主神として狐の眷属は祭祀をうけることになった。しかし明治維新を経て、名主鈴木家の家運も衰え、それまで鈴木家が中心となって祭祀を行っていたのが、明治十八年、東京府の公認のもとに公衆参拝地となった。そして地元有志が醵金して堤防下に新たに萱葺きの社殿を建立した。

明治二十年に入ると、羽田は、東京近郊のレジャー地として知られるようになり、春の潮干狩り、夏の海水浴に好適地として栄えるようになった。明治二十七年には、この地に鉱泉が湧き出て、温泉旅館の営業がはじまり、三十五年に大森〜羽田間に電車が開通し、東京方面の商店街の人々の保養地の様相を呈するようになった。京浜急行の穴守線は、多数の参詣人の便を図ることになった。とくに花柳界の信者が多かったのは、「穴守」の語呂合わせによる。穴守は穴森でもあり、狐の棲む狐塚や狐穴からきた語であったが、人間の関与でその意味も大きく変わってしまった。また競馬・競輪の賭博で大穴を狙う者たちが霊験を求めて参拝するようにもなって、穴守稲荷は当時、東京近郊屈指の流行神の一つとなったのである。

大正五年に、日本最初の民間飛行学校と付属の飛行場ができ、昭和四年、逓信省が穴守稲荷の北側にあった京浜急行の大運動場を買収して、翌年一五万八〇〇〇坪の飛行場が完成した。それ以後、飛行場は拡張の一途をたどったのであり、当然、穴守稲荷の社殿はそのさまたげになる。田山花袋は、羽田穴守稲荷の狐穴について、「祠の後には例の狐穴などがある。土手になっていて、そこからは、ひろい洲がつづいて、その先が碧い海になっている。房総の山も晴れた日には見えるということだ。それに、海を隔てて遙かに東京の瓦甍を望むことが出来る（下略）」（田山花袋「一日二日の旅、東京の近郊」『羽田史誌』、一九七五年、所収）と述べた光景があり、赤い鳥居のトンネルの奥の社殿の背後にある狐穴とその彼方に見える情景を叙述している。しかし、今ではそこに鳥居を一つ残すだけになってしまい、他は現在地に移転させられている。

ところで、羽田穴守稲荷の旧鳥居が残っているのは、これを動かすと祟りが起こるというフォークロアが依然として生きていることを示している。多くの稲荷社と同様、本来棲みついていた狐の霊は、土地と結びついたまま離れようとはしていない。たまたま起こる飛行機事故などもまた稲荷の祟りとして説明されている傾向は消えていないのである。つぎに別の類話をあげておこう。

東京の荒川区千住にあった昭和ゴム千住工場が昭和四十一年四月に柏市へ移転したが、それにともなって工場敷地内に祀られていた福富稲荷も柏工場に遷座した。この工場は大正六年に建設されたが、当時この辺りは弥五郎新田という江戸時代以来の農村地帯であった。福富稲荷は開発された新田地帯の一つの区画の守護霊として、旧水戸街道に接した苗田橋のたもとに祀られていた。たまたま会社にそこの土地を売った人の所有地にこの稲荷があって、そのまま工場内の東北隅の鬼門へと移されたのである。本来の持ち主は、弥五郎新田の名主の大塚家であり、大塚家の土地開発の歴史が、福富稲荷の背後にあったのである。大塚弥五郎が新田開発をはじめたのは正保年間（一六四四〜一六四八）ごろで、用水路を確保するために千住用水の分水を苗田橋付近に集めた。それが「福留めの樋」とよばれる水路であり、この樋の守護神として祀られたのが稲荷であり、以前の名称は福留め稲荷、それがのちに福富稲荷に変わったという。

もともと福富稲荷は水戸街道に面しており、通りすがりの旅人も時折り参詣していたのである。江戸時代参勤交代の大名行列がよく通過した。あるとき土地の人が、大名行列の先を横切ったため、先鋒の武士が無礼打ちにより、その者を切り殺してしまった。ちょうどそれが福富稲荷の前であって、氏子が殺され、神前を汚された稲荷は怒って祟りを発現させ、その武士を早死させてしまったという。そのため武士の遺族は後難を恐れて、死んだ武士の守り刀の懐剣を稲荷に奉納したという伝承がある。土地の守護霊としての霊験が、御霊信仰と結びついてそのように説かれたのであった(13)。

以上のように、稲荷を含めて土地を領有する地主神の概念は、さまざまな土地の精霊を包括するものである。前出の『常陸国風土記』の夜刀神のような大蛇の変身した姿にイメージされているように、多くは超自然的存在なのであった。草木虫魚をはじめとして山野を跳梁する野獣の類も、人並みの能力を発現することから、しばしば土地に帰属する神格として考えられていた。その代表的存在が日本では狐と大蛇であった。両者ともにその習性、挙措動作から、土地の精霊の体現者としてみなされた形跡があったことが、これまでの土地にまつわるフォークロアのなかに浮かんできている。

日本の民俗宗教の主役の一つである稲荷信仰にしても、土地の精霊の媒介者として狐が措定されたことが大きな特徴なのであり、実際、多数のそれまで棲みついていた狐が、みずからの居住地を追われることから、土地問題がクローズアップされたといっても過言ではなかった。

塚に棲む狐は、毎年子狐を育てていき、その数が増加していく。そのためムラの人家に出没して鶏などを喰い殺すというトラブルが起こる。当然人間側も報復手段をとる。よく民俗調査で聞かれる祟りの話では、狐塚をこわすために穴にいぶしをかけた。煙が穴に入ると、居たたまれず狐が逃げ出すのをとらえて打ち殺すというやり方である。ところが狐のほうは、ただちに祟りを示してくる。あぶり出しをした人間をはじめ一家中に呪いをかけるというもので、奇病にかかって病死し、家が途絶えて空き家になってしまったなどという狐の祟りにからまるフォークロアが、明治二、三十年代までは、山間のムラによく残されていたものである。蛇にしても狐にしても、人並み以上の霊力を予測させる存在と人間側が見なしていたから、それが馴染む大地を侵食していくことに対して、自然の怒りが現象的に語られたのである。それも人間が土地を開発して私有するという欲望があり、土地そのものの聖性を否定したことに連なるともいえるのではなかろうか。(14)

注

(1) 五来重監修『稲荷信仰の研究』、一九八五年、山陽新聞社、一〇ページ。
(2) 同右、一一ページ。
(3) 直江広治「稲荷信仰普及の民俗的基盤」(『お稲荷さん』、一九六七年、あすなろ社、一一四～一二九ページ)。
(4) 岩井宏実「稲荷と狐」、同右、一三六ページ。
(5) 前掲注(1)書、一五～一七ページ。
(6) 柳田国男「狐塚の話」『定本柳田国男集』第一三巻、筑摩書房。
(7) 谷川健一『神・人間・動物』講談社学術文庫版、一九八六年、二〇四ページ。
(8) 森隆男「農村における稲荷講の展開」『朱』三一。
(9) 宮田登『近世の流行神』、一九七二年、評論社。
(10) 藤本幸雄「近世の稲荷信仰について」『ヒストリア』七六、一九七七年。
(11) 大田区役所『大田区史』資料編・民俗、一九八三年、三三八～三四〇ページ。
(12) 田無市『田無のむかし話』、一九七五年。

（13）高橋英夫『千住の空』、一九六七年。
（14）三節以降は、宮田登「どんな土地にも霊はあるのだ」（『東京人』一九八八年春季号）に加筆訂正したものである。

第三章　江戸の稲荷信仰

一　江戸の稲荷の特性

関東地方に稲荷社が多いことは、現在われわれの周囲を見まわしても気付くことである。とりわけ江戸には、「伊勢屋、稲荷に犬のくそ」といわれるほどやたらに稲荷の祠があった。これらの稲荷をすべて、京都伏見稲荷が伝播した現象と見なすのは早計であって、すでにこの点は、民俗学の立場から柳田国男が指摘したことである。近世江戸の知識人も、

稲荷の社関東に多く、大坂より西には稲荷なし、たゞ安芸路にて一社ありしとおぼへし、長崎にもたゞ一社なり、すでに西国に多きは、八幡宮と天満宮なり（『奴凧』）

と記しているが、かりに京都伏見稲荷信仰圏が存在すると、伏見稲荷信仰圏は古代以来の伝統をもっているわけだから西日本地方に展開しているはずである。しかし逆に東日本に多いということは、当然伏見稲荷とは別の稲荷の存在を考えるべきであろう。

しかし近世の稲荷社の「正一位稲荷大明神」の神階と、二月初午の祭日・朱色の鳥居など稲荷につき物の宗教的装飾は、いずれも伏見稲荷の統轄下になされたものであるから、そうした稲荷信仰の表層的な側面に対する伏見稲荷の影響は認めねばならない。

いっぽう稲荷を受容または荷担し、信心している一般民衆、ここでは江戸町人の側からの信仰内容の分析といった観点は、直江広治も指摘しているが(1)、いまだ不十分なのである。江戸町人の宗教生活を論ずるにあたって、江戸町人の担っていた稲荷信仰がどのようなものか、その信仰の中核となっているものは何であるのか検討することは、きわめて重要であろう。

柳田国男は「狐飛脚の話」「田の神の祭り方」の論文の中で、稲荷信仰の中の狐に対する信仰、そして狐の霊能が農業を守護する田の神の神使のものとして発揮されたことを示唆深く論じている。かつて狐は人に予言する役目を持っていて、それは主にその年の農耕の豊凶についてであった。狐がしばしば里近く田のほとりや丘・塚穴に群がっており、時折見せる意味ありげな眼つきと挙動が、自然と、狐をして霊獣視させる原因になったと柳田は述べている。狐の御作立てとか狐の嫁入りの火など、今ではすっかり意味不明となっている狐の示した奇跡は、いずれも狐が農作の始まりにあたって示した占いのなれのはてだというわけである。伏見稲荷が設定した二月初午の祭日も、その基底にはコト八日といわれる農耕開始期にあたり、田の神＝祖霊を迎えて農事の無事と豊年を祈念する儀礼があったことを柳田は説いている。田圃の真ん中で田の神を祀り、そこに祀られた田中神社が各地に分布することから、やがてその周辺にうろつく神使としての狐を崇める観点がいっそう強められたのだという。民俗として残る狐施行などで、もっぱら狐に神供を供え、狐を迎え祀ることの認められることから、狐はつねに人に恵みを与えるべく期待されたのだという。

しかるに多くの稲荷に関する知識では、きわめて悪意に満ちた狐、たとえば狐憑きの類などに見られるものが増加し、それらの狐は祀られて淫祀と見なされてしまっている。これは稲荷の祖型が著しく変容した現象で、職業的宗教家が関与した結果に他ならない。しかし一方では稲荷信仰を永続せしめたのは修験とか法印とかという民間宗教家たちの力であったので、かれらは狐の霊力を、媒介して説明づけた。説明づけるにあたっては、かれらの学問・知識・外来の経典類によってである。ただその関与の仕方が中途半端であったために、さまざまな稲荷信仰のバリエーションを生んだのだという。

われわれが近世江戸に見る稲荷信仰は、まさに柳田が指摘した右のような実態なのである。稲荷祠として鎮座した際には、ある種の特別な事件があった。人々の心に動揺があり、その場合、かならず特別の仲介者、山伏・法印・巫女などの活躍があったのである。そこでとりわけ人心にアッピールするような縁起や霊験が付加され喧伝されたのである。これはまた流行神の現象となったわけだが、その背景には、それらを受容し担っていた江戸町人の心意の一面を把握することが可能と思われる。

江戸市井の風俗として、初午の稲荷祭は、にぎにぎしいものであった。『絵本江戸風俗往来』に、

> まず裏長屋の入口・露地・木戸外へ染幟一対を左右に立て、木戸の屋根へ武者を画きし大行燈をつる。露地の両側なる長屋より表家共地所中の借地借家の戸々に地口《じぐち》画《え》田楽《でんがく》燈籠《とうろう》をかかぐ。稲荷の社前にて地所中の児童太鼓を打ち鳴らして踊り遊ぶ（下略）

とある。この書は明治三十八年に書かれたものだが、ほぼ近世中期ごろからの初午の時に見られた思い出深い風景であった。

いったい江戸あたりにいつごろから稲荷社が建立されたのであろうか。関東における稲荷社の文献上の初見は、『吾妻鏡』弘長元年（一二六一）五月一日の条で、鎌倉鶴岡八幡宮境内に大蔵稲荷社があり、ここに毎夜密会者があったという。つまり深夜に祈願する者がいたことをものがたっている。一三世紀から一五世紀にかけての関東における稲荷信仰は、鎌倉を中心に広がっていたらしく、散見する程度ではあるが、武蔵豊島郡、相模・常陸などに勧請された形跡がある。ただしこれらはいずれも在地の有力武将が主として祀りこめたということになっており、民衆生活との触れ合いは薄い。そしてそれも各地域での有力寺院・神社の境内祠として勧請されたことにな

っており、十分その信仰内容を知ることはできない。ただ注目されるのは、萩原龍夫が指摘した史料で鎌倉黄梅院文書の康安二年（一三六二）「黄梅院領小坪郷分帳」に、住吉・根神・神明・稲なりの四社をあげ、かつ神田を並べ記していることがある。(2) これによって、小坪郷に住む農民たちが、「稲なり」つまり稲荷を祀っていたことが分かる。

家康の関東入国以降、もっぱら江戸を中心に稲荷信仰は広がる。江戸についての初見は三河稲荷で、これは三河から来たものだろうか。慶長十一年（一六〇六）に、神田駿河台に祀られていたのが本郷昌清寺に移されたという。これは『武江年表』によるものだが、元和元年（一六一五）には太田姫稲荷社造営の記事がある。この太田姫稲荷の因由についてはその後の資料がなく、どのようなものか分からないが、慶安元年（一六四八）に、若林兼次郎によって建立されたとあるから、いずれにせよ江戸の古社であったらしい。次に注目されるのは、寛永元年（一六二四）津軽藩主津軽信牧が江戸辰の口に稲荷社を建立したということで、江戸と津軽の稲荷信仰との関連が興味深い。津軽地方の稲荷は、二代信牧以来代々の藩主の信奉するところであり、慶長十六年（一六一一）、信牧が城内の屋敷神として稲荷を祀ったのを嚆矢とする。津軽の稲荷は伏見稲荷の影響はきわめて薄く、むしろ在地の狐に対する信仰が軸となっている点を直江広治は指摘している。(3) この津軽の稲荷が、藩主の参観交代に伴って、江戸へ伝播したらしい。江戸と津軽の関連を示す稲荷信仰は他にも、後述する熊谷安左衛門稲荷が、江戸・津軽にだけ祀られている例があって、参観交代が文化交流に果たした一つの事例として面白い。近世初頭〜一七世紀後半ごろまでは、むしろ江戸という地域社会内部に発生した稲荷の祠は少なく、いずれも他国からの勧請により祀りこめるといったタイプが多い。ところが一七世紀末から一八世紀、すなわち元禄年間の段階になると、江戸近郊農村部に霊験あらたかとされる稲荷社が急に目立ちはじめる。高田水稲荷や三囲稲荷（俗におさき狐といわれた）、吉原の九郎助稲荷・半田稲荷・王子稲荷などで、王子稲荷は寛保三年（一七四三）、単独の稲荷社としてははじめて開帳している。(4)そして宝暦（一七五一〜六四）〜明和（一七六四〜七二）つまり一八世紀後半に入ると、いっせいに流行神現象に突入する。いたるところで参詣人群集の状況を呈し、あちこちの稲荷の霊験が説かれるようになる。瘡守稲荷（笠森と書く）・真先稲荷・茶の木稲荷・飯田町世継稲荷・烏森稲荷などの開帳が相次ぐ。流行神現象として典型的なのは、前節でも触れた浅草田圃の太郎稲荷であった。はやりすたりという風俗現象を、この稲荷はよく示している。何度もはやり何度もすたり、享和三年（一八〇三）に、痲疹流行とともに流行しはじめ、文化元年（一八〇四）・天保四年（一八三三）・慶応三年（一八六七）に大流行している。流行神と人心の動揺とは深い関連があり、その点についてはすでに論じている。開帳と流行は、大雑把にいって、幕末になるにしたがい激しくなるのであって、稲荷の場合もその例にもれない。こうした現象を通しても江戸町人の心意の一端に触れ得るのである。

さて天保三年（一八三二）に著された『東都歳事記』には、江戸の初午の際に、町人たちが参詣する著名な稲荷を列記している。合計四六あるが、これらは古くから江戸で祀られていたと思われるものとして採録したらしいので、参考になる。以下順次列記しておこう。

王子稲荷（王子、別当金輪寺）・妻恋稲荷（湯島）・日比谷稲荷（芝口）・烏森稲荷（烏森、別当快光院）・穀豊稲荷（京橋八官町）・杉の森稲荷（日本橋新材木町）・稲荷《とうか》堀稲荷（小網町）・橋本稲荷（霊巌島）・蛭子前稲荷（霊巌島）・鉄砲洲稲荷（隅田川口）・福徳稲荷（浮世小路）・白旗稲荷（本銀町一丁目）・柳森稲荷（柳原）・太田姫稲荷（駿河台）・下谷稲荷（下谷別当正法院）・境稲荷（下谷茅町）・柳の稲荷（浅草新寺町）・熊谷稲荷（浅草八軒寺町本法寺境内）・西の宮稲荷（浅草寺の地主神）・熊谷稲荷（浅草寺境内）・篠塚稲荷（浅草御門外）・太郎稲荷（浅草新堀）・袖摺稲荷（浅草田町）・九郎助稲荷（新吉原）・忍ケ岡稲荷（上野、穴の稲荷）・三崎稲荷（谷中）・瘡守稲荷（谷中二ヶ所）・三河稲荷（本所元町）・三崎稲荷（神田小川町→三崎町）・沢蔵主稲荷（小石川伝通院）・水稲

荷（高田の宝泉寺）・茶の木稲荷（市ヶ谷八幡の地主神）・花園稲荷（四谷新宿の三光院境内）・世継稲荷（飯田町中坂）・霞山稲荷（麻布桜田）・鈴降稲荷（赤坂）・三田稲荷（長坂町、高稲荷ともいう）・産千代稲荷（増上寺境内）・瘡守稲荷（増上寺境内）・谷山稲荷（品川高台）・黒船稲荷（深川石場）・王智稲荷（砂村、王地ともかく）・真崎稲荷（浅草の橋場）・三囲稲荷（本所牛島、別当延命寺）・千代世稲荷（請地、秋葉権現の相殿）・半田稲荷（葛西金町）以上である。これらの地域的分布をみると、江戸市内のものがほとんどだが、概して東部つまり浅草を中心とする一帯に集中しているのに気づく。『武江年表』に古い年代にあったとされる本郷の三河稲荷は、その前に駿河台にあったといい、そこは台地端である。萩原龍夫は、江戸の古い稲荷社が共通して、台地の端部に存在していることを指摘していて興味深い[5]。武蔵野台地は、荒川や利根川の沖積平野に臨む縁辺にそって点在するが、その中で神田明神・湯島天神・上野の台地・日比谷・愛宕山・増上寺あたりが当該地域になっている。そしてそれぞれの地域にあたって稲荷が祀られていることは注目されよう。

江戸に稲荷の多い理由について、従来はっきりした理由づけはなされてはいない。この問題についての説明はいずれも印象論の域を脱していないが、春盞楼は、江戸には外来者が多く、かれらが移住してきた場合、定住するにあたって、土地の守護神を祀る必要があり、土地神＝稲荷を祀りこめることが多かったのだとしている。そしてその証拠の一つとして、稲荷の分布が山の手よりも、新移住者の多い下町に密であることをあげている[6]。

野村兼太郎は、稲荷社の簇生が、明和・安永・天明と打ち続く、噴火・火災・洪水・飢饉などの天災に際して、無事安穏を祈って祀り出したのではないかと述べている[7]。たしかに流行神化した時点で、社会不安とは関係があるかもしれないが、すべて江戸の稲荷がそうであったとは考えられない。

この問題を解明するには、バリエーションに富む実態をまず把握するのが先決と思われる。

稲荷の名称は実にさまざまだが、そこに冠せられた名前の性格からおして、信仰の内容を類推することができ

る。以下簡単な分類を試みておこう。(8)

(1)農業神としての性格を示すもの……稲村・稲寿・穀豊・満穂・千束・三囲・半田・菰田・富田・田中・千代田・田安・田守・宝田・田宮・山田・安田・福田

(2)地名を付し土地神的性格を示すもの……草分・日比谷・稲荷堀・橋本・染井・赤羽根・浮島・日ケ窪・高輪・三渡・三田・谷山・八丁堀・箱崎・白山・鳥越・大川端・追分・大久保・大塚・王子・真崎・三崎・下谷・四谷・鉄砲洲・木場・市ケ谷・茶の木

(3)古く稲荷の示現した聖地の名称を付したもの……宮戸森・初音森・烏森・柳森・桜の森・杉の森

(4)稲荷の示現と関連する神樹の名が冠せられた名称を付したもの……銀杏・榛木・笹住・榧・椿山・梅の木・柳・柾木・藤・小松・榎・椎

(5)憑きものと関連する人名を付したもの……梶原・幸助・三十郎・儀助・三吉・定吉・新左衛門・重吉・紋三郎・惣四郎・六兵衛・八兵衛・平右衛門・お芳・お岩・お専・お玉・お六・太郎・長左衛門・徳の山・金子・白旗

(6)狐に関連した名称を付したもの……沢蔵主・日珠・宝珠・玉・五光・三光・玉姫・三玉・国珠・白狐・尾曳・小田姫・尾先照・穴守・穴

(7)福徳長寿を願った名称……産千代・願満・吉徳・吉成・栄・開運・世継・威徳・富境・報寿・宝禄・富栄・豊徳・幸・豊倉・富丸・立身・千仕世・寿・長栄・大栄・出世・富貴・福・日の出・末広・福寿・福々・金蔓・お多福・吉兆・愛敬・相生・延命・延寿・五福・福徳・光栄・蓬萊・常盤・敬福・満足・万年

(8)子育て・安産・病気治しを願ったもの……出子持・子安・子守・子育・出乳母・瘡守・疝気

(9)火災除けに関連した名称を付したもの……鎮火・火防・鍛治屋・火除・火消・ふいご

⑽食物禁忌を伴った名称を付したもの……たにし・そばきり・あかえ・鯖・茶の木・こんにゃく

以上の⑴〜⑽までの一〇分類のうちでも、⑶⑷は稲荷神示現の内容（特定の土地・樹木）を示すもので、⑴⑵とともに古風な型に属するだろう。⑸⑹は憑きものの性格を持つ稲荷信仰の型をよく明示したものである。⑺⑻⑼はいずれも流行神化した段階で近世後期に集中的に現われた型を示している。⑽は神供の特異性を示すもので、禁忌の対象となった食物が強調され、珍しがられたもので発生はむしろ古い型に属すると思える。こうした分類を参考にしつつ、江戸の稲荷に対し農業神型・聖地型・土地神型・屋敷神型・憑きもの型の五類型を設定して考察を試みたい。

二　農業神型の稲荷

王子稲荷・三囲稲荷に代表されるものである。王子稲荷は関八州の統領と称される古社であるが、この社の背後五〜六町を隔てて装束榎という神木があり、そこに諸国の狐が装束を改め、毎年十二月晦日の夜参集するといわれ、その夜狐火がともった。この火によって百姓たちは、その年の作物の出来の吉凶を占ったといわれる。この話は『江戸鹿子』をはじめ主だった随筆類にはよくのせられ人口に膾炙されていたものである。延宝年間にはすでに著名な事実となっていたから、その起こりはもっと古い。もとは王子とはいわず岸稲荷といった。飛鳥川の川辺近くにあったから、地名を冠したのであろう。岸稲荷を称していた時代に、ここから牛王宝印を出していたと『江戸名所図会』巻五には記されている。修験の関与したことは明らかであるが、狐火はそれ以前であったろう。近隣の農民が作業の開始期に、田の神に豊作を祈念していたことが、狐火をして霊験あらたかに思わしめ、一つの奇跡として宣伝されたのである。二日初午に今でも、王子稲荷で凧を売る市が立つが、これは以前凧上げをした名残である。凧上げ自体は農作の豊凶占いの意味を持つものであったから、王子稲荷の狐に対する信仰はきわめて農業神的色彩の強いものといえる。

三囲稲荷は、向島小梅の田圃の中にあり、田中稲荷といった。別当は、近世には天台宗延命寺という修験系寺院であり、神像は弘法大師というちぐはぐなものである。社伝では、文和年間に三井寺の源慶僧都が再興したといい、慶長年間に今の地より南の方にあったのを移したのだという。いずれにせよ水田地帯に祀られていたのである。元禄年間に、この社の境内に狐を呼びよせる老婆がいた。この老婆が、田面に向かって拍手すると、一匹の狐がいずこともなく来りて、供えた供物を食べたという。この老婆の死後、狐もまた姿を消した。其角の句にも、

早稲酒や　きつねよひ出す　姥のさと

とある。(9) 老嫗があって狐を招き託言を聞くという風がしのばれる。このようなケースは類型的で、真崎稲荷のお出で狐も同様であって老婆が巧みに狐を使っていたことがあるし、王子稲荷も参集する狐に命婦がついていたとある。(10) 命婦の飼っていた野狐がいて、命婦が参詣するときは、かならず社壇に来て待っていたという。後に命婦狐と名づけられるが、老婆・命婦は老練な巫女を指すものであろう。さすれば霊獣の託言を巫女を通して聞くというあり方が、江戸の初・中期にはまだわずかながら見られたということである。三囲稲荷には、もう一つの特徴がある。これは雨乞いの霊験があることで、元禄六年（一六九三）に大旱魃があり、その年の六月二十八日、村民いよいよ困って請雨の祈願をしたところ、たちどころに雨が降ったという。其角の句に、

夕立や田をみめぐりの神ならば
あくる日雨ふる(11)

とあるごとく雨乞いの神として著名であった。雨をもたらすのは水神であるが、これは農業神の一つの機能でもある。高田の水稲荷なども、元禄十五年（一七〇二）に霊泉が湧出し、いちやく流行神となったのだが、それ以前は狐塚を祀っていたらしい。この辺りはかつて田畑の脇の塚の多いところで、そこには狐が棲息していたのであった。

右の三例からいえることであるが、明らかに狐は、田畑の農作を守護する田の神の神使としての性格を表出させている。だからそこに祀られた稲荷には、農作の豊凶を示し、恵みをもたらすといった田の神の性格を顕にしているといえる。いわば田の神型・農業神型と一括されるだろう。

三　聖地型の稲荷

烏森稲荷・杉森稲荷・宮戸森稲荷などに代表され、モリの名称が冠せられているものである。烏森稲荷は現在では新橋の繁華街に位置しているが、以前は鬱蒼たる森であった。文政年間の『寺社書上』巻一四によると、

往古樹木繁茂烏の巣多有ㇾ之候ニ付、里人巣の森神社又烏の巣森神社と唱来候由

とあり、別当は快長院、聖護院末で、吒枳尼天・命婦宮・不動明王を祀っていると記している。

『江戸名所記』には、

古老の伝にいはく此所にはいにしへより狐のすみて人の家つくりをさまたくると也、そのカミより此方諸大名衆御屋敷拝領ありて屋形を立らるれとも狐あらはれて居住し給ふ事叶はす、しは〳〵祈禱をいたし屋札をなさるれとももちひす、猶今の世までも禿倉ひとつありて、燈明をかゝく、すなはち稲荷明神とあかめ奉る

とかや、狐の栖をなす所ハおほけれど、地の主さたまれは他所にうつし、あるいはその所にすみなからもわさわひをなす事ハなきに、祈禱をもおそれす屋札をも用ひす、人の家居をさまたくる事おほつかなし、さためて稲荷明神の霊地たるへし

とあって、烏森に棲みついた狐の霊感を記している。烏とか狐が永年棲み、人間の入ることを拒んでいた霊地だといえよう。そこには特殊な法力を持った修験だけが介在を許され、別当となった快長院を通して、江戸の人々は、その霊験のあらたかなることを知るのである。実際屋敷が構えられても、屋敷主に祟りがあったりして、空屋敷となり、化物屋敷とよばれた例もあった（『名所咄』）。明暦三年（一六五七）正月の大火の時、江戸のほとんどが焼亡したが、この烏森一帯だけは焼け残ったことなども、ますます烏森稲荷の霊力の強さを告げるフォークロアになったのである。

杉森稲荷は、新材木町にあった。やはりかつては杉の森が鬱蒼と繁っている地であったという。『江戸名所図会』には、寛正のころ、東国に大旱魃があった際、太田道灌が江戸城にあって、杉森稲荷を祈ったところ、効験があり雨が降って農作が大いに助かったという。また古老の話に、寛文のころ、この地は小針孫右衛門という商人の地であったが、延宝七年（一六七九）にこの辺りに火災が起こり、焦土と化した。しかしこの祠だけが焼けずに残ったと記している。この地もやはり古来からの霊地であったことが明らかである。

宮戸森稲荷というのも、浅草三間町にありこんもり繁った森地であった。縁起によると、この地が洪水のとき浅草の川上の方から神社の扉が流れ来て、森の中に止まった。そのうちに毎夜、この森から光が発せられた。付近の村人が奇異に思って、森の中へ入って行くと、扉の上に一匹の白狐が居て、人の来る気配を覚って、三声鳴くといずくともなく去った。村人はこれすなわち神霊のとどまったものと思い祠を建て祀った。後に吒枳尼天・飯綱権現などを神像に祀っている。別当は修験稲光山相円寺で三宝院末であるという（『寺社書上』巻一四）。また

別伝では、ムラの童子七人が草刈りに森の方へ行くと、森の中より光り輝くものがある。童たちは木陰からのぞくと、宮の扉があり、その上に金狐がいた。その夜、一人の童に狐がのりうつり、我は稲荷神であり、この地へ守護のためにやってきたので精舎大伽藍を建つべし、速やかに宮に祀るならば、このムラの病難・火災を除き、五穀成就となるだろう、と託言した。そこで早速、近在の者が集まり夜明けとともに、験者を請し、祠を建立したのであった（同右）。これらの縁起はともに、修験が関与して作られたものであろうが、それ以前には、狐が棲みつき、人のあまり近寄らぬ霊地であったことが予想される。

右の三例に示されるように、江戸の各所にはまだ聖地が残っており、江戸の都市化とともに祟り地としてなお人々に畏怖されていたのである。そこに棲みついた狐は当然稲荷として祀りこまれたのであり、その際介在者として修験の活躍があったことが分かる。ここでは聖地としての観念が強く表出して稲荷が示現していることから聖地型と一括しておこう。

四　土地神型の稲荷

茶の木稲荷・日比谷稲荷・桜田稲荷などに代表されるものである。茶の木稲荷は市ヶ谷にあるよく知られた稲荷だが、『江戸名所図会』には次のように記されている。

当社地主の神なり、百階の中段を左の方にあり、世俗茶の木稲荷と称す、此の神の産子は毎歳正月元三の間茶を飲まず、眼疾を患ふる者は一七日又三七日と日数を定めて茶を断つ（中略）文明年間太田持資相州鶴ヶ岡の八幡大神を勧請し、小林及び神田等若干を附して、東円寺を創建す、山号を稲嶺といふは、此地もとよ

り稲荷のやしろありて地主の神とする故なり

また茶の木と称したいわれについては、昔この山に白狐が棲んでいてあやまって茶の木で目を突いたため茶を忌むことになり、そのためこの神の氏子たちは、三か日は茶を飲まないのだという（『寺社書上』巻四）。ここで注目されるのは、茶の木稲荷がいろいろ霊験を説かれる前に、この土地の地主神であったという記事である。地主神はその土地の古くからの守護神つまり産土神のことであり、氏子を持っている。茶の木稲荷の特定の氏子たちは氏神の権威を保持するための禁忌を守っていることも記されている。

日比谷稲荷は、芝口三丁目にあった。それ以前は日比谷御門内の塚のある所にあり、その塚は通りがかりの旅人に奇瑞を示したという。祭神吒枳尼天・本地不動尊は定まったもので、可徴という僧が伝来させたものだという。可徴は修験であったろう。この縁起は、村人の夢中に神託があり、我はこの山中に埋もれた鰐口だと、そして我を掘り出し神と祀れば末世まで町内繁昌守護すべしと述べたという。そこで山上を掘ってみると、鉄の古い鰐口が出てきたので、人々はこれを稲荷に祀ったのだという（『寺社書上』巻一七）。『寺社書上』では、「別当大塚山寂静院、聖護院末」とある。また別伝では、この稲荷は小さな祠であった。ある夜宮守の夢に老翁が現われ、「我は是稲荷明神なり、古へより爰に有て氏子を守護す、しかるに今断絶あらんこそ物うけれ、さりながら古来久敷しるしあらハ相続ありぬへし」と告げる。宮守が不思議に思って、枕元を見ると鰐口が一つあったという（『名所談』）。これなども、稲荷が実は古くからの地主の神で氏子を守護してきたのだということを強調したものなのである。

桜田稲荷は、麻布桜田町にあった。この稲荷についてもいろいろな縁起が付されているが、この山の奥深くに石窟があり、そこに老狐が棲みついていた。ところが頼朝の家来たちが、この近くを焼狩せんとして、草を集め燃やそうとしたところ、突然託宣があったり、奇瑞があったりして、狐がその所在を示し、妨害しようとした。

そこで頼朝は猪狩を中止して、牓示を立て、そこに稲荷の神として祀りこめたという筋である（『寺社書上』巻一五）。ここには、他所者が侵入するのを防ごうとした地付きの霊があり、それは永年棲みついていた狐によって表現されている。つまり地主神といえよう。その他にも麻布坂下町の末広稲荷は慶長年中に祀られたが、これは当所草創の鎮守であったと伝えられている（『寺社書上』巻一五）。このように稲荷として祀られる際、実はそれ以前はこの土地の地主の神であるということが前提となっている事例がここでは摘出できる。これらを一括すれば土地神型といえるだろう。

以上、三型をそれぞれの示す主要な宗教的要素にそって、農業神型・聖地型・土地神型と名づけた。これら三つのタイプは、江戸という地域社会が村落としての性格を強く持っていた段階に表出した稲荷信仰といえるだろう。稲荷の名称をとりわけ冠せずとも、これらは江戸の在来信仰として存在してきた。それが近世江戸の発展に対応して、稲荷の名称をもって江戸の民衆の前に出現したのである。

五　屋敷神型の稲荷

右の三類型を基底とした稲荷信仰が、江戸の都市化に伴いどう変容していき、信仰内容がどのような機能を発現させたかを次に問題としよう。事例を若干かかげ検討してみたい。

〈事例一〉『耳袋』巻七によると、江戸に住む久保田何某なる者が、久しく小日向江戸川端に借地して住んでいた。拝領の屋敷と相対替して、そのまま借地を屋敷地とした。ところが借地のころより、そこには稲荷の小祠があり、地主と相対替する時、その祠も地主に返した。地主は代替地の本所に移ったが、二、三日過ぎて、取り払った元の場所へ行ってみると、誰が持ってきたのか、祠は元の地に以前どおり残っていた。驚いて陰陽師を招いて祀り、その地の鎮守となした。この陰陽師がいうには、稲荷はあまり立派に祀りこめるのはよろしくない、粗末なままでよいと、従来の小祠の上に覆敷をのせて祀っただけだという。その折、地主が杯を置いていたが、これは稲荷のつかわしめの狐のためだったという。

〈事例二〉大久保本村最寄または市ヶ谷川田ヶ窪ともいうが、そこに小笠原大膳太夫の下屋敷があった。大屋敷であったが、屋敷地の半分が相対替となった。この屋敷守は鮎川権左衛門といった。ところが残りの屋敷地半分も他と相対替の沙汰があったが、ある夜、権左衛門の夢中に、一人の老人が現われて、今度の屋敷地の相対替は、住む所に差し支え、はなはだ難儀だから何とぞ、取り止めるようにしてくれ、そのお礼に、火難病難の守札を与えるといって消え失せた。鮎川権左衛門は夢さめて、大いに怪しみ、屋敷内の鎮守清水稲荷へ参詣したところ、拝殿にお札一枚が置かれていた。そこであわてて、役人に言上して、屋敷替を中止してもらったという。このお札はその後霊験あらたかであったらしく、写しを受ける人が多かったらしいという。この話は『耳袋』巻二にのせられている。

この二つの事例では、屋敷神として祀られている稲荷が、屋敷地の移動をきらい、その土地に居付いてしまっていることを述べている。都市化にともない、多くの屋敷地が造成されていったのであるが、古くからの地主神は、その地に作られた屋敷地の守護神に転化して、そのまま祀られることを赦し、やたらに屋敷替などで、他地に移されることを拒むというのである。無理矢理取り払ったりすると、奇異のことが起こったという話がある。

〈事例三〉麻布白銀御殿跡に祀られる富士見稲荷について、次のような縁起がある。この社は、麻布お花畠富士見御殿の鎮守で、それ以前は三枝摂津守の屋敷地にあったが、この屋敷が御用地となり取り上げられ、御殿が普請されたのであった。当初は稲荷祠も一緒に取り払われてしまっていた。ところが毎夜どことも知れず、石を打つ音があり、まるで大豆をまくようにバラバラと音がする。雨が降る夜も音がして、まかれる石は全然雨に濡れていない。またある夜は、神楽を奏する音も聞こえた。そこで人々は大変奇異の思いをしたが、ここには元来、古くから稲荷の宮があり、御用地に召し上げの際、取り払われていたからその祟りではないか、ということになり、改めてその地に稲荷を勧請して祀りこめた。元禄十一年（一六九八）三月二十八日のことだという（『寺社書上』巻一六）。

かつて、屋敷神であったのが、新規に建てられた屋敷の内では除外された、すると奇異を示し、祟りをなしたと解されている。そうした屋敷神が、屋敷の土地に居付いた地主神であり、そのつかわしめとしての狐がいて、それが稲荷として表現されている。

地主神の使令としての狐神は、江戸の古くからの伝統的神格であるが、稲荷の称号を奉った際には、当然それが、勧請され鎮座したというケースもある。

〈事例四〉小石川春日町にある出世稲荷について。『江戸志』には、「此辺むかし春日局の宅地なりし時、鎮守の為に勧請なり。春日局は卑賤より出世ありし故、当社の神徳をあふぎて出世稲荷と称す」と記されているだけで、はっきりしないが、『寺社書上』巻一五によると、

春日之御局御附御下男衆寛永七午年拝領地見立之節何れ之者共不レ知白髪之老人来二此地之辺北町地二可二願事二幸成へし、後世に至地之福する事疑有へからすと申ける由、御局に聴レ之、則稲荷之教なるへしとて地面拝領之稲荷を勧請致、其上御附御下男衆を御祝詞有而稲荷を出世稲荷と被二名付一（下略）

と記されている。つまり白髪の老人の稲荷に仮託した存在が設定され、春日局の下男という身分の低い者の拝領地に勧請され、その地について、下男の出世を守るという縁起なのである。このように新規に土地が拝領され、

その地に屋敷神として稲荷が勧請されるというケースは、江戸において枚挙にいとまがなかった。

〈事例五〉　やはり出世稲荷と名のり、小日向五軒の組屋敷に祀られた稲荷について。これは元禄十一年（一六九八）に、一六人の下男に地所が与えられ、組屋敷が作られた。その折に勧請されたもので、神主は山辺氏である（『寺社書上』）。『改撰江戸志』では、御家人一八人の組屋敷で大縄屋敷の鎮守に勧請されたと記されている。

〈事例六〉　小日向東小松原新屋敷に祀られていた平塚稲荷社について。小松原新屋敷は賄組屋敷であり、「からき御家人等此所にてあらたに屋敷を賜りし時よりの勧請なるべし」（『改撰江戸志』）ということである。勧請されたのは、寛文十二年（一六七二）であり、組屋敷全体で、祭具などを奉納していたという（『寺社書上』）。

下級武士である御家人などの屋敷地が、ある時点で江戸では増加したと思われるが、それをきっかけに、在来の地主神に稲荷の神号が付加され、勧請されるという形式で祀られるようになる。その場合、出世稲荷という名を冠するのは、下級武士の守護神ならではの発想であった。

屋敷神に勧請される稲荷は、右のような下級武士層だけに限らないが、いちおう一括される以上の現象は、時期的に集中している。それは、寛文～元禄期までであって、遅くも享保年代の創建である。これは一方では名社に位置する稲荷、たとえば三河稲荷とか、湯島の妻恋稲荷とか小石川の金杉稲荷、牛込の両社稲荷などが、縁起の上では、中世～近世初頭に出現して、江戸の古社となっているものと、対比されるだろう。それらが上級武士の庇護下に発展して行くのに対し、近世中期に至るころに簇出した屋敷神の稲荷は、下級武士の拝領地に勧請されて、しだいに拡大する傾向を持っているのである。

六　憑きもの型の稲荷

狐憑きのことは江戸町人の間でもとかく話題にされていた。川柳にも、

(1)狐つき落ると元の無筆也（安永）
(2)屋敷替白い狐のいひおくり（宝暦）
(3)お妾についてほこらをねだり出し（天明）
(4)狐つき落ちて稲荷が一社殖え（文政）

などがある。(1)の場合、狐憑きが予言・託宣を行うのが本来の意義であったことを示している。無学の町人でも一度憑きもので霊験を持つ存在になると、人智を超える力をふるったのである。託宣が終われば憑り台としての意味はなくなる。(2)は屋敷の鎮守神として祀られている稲荷であり、いうならば狐がその家の守護神として存在していたことが分かる。大名など屋敷替の際に使令の狐が、屋敷替に出現してきて何か言い残したりすることがあったのだろう。(3)の場合は、若い女によく憑いて、祠を建立することをいっている。(4)したがって、狐憑きが落ちると、そのお礼に祠が作られた。幕末に近い段階では、やたらに憑きものが多く、それに呼応して稲荷社も増加したのである。憑きものによって増加する稲荷社の典型的な例を紹介しておこう。それは定吉稲荷で、文政八年（一八二五）四月四日に神田明神境内随神門の外東の方に小祠が建てられ、「定吉稲荷大明神」の幟が数多く林立したと『兎園小説』に記されている。定吉稲荷の縁起は、永富町釘屋清左衛門の年季奉公人で十四歳の定吉という小僧が、ある日神田明神境内の伊勢嘉という茶屋に主人に連れられてきている最中、主人を待って居眠り

をしていた。その間に狐が憑いて、座敷に走り込み、主人に向かい、「清左衛門とよびかく、こは何ごとぞととへば、われは明神の門を守る野狐なり、其方共に云きかすべき事ありて定吉につきたり」（『兎園小説』一巻）、というしだいで、さっそく神田明神神主柴崎大隅が立ち会い、新規に稲荷祠を建立した。なお定吉稲荷はいっせいに流行したが、寺社奉行の統制に触れ、一か月足らずで破却されてしまっている。

憑きものが尊ばれるのは、主として古狐の霊感によっている。年経た老狐は人智のおよばざる力をもって、人に幸運をもたらすのだという古い信仰に基づいている。以下若干例をあげよう。

〈事例一〉　愛宕下の真福寺の鎮守の稲荷には白狐がおり、厄難を逃れんとする者に、秘書の使い方を教えてくれるという。白狐が言うには、「我は生て三百余才に及べり、増上寺創立の時かの礎の石を皆目形にかけて、築たる事を覚え居たり」と語ったという。そこでどうやって長寿を得たのかと問うと、「長寿にしてあらんと思はば、唯思慮をはぶきて心に苦労なきやうにてあれば生延る也」と答えたという（『譚海』巻一二）。

〈事例二〉　宝暦のころに本所の旗本家の屋敷地に住居する白狐がいた。八百歳におよび、自から光三儀徳雲と称し、当時の易学者平沢左内と易学を論じたりしたという。「とくうん物語に、数年芸術を人にをしへ伝ふる事とす、如ㇾ此業成就すれば、人間に生るゝ事とす利欲名聞に拘りたる人は、ともに語るに足らず、世間に十八人ならでは、ともなふて語る人なしといへり」（『譚海』巻一二）。

この二例はともにその学識が人並み以上である老狐の霊験を大真面目に記録している。

〈事例三〉　市ヶ谷尾州家の屋敷の近辺を外山といい近くに若松町という地があり、御旗組同心が一〇戸住んでいた。ある家の同心の娘が嫁入りするにあたって、下女もなくあわただしい思いをしている際、一人の老女が来て、何かと手伝ってくれる、それが大変器用で家の者は皆重宝がった。婚礼も滞りなく済んで、家の者がほっとして、老女を探した時すでに老女の姿は見えず、行方知れずになった。人々が集まっていろいろ推量したが、おそらく「こゝに外山の原の婆々狐といへるあるよし、久敷人の耳に聞つたへたる事なり」ということで、やはり老狐の仕業と考えられた（『譚海』巻九）。出産や婚礼の際、老狐が立ち会ってくれるという古い民俗信仰がここに現われたのだろう。

〈事例四〉ある人が老狐に向かって、「畜類ながらも斯迄理にさとくして、吉凶危福を兼て悟りて人にも告る程の術あれば、げにも名獣ともいふべきに、いかなれば人をたぶらかし歎きなどする事、合点行かざる事」とたずねると、老狐が答えて、「人をたぶらかしなどの悪業をなす事、狐たる物残らずさにはあらず。かゝるいたづら事をなすは、人間の多き内にもいたづら不届をなす者あるが如し」（『耳袋』巻四）と答えたという。

この話などは人と狐を同等に見ている、つまり民俗学的立場で指摘される人獣交渉がスムースに行われた時期、人が狐に物をたずね、託宣を聞いた段階を予測させるものである。民間信仰の中では憑きものとしての稲荷が一方では全盛していた中でも、なお古風な狐への信仰を残存させていた点をよく示している。次の話も右と同様の内容である。

〈事例五〉本所に住む旗本の下女に狐が憑いた。「暫く苦しみしが、兎角して狐も放て本心に成し後、ちいさき祠を屋敷の隅に建置しが、彼女其後は人の吉凶等を祠に伺ひて語る事神の如し」（『耳袋』巻六）、という状況になった。もっともこれは一時期のもので、数か月後はふつうの女に戻ってしまうのだが、元来狐憑きは、吉凶を占う役割を持っていたのである。

〈事例六〉『耳袋』巻三に、「元本所に住居せし人の語りけるは、本所割下水に住居せし比、隣なる女子に狐付て色々成る事ありし。日々行て見しに、彼狐付、隣の垣風ふかざるに倒れしを見て、あの家には小児病死せん抔言ひ、或は木の葉の枯れしを見、何の事有、竿の倒るゝを見て、あの主人かゝる事有といひしに、果たして違はざりしかば、いか成事やと尋ねしに、彼女答へて、却て家々に守神有信ずる処の仏神ありて吉凶共に物に託ししていたのである。

らせ給ふ事なれど、俗眼には是を知らざる事有と言し」と記されている。狐憑きに物事を予知する力が期待され

それらは、狐の特殊な能力によるもので、たとえば狐鳴きというような、狐が三声鳴くと吉凶に関連するという判断を、農村部ではしたものだが、江戸の住民たちも、そうした力をないがしろにはしていなかったのである。むしろ狐の恐るべき力への畏怖とそこからもたらされる救いへの願いが強調される。それは狐を祀った稲荷社の縁起類の中によみとれるのだが、その代表例として、下谷国珠稲荷の縁起を紹介してみよう。(11)

国珠稲荷は、深川の大泉寺覚樹王院開山の玄照が開いたといわれる。

(1)享保十年（一七二五）巳の年正月二十日に、玄照が夢を見た。その内容は源氏重代の宝剣を得るというもので、これは一つの前兆とみなされた。

(2)享保十七年（一七三二）西日本一帯に飢饉が起こり、死者百数十万に達すると言われ、除厄の修法を行う。そのとき、二十歳余りの男に憑きものがあった。男は暴れまわるので、五、六人の者に押さえつけさせて、玄照に加持をさせる。

(3)男に託言があり、狐託宣が行われた。「我住居スル所ハ定マルコトナシ、シカシ国土ノ為ニ跡ヲ示ス所ハ公ヨク知ヘシ」といい、「年月ヲ経ルコト計リ難シ、往昔中臣鎌足ニ鎌ヲ進ラセ相位ニ昇ラシメ大織冠ト名ヲ顕ハサセシモ我致ス所ナリ、誰カ是ヲ知ラム」。つまりこの老狐の存在は通時性をもっており、国土の危機に際して出現するというのである。

(4)続けて託宣がある。まず自分に名をつけることと、祠を一つ建て我を祀れという言であった。それからしばらくして、狐はいったん去った。

(5)そこで玄照は、仁王経を別に護国珠経というところから、国珠の二字をとり、神号とし、祭日を十二月にす

ることに決めた。

(6)この日ふたたび託宣があった。「今年ハ東方ニ飢饉アラムカト心苦シ、八月ニ稲ヲカリ収メン時マテハ帰ルマシ、又尊者ノ贈ラレシ国珠ノ神号ヲ受居テハ、言コトモナリカタシ、且ツ預リ置玉ヘ我国家ノ為ニナラン事ヲ云ハントナリ」。さらに予言していうには、「民生ノ業感ニ因テ災ノ起ルコト去年西南ノ国々ニ苗腐ルカ如シ、神祇冥官ノ力ニモ止ルコトアタハス是ニ依テ是ヲ思フニ其業感ヲ償フヘキ為ニ我大ヒ成雷霆ト成テ国土ニ震スヘシ、カカル時ハ尊者必ス出テ祈リ玉ヘ、五穀豊熟スルナラン、此雷霆ハ古ヘ菅霊ノ祟アル時ニハ少シモ劣ルマシ、斯スサマシキ大変ヲ以償フニ非スンハ、孰ソ五穀豊熟スルコトヲ得ンヤ、喩ヘハ九ノ日ヲ出シテ一ノ日ヲ余シ、又一ツノ日ヲハ公ノ祈消スニ任セ、余リ七ノ日ヲ我レ箭ヲ以テ射随スルニ非スンハ、五穀ハミノルコトアラシ、今朝ソノ図ヲ示スカ如シト告サセラル」。すなわち狐憑きは天変地異を予言するが、その危機を救うために、ある前兆を示すという。それは雷鳴であり、玄照がこれを聞いたらばただちに祈禱せよ、そうすればかえって五穀豊饒と成るだろうというのである。

(7)もし玄照が危機に際して祈禱しないとすれば、疫病を流行させるという。「唯天子ト将軍トヲ除テソノ余ノ上下万民ハ四方トモニ悉ク煩フヘシ、若シソノ疾疫起ンニ迨ヒナハ我カ眷属ニ小麦飯ヲ饗調《かしぎととの》へ、苫ノ上ニ盛リ置キ平地ニ弃オカレ、唖シテ後ヲ見スシテ去シメラレヨ」という。つまり疫病流行に際して、稲荷神の眷属たる狐たちに麦飯を供えよというのである。

(8)さてこの狐はこれより諸国を巡遊する旅に出て秋までは戻らない。しかし次のようにいう。「我ハ五穀豊熟セサセシ神ナレハ、病ニカヘ殃ニカヘテナリトモ飢饉ヲ祓ヒ除カント欲スルナリ。夫レ人トシテ食物ナキ時ハ、イカニトモスルコトナシ、是レ国ノ大ヒナル難ナリ。凡ソ人ハ五穀ヲ食シ鳥獣ハ果ヲ食シ、餓鬼ハ火ヲ食ム。我ハ般若法味ヲ食ハント望ム……之ニ依テ我ハ公ヲ頼ミ法味ヲ食テ秋ニ至ルマテハ国土ヲ守ランカ為、此ノ男子ニ託シテ留リ居ルナリ、八月ニハ必ス離レ帰ルヘシ、男子カ身体ニ於テハ少モ損ヒ傷ルコトモナク息災ニナサシメン」。いったん男子に憑霊しても脱魂してふたたび戻ってくるので、憑り台としての男子の身体の保存を希望するというのである。

(9)さらにこれらの神の託言が、男子を通して玄照になされたのは、享保十年（一七二五）巳の年の夢中の告で宝剣を与えたことによるという。

さらに託宣は延々と続いているが、一応省略する。結局この託宣により国珠稲荷または鎌足稲荷として祀られ、三月十八日を祭日となした。以上が「下谷国珠稲荷大明神感応記」[12]にのせられた縁起の一部である。

稲荷神である狐の霊異が予言となり、国土危機の救済を示すものと説かれている。神がかった男子を通して、玄照は託宣を知るわけであるから明らかに玄照による作為が目立っている。しかし近世中期に、江戸町人の意識の中に危機感が漲っていたことを指摘したが、享保十年巳の年の前兆は、十七年の大飢饉に対応しており、その救済神として、稲荷が描かれている点は、興味深いものがある。

憑きものによる託宣すなわち狐による稲荷神の予言が、きわめて期待されていた一面をこの縁起がよく示している。憑きものは動物霊による憑依現象であり、憑依する対象は、若い女性か小僧（年季奉公人）に多いことは、縁起類が語っている。宗教学的にはトランスに入った現象が多く、シャマニズムと深く関連している。憑きものの稲荷が、江戸にすこぶる増加してくるのは、近世中期、とりわけ享保年間以降であり、これは近世後期に集中している流行神と結びついて展開した。憑きものとして出現した稲荷は、その霊験がことさら強調されて、流行神となるケースが多かったのである。そのことは、江戸町人の潜在的にいだく社会不安と関連するのである。狐に対する伝統的な畏怖感が民間信仰の次元では、狐がもたらす幸運への期待となり、狐の託宣は、下谷国珠稲荷の場合のようにあたかも救世主の到来を示すような縁起となって人々に説明されたのである。

江戸の稲荷を以上のように五類型に分けて考察したが、信仰現象としては、江戸という地域社会に農業神、聖地・土地神の要素を持って発現した稲荷が、前期に出現した型であり、屋敷神・憑きものの型は、中期からとりわけ後期において流行神となって現われたといえるだろう。稲荷信仰を江戸町人の宗教生活の中でどのように位置づけるかということについては、なお検討が必要だが、ここでは以上のような一応の目安だけをつけるに止めたい。

町人たちの信仰生活はすこぶる多様であったから、なかなか体系だったとらえ方はむつかしい。本章ではとくに民間信仰の次元で、社会不安という漠然とした概念でとらえられる世相の動きに対して、日常的信仰内容がどのような形をとって現われているかを考察した。ここで指標として考えたいくつかの信仰要素以外にも、それぞれの信仰史をおさえて社会不安の概念を導入する必要がある。この点を今後の課題としておきたい。

注
(1) 直江広治「稲荷信仰普及の民俗的基盤」(『朱』四)。
(2) 萩原龍夫「江戸の稲荷」㈠(『朱』四)。
(3) 前掲注(1)論文参照。
(4) 『増訂武江年表』。
(5) 萩原龍夫「江戸の稲荷」㈡(『朱』七)。
(6) 春盞楼「江戸の稲荷について」(『江戸時代文化』一―二)。
(7) 野村兼太郎『江戸』、至文堂、一九五八年。
(8) 前掲注(6)論文参照、春盞楼の作成した「稲荷神社名称」に基づき補訂・分類した。
(9) 『江戸名所図会』巻七。

（10）『江戸名所図会』巻五。
（11）前掲注（9）書参照。
（12）「下谷国珠稲荷大明神感応記」（『東京都社寺備考』所収、一九六六年）。

第三部　信仰集団と地域社会

第一章　ムラと講

——大阪府豊能郡西能勢町上山辺の場合——

大阪府豊能郡西能勢町は、その北部は兵庫県と境を接し、丹波山地を背後に控えている。西能勢町は、町村合併後（昭和七年）の名前であり、江戸時代の旧村一五か村が含まれている。その中の一つに山辺村がある。山辺村はさらに上山辺と下山辺の二つの字に分かれている。二つの集落は地理的にも山を一つへだてており、生活共同体意識も区別されているようである。ここでは、山辺村上山辺を一つの生活の場として限定して考察を進めて行きたい。

一　氏子集団とムラの構成

上山辺には次ページの第5図のように七三戸ある。このうち、点線で囲った番号に該当する家は明治以降の開拓住民であり、合わせて一二戸数える。この家々は後述するように、行政的には山辺村上山辺の住民であるが、伝統的生活共同体としての上山辺を考えるときには、対象の枠からははずれていると思われる。ムラ氏神は、下山辺と共同の氏子となっている山辺神社である。社地は下山辺に近い。秋祭りは新暦の十月十三日～十五日である。祭りは若衆組が中心になって行われる。十五日は「旅の日」といって、獅子舞がお宮から出て上山辺へやっ

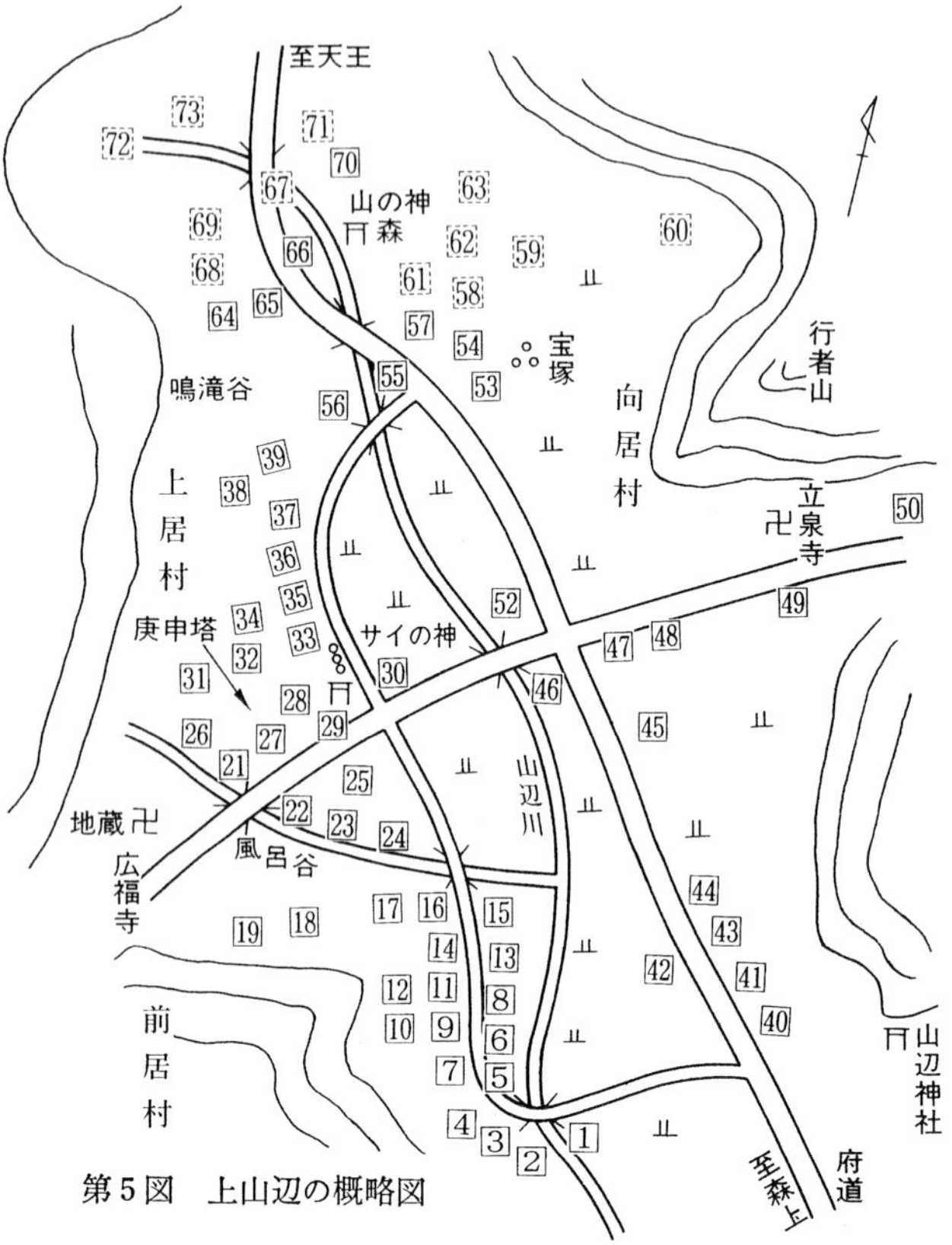

第5図　上山辺の概略図

第6表　上山辺のムラ構成表

居村名	組　名	構　成　者	中　心　の　カ　ブ
前居村	金谷組	1～7	福田カブ，片瀬カブ
	中　組	8～13	井角カブ，星庵カブ
	中島組	14～19	森本カブ
上居村	中村組	20～25.29	奥西カブ，中植カブ
	中　組	27.28　30～32	後カブ
	鳴滝組	33～39	
向居村	不　明	40～44	井角カブの分家
	中　組	45～53	森村のカブ
	上　組	54～71	開拓・移住民

て来る。場所はちょうど上山辺の中央辺で、ムラの旧家森本家の屋敷神が祀ってあった所である。(1)獅子舞の舞手たちは、毎年上山辺、下山辺の若衆が交替して当たる。十四日はヨイマツリで昼過ぎ神輿が出る。上山辺の下手の今中橋の袂まで来るので上山辺の人々はそこに参集し、神主の祓を受ける。神主は現在は免状を受けた下山辺

の旧家の井戸家であるが、近世中期以降には井戸家と上山辺の森本家の二家が神事に携わっていた（この点については後述する）。神輿をかつぐ人々は一八人で、上山辺から八人、下山辺から八人と若衆が出た。氏子は、お初穂として各戸八合ずつ米を出し二俵につめてお宮へ持って行った。

　こうしたムラ祭りのほかに、山辺村全体で祀る山の神祭りがある。これは上山辺の奥にある山の神の森とそこから二〇〇メートルばかり手前にある宝塚と、さらに山辺神社とを結んで行われる点に興味がある。概略をのべると、祭日は正月初寅の日である。前日神事を勤める六名（若衆役二名、中年役二名、年寄役二名、上山辺、下山辺から各戸順番で当たる）が早朝、氏神の所に集まり身体を浄めてから、若衆役と中年役が一名ずつ組となり、一人が御幣を持ち、一人が桶を持ち、村中の各戸を廻り、米や蓬萊を集めてくる。お宮に残っていた年寄役はカマドに火を焚き、集められた新米で御供を作る。とくに御飯にツクネ豆（正月のお供えの一つ）をほぐして混ぜ合わせる。その夜は六人とも、水を浴びて神殿に籠る。祭日の早朝、若衆役の一人は粢を作り、一人は裸になって水を浴びて半紙に人形を描く（女人の姿だという）。それらを氏神に捧げる。その後、前日用意してあった五〜六尺の竹に御幣をつけたものを若衆役、弓矢を中年役、ワラのクツゴに入れた供物を年寄役がおのおの持って行列を作り、神主を先頭に上山辺の奥にある山の神の森へ向かう。一方、ムラ人は樒《しきみ》の枝に色紙の幣をつけて、宝塚の麓に集まり、山の神の森へ行っている六人を待つ。山の神に参った六人は、ムラ人たちの樒の枝に対しお祓いをする。また蓬萊や供物をムラ人に分配する。ムラ人たちは樒の枝を持ち帰りそれを歳神棚にあげておく。このような樒の枝をオトシフリともいい、種まきが終わった後、ミトグチにさしておく。

　山の神は女の神であり、また三宝荒神であるともいう（宝塚の頂きには荒神が祀られている）[2]。この山の神は春になって里に降り、猪や害虫から稲を守ってくれるのだという。

　この祭りはおそらく、山の神を里に迎え祀る形式をとっていると思われる。

以上の二つの祭祀をささえている氏子集団は上山辺、下山辺の二つのムラを含めた山辺村に関わるものである。しかし、祭祀の神事に関与する若者は、上山辺、下山辺をそれぞれ代表するのであり、そのことは、山辺村自体にムラとしての斉一性が形成されていないことを示しているといえる。これはさらに上山辺、下山辺を個別に分析していくと明確になる。

第6表は上山辺のムラ構成表である。第5図と比べて分かる通り、上山辺は中央部を流れる山辺川によって三つの居村に区画されている。各居村はさらに五〜七戸平均の組より成っているが、この組結合は明治以後に出来たもので、衛生組ともよばれている。この衛生組の機能は以前は伊勢講が果たしていたが、その点については後述したい。まず、居村についてみよう。

各居村は秋の彼岸の中日に、各戸主が当番の家へ集まる。これを「道作り」または「道作り講」と称している。その内容を大正二年に書き替えられた「道作り内規」（福田万治氏所蔵）によってみれば、

定

一、毎年当番之儀者長男長女ニテ宿営致候事但シ多人数之節者鬮引致可候事

一、玄米本舛参舛　小桜男女

一、同　四舛　エボシ クワンドウ　男十一才、女十二才

一、同　壱斗　養子

一、同　壱斗　弟子入

一、本村他居村ヨリ弟子預リ之時者本舛五舛出ス事

（中略）

一、当居村ヘ寄留致ス人ハ本桝壱斗可レ出事

一、他村他居村ヨリ出稼ギ寄留入籍セシ者ハ男一人ニ付本桝壱斗差出スコト

（中略）

一、当居村へ他居村ヨリ分家之節者金壱円及ビ相居村積立金之一人分ヲ居村へ持出スコト

一、当番之節者壱人分玄米五合宛之割ニテタクコト

（下略）

と示されている。明らかに「道作り」がムラ入りを承認するためのムラ寄合いであることが分かる。初子の誕生した家が当番となることが原則である。その年居村に誕生した子供、また、成年式を迎える男女子をはじめ、新たに他村他居村より移住してくる者に対して、おのおの一定量の米が認料として課されている。こうして毎年集められた米は、居村の運営の費用として、たとえばムラ仕事の道作りなどに使われるわけである。実際上、他のムラからムラ入りする人はほとんどなく、最近五〇年間には二例あっただけである。先にふれた開拓者の集団は第二次大戦後多く移住してきたが、このムラ入りをまだしていない。

ところでムラ構成表から各居村の構成をみると前居村と上居村は明確に川で分割されまとまっており、個々の家関係をみても同族のカブごとにつながり合っている。一方、向居村は上手に森村カブと開拓者ムラがまとまり、真ん中あたりには主として上居村からの分家、下手には前居村の井角カブの分家が集中している。つまり上山辺の成立は前居村、上居村にはじまり、やがて両居村からの分家をもとに向居村の形成があったと考えてよいのであろう。

カブはムラ構成の基本単位の一つである。各カブは同姓の集合体であり、伝承の上で本家がはっきりしており、他はいずれもその分家であるとしている。各カブをみると、後カブ（七戸）、井角カブ（六戸）、奥西、片瀬、森村カブ（四戸ずつ）で三戸のカブは四、二戸が七あり、他は一戸だけの姓となっている。

第7表　階層表

所有高区分	田	山林
1町以上	1戸	1戸
1町～5反	5	3
5反～3反	11	2
3反～1反	14	10
1反以下	14	5
無高	15	39

明治4年戸籍簿付載の田畑・山所有高(家別)より分析したもの

ムラ人の生活の中にはカブヅキアイということばがあり、それがもっともよく表われる場合は、幸不幸の折の席順とか、労働組織のカツタメの時である。以前は正月や盆のとき本家に集まり挨拶を交したり、飲食したが、今は行われなくなっている。隣村の歌垣村ではカブ内共同の神として地神を祀っているが、(3)ここではそれを示すはっきりした証拠もなく、旧家にヤシキ神として地神が祀られている例が二、三あるにすぎない。

このように本家―分家を軸にしたカブがいくつか集合して居村を作り、さらに居村三つが集合して上山辺という集落を形成し、さらに下山辺と連合して山辺村という一つの村落を作り出している道筋についておよそ見当がつくであろう。

次にカブの個々につき、その歴史的背景を考えてみよう。(4)

近世山辺村には、侍分の家格を持つ家と平百姓分の家とがあった。正徳二年の「山辺村侍分の覚」(畑中家文書)によれば上山辺の侍分には、新井、吉村、森本、菅井、奥西の名が見られる。このうち新井、森本、吉村、菅井、奥西はおのおの同族的関係を持っていた。森泰博の分析した山辺村庄屋・年寄表によると、慶安二年(一六四九)に上山辺の庄屋に新井氏の名が見られ、元禄十五年(一七〇二)以降は、森本氏が代々庄屋をつとめていた。また年寄には、元禄五年に菅井氏、元禄十五年以降は吉村氏がこれまた代々つとめていた。(5)この森本、吉村の両家はともに社会的にも経済的にも近世中期には最盛期となった家筋である。近世後期になると、これら侍分は経済的には没落しはじめ、代わって平百姓分が進出しはじめる。とくに井角家は嘉永四年の宗門改帳では一五石以上の持高で山辺村全体で第二位となっている。第7表は明治四年の所有高に基づくものであるが、田の一町以上の一戸は井角カブの本家であり、山林の一町以上一戸は井角カブの分家の中の一戸である。また表からも分かる通り、上山辺の平均持高は三反〜一反に当たるわけであるが、持高の大きい家筋をみると、井角カブが大部分をしめ、ほかに元禄年間以降、年寄をつとめていた平百姓分の小南カブの本家と、井角カブと関係があると思われる星庵カブの本家、上山辺の檀那寺である五泉寺が含まれている。また田のない家として一五戸あげてあるが、このうち七戸は畑は所有している。他の八戸はよくみると、いずれも有力なカブに属する分家したばかりの家（六戸）が、新たにムラ入りしたと思われる家（二戸）である。しかし、この際の田畑の配分がどのようになされるのか不明確なままである。

二　宮座の変質と講

以上は上山辺の生活共同体としてのムラの性格の概略をのべたのであるが、ではこのようなムラとどのようなからみ合いをみせて講集団が成立していたか、またこのようなムラの中でそれがどのように機能しているかという点について考えてみたい。

まず第8表にあげた道祖神講（サイの当）・大大師講・子大師講の三者をみよう。

道祖神講は旧十一月十六日に行う「トウ渡し」行事のほかに、この講員たちは、前日の十五日の夜、ムラのサイの神を祀っている。これは二、三日前から仕込んでおいた甘酒を五合杓に入れ、十五日の夜、戸主が密かにムラの中央部あたりに祀られているサイの神の祠に参るのである。参る途中、他人に会うことをはばかる。もし会ったらもう一度引き返して出直すという。持っていた甘酒は祠の前に撤いてくる。

翌十六日の午前一〇時頃になると、各家の戸主が、当番の宿（順番制）に集合する。宿の座敷に年長順に着席す

第8表　講の構成

講名	参加者	中心のカブ	講田
道祖神講（サイの当）	11.12.16.17.19.21.22.24.27.34.36.41.42.43.47.54.56.64.66	井角カブ 中植カブ 福中カブ 森村カブ	1反
大大師講	1.8.14.15.26.28.30.31（上山辺のみ）	森本カブ 奥西カブ	1反6畝
子大師講	3.4.6.40.52（上山辺のみ）		1反22畝

る。この日、女衆は座敷への出入りを遠慮する。床の間には、この日、今年の当番から来年の当番へ渡されるトウ文が置かれている。トウ文は一年間の世事（ムラに起こった出来事）を当番が書き記しておいたもので、宿が毎年保管しておく。儀式は、上座の年長者が謡をうたううちに、若衆（宿の者か、その縁者の家の者）が酌人となり、トウ渡しを受ける次の宿の戸主に酒を注ぐ。さらに親子盃といってもう一度酒をつぐ。この後ご馳走がでる。品物は毎年決まっており、宿で準備する。嫁入程度の費用がかかったという。この宴会は昼と夜の二回あり、昼がいったん終わると、戸主は各自、馳走の残り物を家へ持ち帰り、家族の者に分ける。再び夜に宿へ集まるが、今度は馳走は残らず食べてしまう。昼は納豆汁や茶碗むしが主であるが、夜はとくに生魚（ブリ、マグロ）が豊富に出された。

「トウ渡し」を中心行事とする講は、道祖神講だけでなく大師講も行う。これには大大師講と子大師講の二つあるが、ともに旧十一月二十一日、順番の宿に集まり、道祖神講と同じように、毎年の出来事を書いたトウ文を次の当番に手渡すわけである。ただ道祖神講とは違って大師講の方には五泉寺の僧が参加する。また後の宴会もずっと地味で精進料理が出ることになっている。大師講は大と子が冠となって二つに分かれているが、以前は一つだけであったものが参加者の増加に伴い二つに分かれたという。

ところで、三者を比較してみると第8表より分かる通り、第一に構成者に重複する者がいないことである。第二に道祖神講員は上山辺の村内に円孤を描くように散在し、他村へ出ていかないが、大師講は大も子も下山辺の方からも参加して構成されている点である。第三に各講を構成している家をみるとカブ結合が基礎になっているのが、道祖神講と大大師講であり子大師講にはそれがあまり認められない。第四に、道祖神講構成の有力カブの井角・中植・福中・森村の諸カブは前述した平百姓分の家筋であるが、一方上山辺の大大師講の方は森本・奥西と侍分筋のカブであることである。

ここで考えねばならぬことは三講に共通な「トウ渡し」行事であり、また山辺が宮座地帯に属していることである。実際、北隣の天王村には「トウ渡し」が特定の宮衆株の家によって行われている。(6)山辺には宮衆株はすでにないが、享保期に出来たと思われる「家譜訳」には、「宮十大夫」が近世初頭に存在していたことが示されている。(7)しかしこの宮十大夫も近世中期までには今中家を除いてほとんど没落しており、代わって前述の井角、新井、森本氏を中心とする侍分の家が登場するのである。森泰博はその過程を「十七世紀の半ば、寛永末年から正保、慶安頃をエポックとして旧い型の侍分と新しい型の侍分の村落支配の交替がなされた。(8)旧い型とは中世的地侍で断絶していく侍分、新しい型とは後にみる如く宮座に加わり、農民層に密着し（下略）」たと説明している。山辺村には宮座自体の文献史料はなく、寛文五年の文書には「氏子惣代・百姓代・年寄・庄屋」を含めた「氏子中七十六折」とみえ、明らかに近世中期には宮座↓村座の過程がみられるのである。ところで道祖神講のトウ文の最初の記事は寛文三年であり大大師講の方も、ほぼ同時期という。(9)これをもってすれば、寛文年間にこの二つの講の成立がなったといえるわけであるが、それがちょうど宮座変質の結果によるものと推定できないであろうか。おそらく神事のイニシアチヴを握る侍分と平百姓分との角逐が、平百姓分の台頭を背景になされた結果、宮衆の行った「トウ渡し」の秘事をそのまま継承しながら、侍分が中心となって大師講を、一方平百姓は道祖神講を成立させるに至ったわけであろう。大師信仰が関与している点については、山辺神社が元来近隣の真言系の名刹月峯寺との関係を示す社伝を持ち、(10)また大師講に関与する五泉寺はその月峯寺の末寺でもある故であろう。一方の道祖神講の方は農民百姓の神を祀ると伝えているわけで、伝統的信仰にのっかって成立してきているといえる。

道祖神講は寛政十一年の講員名簿をみても二〇名でいずれも上山辺の平百姓分で占め、その員数は現在とほぼ変わらない。ということは、大師講が両山辺にまたがり、人数の膨張に伴って子大師講を生み出していることと対照的である。下山辺にも当然平百姓分がいるわけで、これがむしろ子大子講に多く包含されているところからみると、そこには上山辺と下山辺の地域共同体の意識上の差異が根底にあり侍分対平百姓＝大師講対道祖神講といった形を山辺村の中ではとり得なかったのではなかろうか。しかしいずれにせよ以上の三講は、宮座変質過程の中に成立した講のタイプを示しているといえよう。

三　講の構造

次に上山辺の伊勢六講といわれる伊勢講についてみたい。第9表にあげた六講はおのおの年に五回の講会を持つ。旧正月十一日（日待）と旧三月一日、旧六月十六日（涼ム）、旧九月一日、旧十一月一日（お戻り）。大切なのは正月の日待で、宿は順番。天照皇大神の掛軸の前に蓬萊を供える。各家の戸主は宿に集まり講頭（年長者がなる）の拝礼があって後は宴会となる。以前は徹夜し、翌日の朝日を拝んでから帰った。旧六月の涼ムは別にうどん講ともいい、集まって手うちうどんを食べることが特徴となっている。旧十一月をお戻りとよんでいるのは出雲から神が戻ってくるので祝うのだという。代参は四年に一度で、講ごとでは行かず、上山辺と下山辺全体で惣参りと称し各講二名ずつが代表となって出かける。代参に伴うサカムカエの習俗も残存している。

伊勢信仰の農村浸透は新城常三も説くごとく、中世の地侍等上層人の向背にかかるところである。(11)すなわちまず上層部の地侍層が受容し、しかるのち、農村全般に行きわたるのである。とくに中世末畿内周辺の農村にはその傾向がいちじるしかった。上山辺の場合には中世のそうした動向は十分ではないが、時代も下がって近世宝暦年間の「伊勢大夫殿入郡被レ成、栗栖十大夫方にて宿いたし(12)(下略)」という記録がある。そこに示された栗栖十大夫は、前述の宮十大夫の一人で、当時はすでに経済的には没落しているが、伊勢御師に宿を貸すという宗教的・社会的に重要な役をもっている点は留意すべきであろう。これはまた伊勢信仰の伝播の拠点が近世初期まで優位にあった旧地侍層の手にあったことを物語っていよう。寛文四年の大師講のトウ文中には「山辺伊勢講今年十一講に分かる」という記事があり、上山辺六講と下山辺五講の状況がこの時に成立していることを示している。

第9表　伊　勢　講

講名	構成員	村結合との関連	講田
前ノ講	1.2.4.5.7.10.40.45.52	金谷組・片瀬・福田カブ	2畝12歩
中ノ講	6.8.9.11.12.14.16.18.19.29 42.43.46.53	前居中組　井角・森本カブ	19歩
風呂講	3.15.17.41.44.47.54.65	各居村に分散しているまとまったカブはない	9畝
中村講	21.22.24.25.29.31.33.56	上居村　奥西・小南カブ	1反19歩
札場講	23.27.28.48	上居村	6畝16歩
鳴滝講	30.32.34.35.36.37.38.39.57 64.66.70	上居鳴滝組　後・中植　向居上組森村カブ	5畝10歩

第9表の各講の構成表をみると、伊勢講の結合は居村ごとにまとまっているのが特徴である。前居村には前講と中講、上居村には中村講と札場講がある。向居村の場合にはその構成が前述のように複雑であり、そのため上居村の鳴滝組と向居村の上組が合同したような形で伊勢鳴滝講が組織されている。よく分からないのが風呂講で、個々の家の結びつきが何によっているのか見当がつかない。ただ地域的にみれば鳴滝谷に対する風呂谷から南側に向居村、前居村にわたって四戸あることがいえる。

この伊勢講は現在の組の働きを以前はしていた。別に葬式組とよばれており、日常生活と密着している結合といえるのである。

上山辺にはほかに講集団がいくつも見られる。愛宕講は五つあるが、これは伊勢講の上にのっかって成立しており、伊勢六講のうち、札場講が解消して他講に吸収され五講となっているほかは、結合の仕方は共通している。

伊勢講、愛宕講はいずれも上山辺という生活共同体外部からの信仰要素の受容により成立したものであったが、かえってムラの生活組織と不即不離の実態を示していることは興味深い。

一方、これとは逆にムラの中の伝統的信仰によって立つ庚申講は同信者集団に終わっている。庚申講は三講あり、閏年旧十月十五日に餅を六一ついてムラの庚申塔に参る。このうち、上講は上居村の森村カブ四戸だけから成っており、本家へ集まり、お茶漬けを食べる慣わしだという。

最後に年齢集団と結びついた観音講をみよう。これには若者観音講と婆観音講とがある。若者観音講は、若衆組に同年に入った長男同士が講を結び西国三十三か所霊場めぐりに出かける。その時は死出の装束と同じ服装をして行く。代参に出てる間留守の家に対しては近所の家々が特別に気を遣い、留守見舞と称して、菓子、手拭などを持ってくるという。講仲間が死ぬと、仲間たちは葬式に参列して、御詠歌をあげ、ゼンのツナを持つ役を受け持つ。婆観音講は嫁が婦人会に出るようになってから講を結ぶ。こちらは霊場めぐりには出かけず、八月九日にムラの観音堂に詣でて御詠歌をよみ、数珠を繰る。また八月二十四日はこの辺りの送り盆であるが、盆の供え物を持って、ムラの地蔵の前に集まり、御詠歌をとなえる。仲間に死者のでたときは、白い被衣をかぶり葬列の先頭に立って御詠歌をうたうという。

注

（1）稲荷が祀ってあったが、明治四十年に山辺神社に合祀された。
（2）塚上の石碑には「奉勧請荒神元禄十五壬午年守山神」とみえる。
（3）桜田勝徳「歌垣村記」（『近畿民俗』一）。
（4）近世山辺村の社会経済史的考察は、森泰博の「近世北摂における農村構造」（『経済学』六、一九五六年）を参照されたい。
（5）同右論文、九三ページ。
（6）津田秀夫「村落構成と集合―西能勢天王―」（『近畿民俗』）。
（7）前掲注（4）論文、九八ページ。
（8）同右、九四ページ。
（9）森本弌の調査による。
（10）「大阪府全志」によれば、山辺神社は「百済の沙門日羅剣尾山を拓きて月峯山を創建し、八耳太子の法筵に親臨ありし時、此の地霊端を現せしかば、神殿を構え、素盞嗚命を勧請」したのが起源だと記されている。
（11）新城常三『社寺と交通』、至文堂、九七ページ。
（12）道祖神講答文に記載されている。

第二章　ムラと信仰集団——岡山県美作地方——

本章の目的は、美作における信仰生活を分析し、その実態を把握することにある。およそ美作地方に限らず、日本の宗教社会一般に通ずる特徴の一つに宗教の重層性の存在が指摘されることは周知の通りである。これを分析する手段の方法として、当該地域社会の特質を担ったと思われる信仰要素を抽出することが肝要である。西石見地方においては、安芸門徒真宗地帯の外縁地域である点から、真宗の伝播と浸透の過程が信仰生活にいちじるしく表出している面が強調された(1)。

美作における分析の指標としてはいちおう次の七点が挙げられる。第一に、神社信仰の面では宮座地帯であること、第二に、仏教信仰の面では、真言・天台系寺院の分布が圧倒的であること、第三に、民間信仰の面で、五流山伏の存在とその影響下にあると思われる荒神信仰が顕著であること、第四に、同じ岡山県の平野部には創唱された幕末期の新宗教——黒住教と金光教——の展開があること。これら四点は調査以前に予想された指標であったが、調査の過程で、第五に、真言・天台系寺院ほかに日蓮宗が強く宗派性を打ち出している点、第六に外来の愛宕信仰がきわ立って習俗化している点、第七に、後山《うしろやま》信仰が行者中心に村落生活に浸透している点などが考えられてきた。

以上の七点の中で、第一と第三の点については省略し、他の五点を分析の指標として考慮しながら、美作における信仰生活の諸相を展望していきたい。

一　大師信仰の二面性

(1)　霊場めぐりの諸相

美作の大師講といえば、四国八十八か所巡礼とくらべられるほどのはなばなしさをもった行事として知られている。ただ、四国とか小豆島のそれが、他の遠隔地から多くの代参者を集めた規模をもつのに対し、美作のそれは、限られた地域社会の住民によって培われてきたものであり、それだけに、当該地域社会の特性が十分に性格づけられてきているといえよう。真庭郡の北部には「山中大巡り《さんちゅう》」といわれる霊場、南部には旭大師講霊場がある。久米郡にはかつての垪和《はが》郷八か村を中心に垪和霊場、苫田郡には、加茂谷を中心に加茂八十八か所、北部には阿波八十八か所がある。これらはいずれも数か村連合で一つの信仰圏が形成されている。八十八か所の霊場は、各ムラの小字にある堂が札所にあてられている。霊場の中心には、真言宗の有力寺院がある。たとえば、美甘村の宇南寺、湯原町の清水寺（ともに旭大師講）、垪和霊場の二上山両山寺などがそれである。有力寺院と霊場との関連を典型的に示す例は、勝山町の観音寺中心の霊場である。他の霊場はムラ単位に地理的に分散する型であるが、ここでは、観音寺の裏山に八十八か所すべてが集合せられ、そこに近辺の諸村民が巡拝する形式であり、その信仰圏は観音寺檀徒圏の範囲と一致している。

霊場巡拝の成立は、近代以後である。垪和霊場は、明治の中頃で、後山の行者といわれる江原藤右衛門なる者が創設し、巡行の先達をつとめたという。最近では、二上山法印の後藤氏（中央町在住）がその跡を継ぎ先達を行っている。加茂谷八十八か所も、明治の中頃、加茂町桑原に住む末広氏が大師信仰に厚く、創設したと伝える。

阿波八十八か所も明治二十年代に成立したという。成立の伝承では、寺院側からの強力な関与ということはあまり見られず、むしろ在俗の信者の発議によるものが多い。前述の勝山町観音寺の霊場も、創立は大正初期で、下江川村の信者たちが中心に寺院に働きかけ、八八体の仏像を寄進することによって霊場を作り上げたという。

霊場巡りは、春の彼岸前後に行われていた。姘和霊場は、新四月一〜七日にかけて巡拝がある。福渡町鶴田《たずた》のうち、池田・柏木・祝木・畝東・広西の各村にかけて一〇か所の大師堂があり、いずれもムラ持ちになっている。遍路姿の巡拝者たちがムラに入ってくると、ムラの人々はあらかじめ弁当宿や泊まり宿を定めておき、各家から餅一個ずつ集めて弁当や茶でもてなす。これを「お接待」と称している。

阿波村尾所では、この「お接待」はカブのホンケの仕事となっていて、そのホンケがハゼといって、餅米を煎ったものを用意するという。

巡礼集団は同信者集団であるが、いずれも各ムラの大師講の講員であり、講の代参者としての資格を持っている。落合町野川では、彼岸が終わると、ムラの同信者たちが霊場巡りに出かける。出かける前日、大師講の集会がトーヤである。この日は、各戸が大師講袋という袋の中に金・米・麦を少しずつ入れて持ってくる。これが代参者の遍路たちの費用となるわけである。勝山町下江川の場合にも、出発前夜旧三月二十日夜に講員がトーヤに集合し、床の間に掛けられた大師像掛軸の前で、導師（在俗信者）の先導で般若心経や御詠歌を誦す。その後、トーヤが準備した寿司・赤飯などの馳走を食べ深夜まで過ごす。翌日朝の一〇時頃から講員は各自弁当を持ち、先達（前夜の導師と同じ）を先頭に霊場めぐりをするのである。

以上の例は、いずれもムラの外で信仰儀礼を行うものであるが、巡礼をムラ内に限っている場合もある。久米南町宮地では旧三月二十一日の昼間に、大師講の講員（ムラ全戸加入）がムラの広場に集まり、大師堂で経を誦し、最年長者を先達としてから、各家を巡行し、その家の仏壇を拝するという。各家では「お接待」として、ハデを作ってもてなす。このような数村連合型・一村単位型のほかに、美作地方を超えて遠隔地に出かける霊場巡りもある。この場合、もっとも多いのは小豆島の大師巡りである。加茂町塔中の大師講は、約四〇戸ばかりで、いずれも真言宗の檀家ばかりの同信者集団である。この講では近くの加茂谷八十八か所霊場めぐりには参加せず、小豆島の巡拝に重点を置き、毎春代参者を送っている。阿波村尾所の大師講は、阿波谷八十八か所と小豆島の両方に出かける。小豆島には旧三月三日頃、阿波谷は旧三月二十一日と、小豆島の方が早い。小豆島の霊場は、近世中期頃には西日本の有力霊場として人口に膾炙されたものであり、美作霊場はこれよりずっと後のものであることは、個々の霊場の成立年代やその伝承が物語っている。美作霊場の創立者の多くは、小豆島霊場の巡礼を数十年続けた信仰の厚い人であったことが聞かれるので、霊場巡拝という現象に限っていえば、美作のそれが外来の小豆島霊場巡りの模倣であったと類推できよう。

(2)　大　師　講

霊場めぐりが成立・展開するための母体の一つが、各ムラの大師講にあったことは今まで述べたところで明らかである。

阿波村尾所の大師講には、現在村戸数三〇戸のうち、黒住教信者の四戸を除いて二六戸が参加している。尾所村は、奥野・太田・西山・佐々木の四系統のカブから構成されている。明治四十年〜大正八年の大師講名簿（同村西山義文氏所蔵）によると、毎月二十日の大師講のトーヤをつとめたのは、太田・西山のカブに属する家に限られており、昭和年代に入って、はじめて、奥野・佐々木両カブの名が記載されている。このことは、大師講成立の当初は、太田・西山の二つのカブを中心に展開していたことを物語っている。湯原町田羽根は四八戸（宗旨、真言宗）のうち、大師講を組織しているのは一七戸である。この内訳は、田羽根の本村組の小椋カブ（本家の屋号、中塗師屋）と、白根組の小椋カブ（本家の屋号、ホンヤ）と古屋組の竹内カブから成り立つ。いずれも、ムラの旧家といわれる家々が中心であるが、不参加の家も多いことは見逃せない。勝山町下江川の大師講も二一戸のうち、一三戸参加で、坂元・福井の二カブが中心になっている。

霊場巡拝を重要機能とする大師講という限定した見方をすれば、美作における大師信仰は、以上みたごとく明治時代に同信者集団を中心に成立した霊場めぐりという規定で終わるかもしれない。しかしこれは表面的現象の説明であって、問題は美作の信仰生活のもっと根深いところにあるといわねばならない。

(3)　大師堂とお籠り

再びムラの内部に入り、ムラにある堂を眺めてみよう。堂は大師堂の場合が多いが、観音堂のところもある（調査地一一のうち三か所）。堂はムラの中央の広場にあり、ムラの共有財産である。堂の機能の一つは、前述した八十八か所霊場の札所の役割を持つことであるが、同時にムラの信仰生活全体の上にも大きな意義を持っている。それは堂におけるお籠りである。美作でお籠りといえば、このほかに氏神の惣日待ちとムラの荒神籠りとがある。いずれもムラ全体が参加する集団行事であり、ムラの主要な年中行事でもある。

阿波村尾所では、春秋の彼岸と盆の年三回、大師堂でお籠りがある。彼岸の時には、大師堂で二夜三日念仏を唱えるという。盆の十七、十八日は、百万遍といって、大師堂に保管された大きな数珠を繰り、御詠歌を誦しながら徹夜する。いずれも戸主の参加によって行われている。二夜三日のお籠りといった場合、以前はその通り厳重にやったものではあるが、現在では、弁当持ちで夕方から深更にかけて大師堂に籠るというのが通例となっている。

百万遍の行事は、どのムラにも見られる。湯原町田羽根には、観音堂がある。旧六月十七日の夕刻から翌朝にかけて、ムラの老若男女が堂に集まり、堂守の法印（ムラ在住の行者）を中心に輪を描き、大きな数珠を繰る。夜が明けると、ムラの男の子（小学校四年以下）がふんどし一つの裸姿で、先の大きな数珠を肩にかつぎ、ムラ中の家々を巡って歩く。

福渡町祝木では、新八月二十日頃に戸主が大師堂に集まり、念仏を唱え数珠繰りをする。数珠繰りは一二遍まわすのが普通だが、閏年には、一三遍やるという。この数珠は、祝木が終わると、柏木・池田・畝東と近隣のムラに順々にまわされていく。四ムラ共通のこの行事は夏祈禱とよばれている。

加茂町百百《どうどう》でも、夏祈禱という。ここには観音堂がある。旧七月十六日夜〜十八日朝にお籠りがある。戸主が参加し、念仏を誦し数珠を繰るのであるが、これは夜間に行い、昼間はムラの家々を巡って念仏を唱えるという。これも夏祈禱という。

美甘村河田では、夏祈禱のほかに、春秋にも祈禱がある。河田には真言宗宇南寺がある。宇南寺は八十八か所のうちの札所の一つであり、境内に大師堂がある。春夏秋の祈禱は、宇南寺の住職が中心となり、各家の戸主がこれに加わり、ムラの家々を巡り、大般若経や念仏を唱えるのである。各家では、家人の頭数に従って金を集め（一人当たり何円）、それで酒肴を用意し、ムラ巡行の祈禱が終わってから、寺で酒宴をする。

落合町野川では、観音堂で年に三回お籠りをする。このうち、春と秋のお籠りを百万遍といい、七月末に行うのを夏祈禱というが、儀礼内容は今まで述べた事例と変わらない。

百万遍・夏祈禱と称して、ムラの堂にムラ人が籠ることの根底には、攘災招福の観念が内在していることはいうまでもないことである。

ところで、この行事には二つの段階が弁別できる。堂で徹夜することと、ムラ内を巡行することである。ムラ内の巡行ということは、久米南町宮地では大師講の行事となっていたことは先に触れた。落合町野川の大師講は、春の百万遍のお籠りが終わってから、霊場巡拝に出発している。勝山町下江川でも観音堂でのお籠りと次にくる霊場巡拝とは不即不離の行事である。ここに、お籠り（夏祈禱・百万遍）――→ムラ巡拝（除災の意味を持った）――→霊場巡りの型を浮かび上がらせることができる。大師信仰の美作霊場巡りは、表面的現象にすぎないが札所に当たるムラの堂と、そこを中心とするお籠りの行事に大師信仰をささえる信仰生活の結集があるといえる。かくて真言・天台系寺院の圧倒的優勢下における仏教の民俗化というコースは、ムラにおける堂を中心として、在来の伝統的習俗に仏教的色彩を加味しつつ現在に至っているものといえよう。

(4)　堂の歴史的性格

ムラに堂があるということが、仏教の民俗化の歴史的過程において、大きな意味を持っていることはいうまでもない。

元禄年間に編まれた『作陽誌』によれば、当時のムラに存在した堂には、およそ次の三つのタイプがあったと考えられる。

第一は「躍堂、在高田村古毎七月、村民相二集踊念仏一、真島郷福田村亦有二躍堂一」（下巻、高田庄）、あるいは「百万偏《ママ》堂、世上疫疾流行、則邑人集二此誦念仏百万遍一為二攘疫一」（下巻、高田庄）、あるいは「大日堂、在二西垪和村吉広一、毎年七月十六日西垪和東垪和人集レ此以二鐘鼓一念仏誦躍一」（中巻、垪和郷）といった例にあるごとく、「攘疫」のため「誦躍念仏」することに重点の置かれた堂である。こうした堂は、たとえば次に示すような「両山寺僧於二此堂一印二牛王一頒レ牘於郷邑中元闔境民群集念仏」（中巻、垪和郷）。すなわち有力寺院の関与する堂が本来のものであったろう。この史料に示された「此堂」とはその説明に「夢中山万福寺跡在二上口村一寺既亡、阿弥陀堂尚存」と記された「阿弥陀堂」である。美作において、近世初頭寺院勢力に若干の交替があったことは、前掲『作陽誌』

の古跡部に「寺跡」のきわめて多いことから知られる。しかし、仏教の民俗化の過程で、いったんムラ人の信仰生活と結びついた要素は、寺院消失後も付属建築物である堂を、そのままムラ人の信仰生活に必要なものとして残し、それに踊躍念仏の場を提供させているのであろうか。

　したがって第二のタイプは第一のタイプの先行型というべきものであり、まったく有力寺院の付属機関としての機能を果たしているものである。「岩間山本寺」の「阿弥陀堂」は「安《マヽ》弥陀三尊棟牓云、永正十六年己卯二月廿六日以二観音講衆一助三力造営之二」（中巻、稲岡庄）とあるごとく、第二型の典型的な例といえる。この「観音講衆」とは「遍照院頼泉募二観音講衆二百五十人一」に示されるように、寺院に結縁のために参集する人びとの集合したものであろう。

　第三のタイプは、「慈福寺迹、在二向湯原村一失二山号一本尊大日如来談議所末寺也」（下巻、高田庄）とか「泉養山極楽寺迹、土居村、本尊阿弥陀密宗乃代村談議所末寺也」と示されたものである。この「慈福寺」は「寺失而二十年」であり、「極楽寺」も「慶長初失」とある。いずれも近世初頭に廃寺となった跡の残った堂が「村談議所末寺」と表現されているのであるが、これ以上のことは明らかではない。ただムラの堂がムラの政治の中心的役割を果たしていたことは一応推察できるであろう。

　以上の三つのタイプのうち、現在の堂ともっとも類似しているのは第一のタイプであることが明らかである。名称の上では、大師堂は決して多くない。しかしこの状態が以前にまったくなかったわけではなく、たとえば美甘村字南寺境内の大師堂は「安弘法像、慶安年中此像被人盗去（下略）」とあるように、かつて寺院勢力の主要な布教手段の一つでもあったわけである。現在のごとく、大師堂がどのムラにも見られるのは、おそらく八十八か所霊場設置の際の名称統一の結果であろうが、ムラごとの堂には叙上のごとき歴史的性格があり、美作の信仰生活を語る上で見逃すことのできぬ要素が存在することが指摘できるのである。

二　愛宕信仰の地域社会化

愛宕信仰は、愛宕山伏の諸国勧進により、近世初頭以来、全国的に喧伝されたが、その信仰圏の、中心はやはり近畿地方とその外縁地帯にある。大阪府豊能郡においては愛宕信仰がムラ内に定着した形跡を示し、ムラの最小地縁結合である組がすなわち愛宕講を形成していた。またこうした実態を形成した端緒は、かつての中世的地侍層が土着し、初期の近世村落の指導者であった時に愛宕信仰を受容したのではないかと推定された。(2)

美作における愛宕信仰の受容過程を類推してみると、ほぼ同様な点が指摘できる。福渡町鶴田の竹内家（かつての有力土豪の一人）では、先祖代々愛宕様を神棚の主神として祀っている。『作陽誌』に当時の当主久元が語った言として「久盛（久元の曽祖父）者西垪和之豪家而杉山備中守為就子也、為レ人驚勇壮健甫弱冠好レ剣毎レ聴有レ善其術者、則就学之然、未能有満意焉素信愛宕於是入西垪和三宮山中編茅為廬日浴三次探祈神助（下略）」（中巻、垪和郷）とある。垪和郷の土豪竹内久盛が武術の奥義を得んがため愛宕を信仰したことがわかる。また愛宕大権現が寺院の鎮守として祀られた例もあるし、愛宕堂の存在も散見される。(3) また、ムラの中に「愛宕山」と名づけられた山があったこともうかがわれて興味深い。久米郡神代村の愛宕山については『作陽誌』に、「不レ知所ニ以名一焉」（中巻、久米郡北分）とあるのは、愛宕山が由来を忘れたまま地名化していることを示しており、外来の愛宕信仰の浸透度の深さを物語っている。

(1) 愛宕山

この愛宕山を伝承の上で拾ってみよう。阿波村竹ノ下ではムラの上手の小高い丘を愛宕山と称し旧六月二十三日（現在、新七月二十三日）の夜、その頂上にムラの人々が酒肴を持って集まり、祠の前に焚火をする。これは、その年の作物に風害がないことを祈って行うのだという。落合町野川では、愛宕まつりといって、田植えが済むと、ムラの人々が山上のお宮の前で焚火をし、酒を飲み交わすという。愛宕まつりは、山上の火祭を特徴としており、たいていの山上の祠には「愛宕大権現」と「焚火大権現」の名が見える。火祭の時の松明は大掛りのものであった。

手火といって六〜八尺位のサオ竹を軸にして、藁束をくくりつけたものを用意し、これを各家で持っていき火をつけてたくのである。

(2)　愛　宕　講

愛宕山上で火を焚く愛宕まつりを愛宕講が中心になって行う所がある。阿波村尾所では、三、六、十月の二十四日、講宿（廻り番）に、講員が集まり飲食する。この時、とくに米三合を各自持っていき、宿で三合ボタ餅を作り、皆で食べる。年三回のうち、六月二十四日には、手ビュウ（サオ竹の松明）を川辺で焚くという。この時は講に加わっていない家も参加する。講はムラに二つあり、下ノ講・奥ノ講といい、在来の地縁結合とほぼ一致した構成を持っている。勝山町下江川の愛宕まつりは、六月と十一月の二十四日に行われる。六月の場合は、早朝、各自ワラ束を二束ずつ持ち、愛宕山に登り、境内で火を焚く。終わってトーヤに集まり、酒宴を開く。ここの愛宕講は小字谷山に属する者全員が加入し、地縁結合と一致する。こうした例は湯原町田羽根にもある。田羽根の地縁結合である本組・白根組・古屋組のうち古屋組だけが愛宕講を形成している。

愛宕山上の火祭は、火難除け・風害除けといったムラ全体の行事であり、地域社会における愛宕信仰の受容は、こうした機能の発揮において可能であったといえる。(4)また、愛宕信仰の浸透過程の中で、前述した坍和郷の土豪竹内氏の個人的信仰が近世初期、竹内一族の農民化とともに普遍化するといった道筋が、他地域社会にも見られたことだろうし、同時に中央の愛宕山伏の布教宣伝も相当なものであったろう。中央から地方への文化伝播の途絶が、信仰様式をある型態に固定化させるという考えがあるが、(5)美作の愛宕信仰もそうした範疇で考えられるべき性格をもっている。一つは愛宕山の存在、二は愛宕山上の火祭、三は愛宕講の結合方式の諸点で、これが、前述の大師信仰と異なった面で、美作の信仰生活に意味を持っていると指摘できるであろう。

三　後山信仰の特質

後山は英田郡の北東部にある山岳である。この山は、山上山《さんじょうざん》ともよばれるので、ここに登拝する信仰集団を山上講あるいは後山山上講と称している。後山信仰史については省略するが、元来は五流修験の支配（五流の中の一流である太法院の管轄）する山岳であった。それが近世末期に分派し、後山修験として独立し今日に至っている。山上山は元来大峯と同義である。後山と大峯の関係については明らかではないが、五流修験が大峯と密接な関連を持っていたことはすでに指摘されたところであり、(6)五流の支配していた後山が山上山を名乗ることも不自然ではなかったのである。

美作における後山信仰の分布は、苫田・真庭両郡に多く、久米郡に少ない。(7)

(1)　ムラの山上山

真庭郡一帯における後山信仰と民衆生活の関連を濃厚に示しているものに、先の愛宕信仰の愛宕山と同様、ムラ内における山上山の存在がある。これは愛宕信仰のごとく、いちじるしく地域社会化したケースにほかならない。美甘村河田には共有山の一番奥に三丈《さんじょう》山がある。山の中腹には、旧家の河井カブの本家（河田ムラ二四戸のうち、河井カブ一〇戸）の先祖（あるいは六代前の人ともいう）が作った石碑がある。旧七月七日、盆の七日目にムラ中各戸一人ずつ男衆が出て、三丈山の九合目辺りまで草刈りをする。これを「道作り」という。翌日、ムラ人全員揃って三丈山登拝を行ったという。この行事は明治末期頃まで続いていた。当時はムラに後山の先達が住んでいたので、その先導に従ったという。現在でも、山上山が大きな機能をもっているのは、勝山町江川である。この山上山は氏神高応神社の背後の裏山にあたり、山頂は奥の院と称してミサキ様と山上大権現とが祀られている。山上山は岩山でムラ人の登拝は容易でないので、現在では山頂の祠を麓まで下ろして祀っている。奥の院は聖地であり、女人が登ると祟りがあるといわれている。祭日は旧四月八日と旧七月十八日の二回で、いずれもムラの山上講員が主宰するものである。祭日には、山上講の先達が般若心経を踊し、その後講員による餅撒きがある。参詣した人々はこの餅を拾い焼いて食べると病気にならぬという。この餅を「山上さんの餅」とよぶ。

(2) 山上講

美作で山上講というのは、ほとんどが後山代参講をいうのであるが、ムラによっては、後山ではなく、直接大峯山の方へ出かける講もある。(8) 両者の性格の相違を明確に指摘することはできないが、前者後山代参の場合の指導者はムラ在住の在俗信者出身の行者であるのに対し、大峯代参では、五流修験か大峯修験の専門宗教者であることはいえる。数においても後山代参の方が多いので、後山信仰の浸透度を測定する指標として、山上講の存在の有無は重要である。

山上講は、ムラ内での機能のほかに後山代参の機能のある点は前述した通りであるが、この点は、愛宕信仰がまったく地域社会化し、代参機能を消失しているのと対照的である。

山上代参講成立の時期は明確ではないが、落合町山根の山上講先達谷本鹿太郎氏所蔵の「採燈大護摩供養」札の年代は文化五年のものが最古である。また阿波村尾所の山上講の創立は嘉永二年四月である。後山代参講も多くの山岳代参講の成立が近世中期頃簇生するという定説に従って理解される事例と考えられよう。

阿波村尾所の「後山山上大権現講連中帳」（嘉永二年四月、西山義文氏所蔵）によれば、

一、毎年三月六日夕連中立会参り鬮可ㇾ致事

一、参詣人宿所において参り鬮いたし不ㇾ残四〆つゝ相置候事

一、毎年四月御戸開ニ参詣致事、但シ年ニ一度なり　八月六日之夕不動尊乃道場において連中立会一ヶ年ニ一度之心神講可ㇾ致事　八月六日不動様江御酒三升そなえ一講ふるまいの義ハ御神酒そなえ後何連も心次第也

と記されている。これによれば、代参人は毎年三月六日「参り鬮」によって選ばれる。講員は一人四〆ずつ費用として出す。代参者は四月御戸開（四月八日）に出かける。以上の代参方式のほかに、ムラ内の不動堂（現在なし）で八月六日講会を持つという方式である。

さらに、前掲「後山山上大権現講連中帳」には、一五名連記されている。このうち、清正院が指導者で、これは現在の太田カブの旧家（家号はサキ）である。現在、尾所の講は消滅してしまったが、その原因は先達清正院が死んで後継者がいなくなったためだという。阿波村には五つのムラがあり、ムラごとに先達を中心に山上講があったと思われる（阿波村尾所もその一例）。

竹ノ下ムラでは、石原カブの本家が先達を勤めており、八月六日に講会を持ち、先達の家に集まり、不動の掛

軸の前で拝んだ。代参には、各ムラ二名ずつ計一〇名（尾所・竹ノ下・大杉・大畑・下沢の各ムラ）が出かけるのを建前としていた。講の組織は、宗教的権威者の先達が中心であり、講の盛衰が先達とともにあることは、先の尾所の例があり、美甘村河田の講も同様であった。ムラ内では同信者集団であるが、同信者がムラを超越して、大師講のように数村連合型となる場合は生じていない。講の象徴は先達ともう一つ「絵参箱」がある。絵参箱には、不動の掛軸、行者の用いる法螺貝・錫杖・鈴等が納めてある。絵参箱は、先達の家に保管されている場合と廻り番のトーヤにある場合とある。ともに床の間に飾られ、女人は絶対触れてはならぬものであった。

嘉永年間に阿波村尾所に不動堂があり、これが山上講の道場であったが、最近はほとんど廃絶していることが多い。二川地方の粟谷には現在も不動堂があり、毎月七日に法印を中心にそこに籠っているという例が報告されているに過ぎない。(9)

後山信仰には、おそらく五流から分派独立した際、強力な山側からの布教活動があったと思われる。その結果、各ムラから強力な信者が輩出し、とくに在俗信者のうちから里山伏的存在の先達が生まれた。先達の出自はムラの中では、旧家である家筋が多く、とくに有力カブの本家の場合には、ムラ人こぞって、その指導を委ねたと思われる。ムラ祭祀となっているムラの山上山まつりが信仰生活の中で明確にされてくる理由はその点にあると思われる。

四　宗派性の濃い教団の浸透

いままで述べてきた、大師・愛宕・後山の諸信仰は、一般に民間信仰といった類型に属するものであり、大師信仰に既成教団との関係は多少はあっても、現在の慣行の上でははなはだ軽微であるといえる。美作は宗旨分布の上からは真言・天台が圧倒的であることは周知の通りであった。しかも、これら二宗は、歴史的過程のうちで、大きな変動もなく、信仰圏を持続させてきている。

以下、報告するポイントは、絶対数の上できわめて少数な宗派が、実際にムラの信仰生活の中にいかような型をとって浸透・展開しているか、そこでこれが、美作の信仰生活にいかなる影響を与えて来ているかを考察することにある。

(1)　日蓮宗とお看経講

日蓮宗寺院は『作陽誌』所載寺院総数一二四のうち一七で、約一三パーセントを占めているに過ぎない。『大日本寺院綜覧』でも約一三パーセントだから、近世以来ほとんど同じといえる。

福渡町池田・柏木の両ムラにまたがって杉山カブ四戸があるが、これと柏木ムラの他三戸が日蓮宗に属している。さらに祝木には二戸、角石畝《ついしうね》に三戸とある。これらの日蓮宗檀家に共通しているのは、いずれも士族出身だと伝えている点にある。杉山カブの本家は、愛宕信仰と関係のあった土豪竹内家の分家であり、武術を体得する家柄であったし[10]、祝木の二戸は、浜田藩士の移住者であり、角石畝の場合も士族であったといわれる。

柏木には、かつての垪和郷での日蓮宗の本山的存在であった真浄寺があり[11]、すべてこの日蓮宗の信者は檀家となっている。しかし、そのほかの家は二上山両山寺の膝元であるだけに真言宗がほとんどといってよい。

ここでは日蓮宗真浄寺を中心にお看経講が組織されていて、年二回の社日と土用の頃、毎月十二日に講会がある。もちろん、これは日蓮宗信者だけの集まりであり、寺僧を導師にして題目をとなえ経を読む。とくに土用の頃に行うのを夏祈禱とよんでいる。同じ頃に、同じムラ内でほとんどのムラ人（彼らは真言宗）が、やはり夏祈禱をする。こちらは真言の数珠廻しを中心とする行事であり、日蓮宗の檀徒は参加せず、明確に宗派性を出している。この福渡町の例は、杉山カブをはじめとする士族グループの連帯感が大きなささえとなっていることが一つの特徴である。この真浄寺の檀家範囲は広く、久米南町にも点在する。久米南町中籾は、赤木・杉山・河島カブから形成されているが、赤木・河島のカブは真言宗であり、杉山カブが日蓮宗となっており、お看経講の夏祈禱を行っているという。

阿波村竹ノ下には、臨済宗・真言宗・日蓮宗の三檀家が混在している。ムラには臨済宗興禅寺がある。ムラ全体の行事、たとえば荒神講・山の神祭・大山登拝（近くの高山に旧六月一日に登拝）・日待などには、宗派の差別なく参加する。しかし千籠りでは、これはムラ内に病人など出た場合、地縁結合の講組の人々が中心となり（竹ノ下は二つの講組がある）、近くの山中に入ってお籠りをするのである。この際、日蓮宗檀徒だけ別に固まって千籠りした例があったという。仏教的色彩の加わった行事になると、真言宗檀家と臨済宗檀家は寺院の行事に容易に参加する。しかし、日蓮宗の方は不参加である。たとえば、大師講は興禅寺で行われるが、日蓮宗檀家はそこに参加していない。

日蓮宗のお看経講（ここでは拝み講という）は、竹ノ下にもあり、毎月八日、順番の宿に集まり、お題目を唱え、御飯を食べるという。

(2)　黒　住　教

黒住教が教派神道教団として公認されたのは明治九年のことである。教祖宗忠の立教は文化十一年であるから、その間約六〇年間は、いわば草創期にあたる。この間は宗忠（安永九〜嘉永三）と、その門人による布教期間でもあった。岡山市の一隅に生まれた一民間信仰の講集団が有力教団勢力に高められるためには、相当数の信者の獲得が必要であったろう。宗忠死後の「高弟七人衆決死の布教」はそのための手段であり、美作方面には、池田千代蔵が向かったという。(12) 津山市は、宗忠の高弟赤木忠春（文化十三〜慶応元）・直原伊八郎（明治二十八〜不明）の生地でもあった。したがって、黒住教の有力な基盤形成の一翼を美作が担っていたことは想像に難くない。(13)

近世末期の黒住教の布教状況は、「勝山藩志」の安政六年の書によって、その一端が窺える。

一、御領分ニテ黒住信仰ニテ神号ヲ請神文致或信仰而已致候者共、夫々糺之上申附方有レ之候処、外一同ヨリ歎出候儀も有レ之、以二御憐愍一左之通今日夫々御代官ヨリ申渡町方之者ハ同心小頭ヨリ於二町役場一申渡旨申出候

三田村　卯右衛門

一、神号ヲ請致二神文祈禱一甚不埒ニ付、十日間手鎖被二仰付一　中町　米田屋藤太郎

一、平日黒住致二信仰一趣以後心得違無レ之可レ致　中町　古木屋嘉蔵

一、神文入信致候趣御叱被二仰付一　原村下分　民蔵

ここにみるような勝山藩の統制に対し、「一同ヨリ歎出候」という集団の存在、「神文祈禱」する布教者の活躍、「神文入信」の新信者増加といった事実は、注目すべき現象で、黒住教がムラの信仰生活に徐々に浸透していることを物語っている。

福渡町祝木・広西の両ムラにわたって八戸の家が現在黒住教の信者となっている。この二ムラは真言宗の檀家が多い所であり、八戸も以前は真言宗（両山寺）檀家であった。転宗の理由は明白ではない。この場合日蓮宗の浸透過程でみたほどにはカブとの関連は現われていない。たとえば祝木の里瀬カブからは三戸、広西で村岡カブ六戸の中から一戸と断片的であるが、ただ片山カブ三戸は全部信者となっている程度である。ムラの他の宗教行事とはほとんど妥協している傾向を示している。宗派性を押し出すのは、前記八戸が毎月八日に無病息災を念じて集まる「御祈念」と、信者の家の神棚においてである。黒住教の神棚は床の間の中心に「宗忠神社」の掛け軸

をかけ、榊葉を供えておくだけのきわめて簡素なものであり、普通の家の大神宮の神棚はチッポケな棚で、部屋の片隅に掲げられているだけである。

阿波村尾所にはムラの人々から「黒住教の先生」と称される指導者があり、二九戸中四戸が信者となっている。この四戸はムラの中で点在しており、カブとの関連はつかみ難い。ただしこの四戸は大師講には参加していない。葬式も黒住教の方式で行うわけで、自然に、墓地は別の石碑を立てている。「黒住教の先生」は、ムラ内の家祈禱をはじめ神社祭祀以外の神事を受け持っており、いわばムラの信仰生活の指導者ともいえる。他宗派の宗教者に、相異なる神々を司祭させておくという一見ルーズに見える現象であるが、これも日本人の宗教心の一面を物語っているともいえる。

(3)　創価学会

戦後の新宗教は、都市に集約度が高く、一般に都会の宗教としてレッテルが貼られている。農村は、在来の伝統的諸宗教が支配し、ムラの共同体的結合にピッタリ密着している故に、一見、新興の外来宗教を受容し難い信仰生活を形成しているかの感を与えている。しかし、今まで述べてきた諸事例は大師信仰にしろ、愛宕信仰にしろ、後山信仰にしろ、日蓮宗や黒住教など、いずれも、その時代時代において、美作地方に伝播・変容・同化の作用を起こした姿にほかならない。創価学会も、このような観点に立った現象として、地域社会への浸透を把握できるのである。

湯原町田羽根は四七戸中四五戸までが真言宗の檀家で、残りの二戸が創価学会に加入している。一戸はTカブ、他の一戸はOカブの比較的近年の分家である。美甘村河田（真言宗）でも二四戸のうち、一戸だけ創価学会に入信している。この家はKカブの古い分家といわれている。この家には、以前ヤシキ神としてミサキ様を祀っていたが、創価学会加入とともに破壊したという。この時点で創価学会の他宗排斥が際立っていることは周知の通りであり、とくに仏壇・墓地などがその対象となることは各地で聞くところである。美甘村河田の場合、Kカブの墓地は、一か所に集まったカブだけの寄せ墓となっているが、この場合、Kカブの創価学会の家の墓はその中にあって破壊されてはいない。

加茂町戸賀では、三八戸のうち、三戸が創価学会に入信している。この加茂の宗旨構成は、臨済宗四戸、残り三一戸は天台宗となっている。創価学会加入の三戸はNカブ五戸のうちの三戸で、Nカブの本家（屋号、ホンケ）と、分家二戸（屋号、一戸はシンタク、他は最近の分家なのでなし）である。他の二戸は（屋号、インキョ・オモテ）いずれも旧来のまま天台宗となっている。この三戸は、仏壇・墓地・神棚などは、旧来のままであるが、戸賀の氏神子守神社のお籠り（祭日、十月九日）に参加していない。氏神のお籠りは十月九日夜から翌朝まで、拝殿の前に戸主が集まり、飲食しながら徹夜する行事で、ムラ全体のいわば共同体意識のもっとも高揚する行事といえる。ここへの不参加は、従来の外来信仰要素のとった態度とは異質な点で、注目すべきである。

創価学会の折伏は強力な布教手段である。この対象は、ムラの中に病人の出た家があるとただちに布教師の対象となる。美作で伝聞した実例もそのようであった。病人のある家の嫁あるいは舅の入信が最初の契機となり、相次いで家族が入信した例が多い。加茂町戸賀の場合には、Nカブの本家がそうした事例となり、さらに近くの分家二戸がつられて入信したという。

美作の各ムラには、一〜三戸といった創価学会信者の家が存在するといっても過言ではない。いずれも家族の一員の個人的信仰が端緒であるが、その家族に一人の入信者があれば、ムラの人々から、その家全体が創価学会と見なされる。

また、カブの本家が入信すると、カブウチの信仰生活にも何らかの影響があるといった傾向もできる。逆に分家の場合には、カブ結合を否定した信仰活動が容易にできないといった点が、わずかの資料の上で指摘できる。創価学会は戦後の宗教社会の上に、大きな意味を持つものである。美作の事例も今後、他地域と比較検討さるべきものを提供しているといえよう。

五　信仰生活の重層性——真庭郡勝山町下江川の場合——

ムラ全体の信仰生活は、今まで述べてきたもろもろの信仰的要素とそこに生じた信仰的集団のからみ合いの中にとらえられる。以下、下江川ムラを例にとって、その実態を明らかにしたい。

(1)　ムラの社会構成

下江川と他の小字上江川とはともに藩制時代の江川村を構成していた。しかし生活共同体的意識の上では、この両者は別個のものと判断できる。自然条件からも、両者はおのおのがまとまったムラをなしているのである。下江川は、さらに高応ヒラと谷山ヒラの二地区に画されて、この二つが地縁結合の基礎単位をなしている（第6図参照）。この二つの地縁結合をさらに見ていくと、谷山では、T・Fの二カブ、高応ヒラでは、S・Kの二カブが結合の中核的存在としてある。

(2)　氏神祭祀

氏神高応神社の祭りは旧九月十九日で、『作陽誌』には、この祭祀が「祭座九名」によって行われたことが記

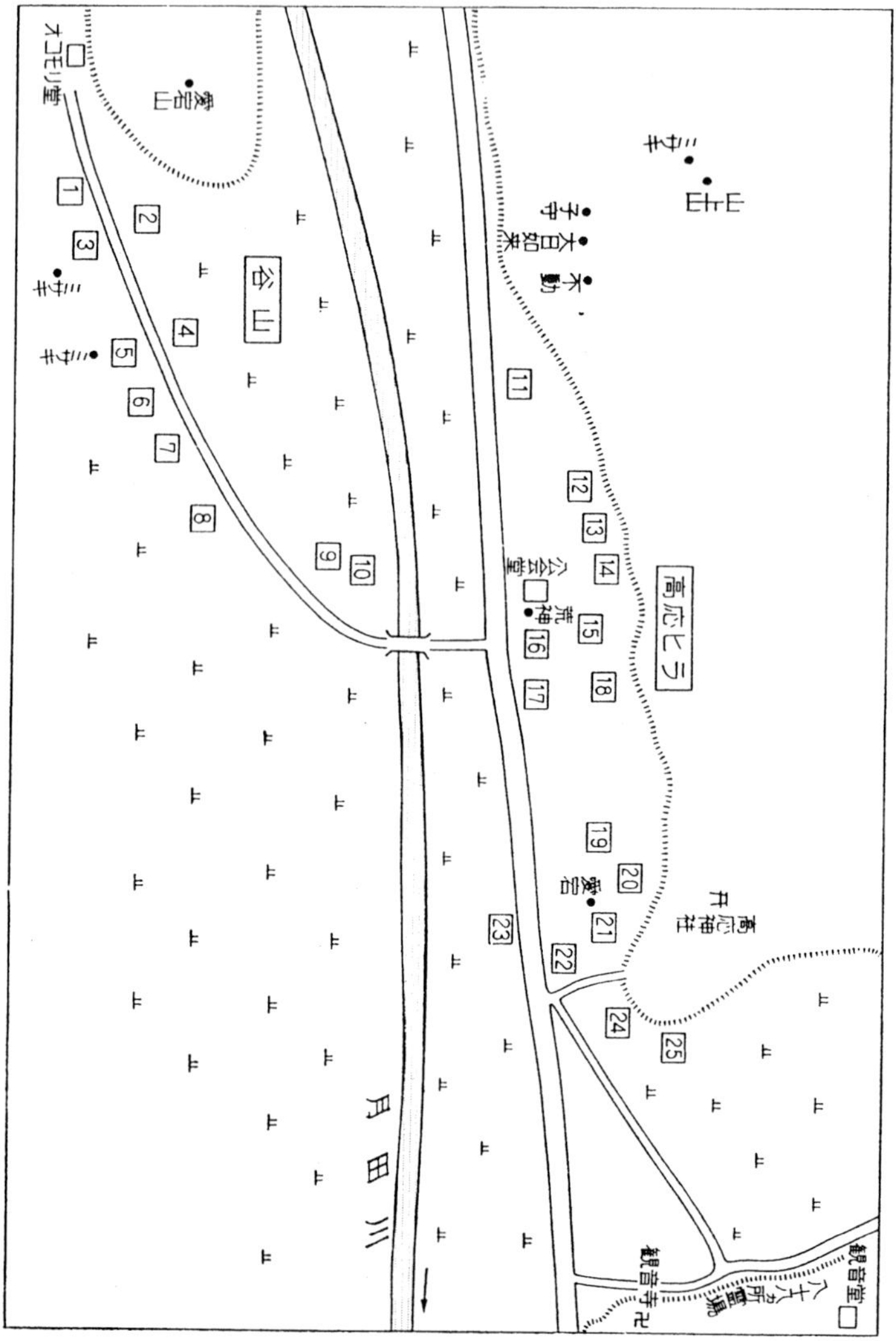

第6図　勝山町下江川概略図

されている。[14]「九名」とは、近隣のムラから一〜二名ずつの代表者によって構成されている。江川から「江川真安名」が見え、伝承の上で、現在これに該当する家は、下江川のKカブの本家であるといわれる。この家はお宮の鍵持ちで、ヤシキ神に王子権現を祀っている。王子権現は別に「江川の権現様」とよばれ、氏神祭の時、一番最初に、この家を中心に祀られ、神主もその祭場にくる。高応神社は江川の氏神というより、前記のごとく、数村連合の宮座的祭祀の対象であり、一方、Kカブ本家の王子権現は、ヤシキ神より、下江川のムラ祭祀の対象となっているといえる。

(3) 荒神講

下江川全体のムラ祭祀は、むしろ荒神祭の方によくあらわれている。祭日は旧の正、五、九月の二十八日である。荒神は牛馬の神とも子供の神ともいう。荒神はムラの公会堂の脇に祀られている（第6図参照）。荒神祭を荒神講というが、荒神講は人をはずさないといい、ムラの新入りの人もすぐ入れる。正月と五月には太夫のお祓いがあるだけだが、九月二十八日の祭りには荒神神楽が催された（備中方面阿哲郡からきたという）。トーヤがその時の宿を勤めるが、トーヤになる家にとっては、大仕事である。まず祭りの数日前から、荒神祭のための巨大な蛇形の注連縄を作る製作場となるので、トーヤは決まると、畳・障子などをすっかり新調せねばならなかった。荒神神楽の舞台もトーヤの座敷が舞台となり、当日はムラの人々の集う場であったから、自然トーヤになる家は、屋敷構えの大きな、財力のある旧家ということに落ち着いていた。

(4) 愛宕講

愛宕まつりは、現在では谷山だけで行われている。谷山のT・Fの二つのカブでは、旧六月二十四日早朝、

第10表　信仰集団の諸相（○印参加　×印不参加）

番号	屋号	宗旨	カブ	氏神祭祀	荒神祭	夏祈禱	大師講	愛宕祭	山上祭	山上講	ミサキ祭	ヤシキ神	備考
1	カミ	禅　宗(化生寺)	T	○	○	○	○	○	○	○	○	×	
2	向	〃	T	○	○	○	×	○	○	○	○	×	
3	ホンケ	〃	T	○	○	○	×	○	○	×	○	○	カブ本家
4	マエ	真言宗(観音寺)	F	○	○	○	×	○	○	×	○	×	
5	ホンケ	〃	F	○	○	○	○	○	○	○	○	○	カブ本家
6	トナリ	〃	F	○	○	○	○	○	○	○	○	×	
7	シンヤ	〃	F	○	○	○	○	○	○	○	○	×	
8	シモ	〃	F	○	○	○	×	○	○	×	○	×	
9		〃		○	○	×	×	○	○	×	×	×	戦後移住
10		〃		○	○	×	×	○	○	×	×	×	
11	ミズオトシ	〃	S	○	○	○	○	×	○	×	×	×	
12		〃	M	○	○	○	○	×	○	×	×	×	
13		〃	M	○	○	○	×	×	○	×	×	×	
14		〃		○	○	○	○	×	○	×	×	×	
15	ニシ	〃		○	○	○	○	×	○	×	×	×	
16	ハタナカ	〃	S	○	○	○	○	×	○	○	×	×	
17	シク	〃	K	○	○	○	×	×	○	×	×	○	カブ本家
18	ウニ	〃	K	○	○	○	×	×	○	○	×	×	法印
19		〃		○	○	○	×	×	○	×	×	×	
20	タユウ	〃		○	○	○	×	×	○	×	×	×	
21	ウエ	〃	S	○	○	○	○	×	○	×	×	×	
22	ウシロ	〃	S	○	○	○	○	×	○	○	×	×	
23	ミチシタ	〃	S	○	○	○	○	×	○	×	×	×	
24	シンヤ	〃	S	○	○	○	○	×	○	○	×	×	
25	オノ	〃		○	○	○	○	×	○	○	×	×	

個人個人が藁二束をもって愛宕山に登り、山頂で護摩をたき、心経を誦し、火を焚いた後、宿のトーヤに集まり、トーヤの準備した馳走を食べる。トーヤは二つのカブが交互に受け持つ輪番制をとっている。ここでは愛宕講が二つのカブ中心に組織されていることになるわけだが、儀礼の点で、他のムラと異なる点は、共通の旧六月二十四日の祭り以外に、旧十一月二十四日にも祭りをもっている点である。これを霜月まつりとよんでおり、火祭はせず、ただカブのお祭りとなっている点は注目される。すなわち、在来のカブまつりに愛宕信仰がとり入れられた現象とみることができる。

(5)　宗旨の相違

隣りムラの三田には真言宗観音寺があり、この近辺に多くの檀家を持っている。下江川も、Tカブ以外は当寺の檀家である。Tカブは曹洞宗化生寺の檀家である。真言・曹洞二宗間の宗旨の差異が信仰生活面に表出している点はほとんどない（第10表参照）。ただ観音寺管轄の霊場巡拝の大師講の講員は、Tカブ三戸のうち二戸が不参加である。ところが同じ観音寺のお籠り堂で行う夏祈禱は全員参加であって、曹洞宗だから真言宗寺院の仕事に関与しないという点は特徴にはなっていない。

(6)　大　師　講

ムラのうち、一四戸が参加している。中心はS・Fカブである。不参加の家は、カギ元の家、山上講法印の家、移住してきた家、曹洞宗Tカブ二戸などがあげられる（第10表参照）。下江川の霊場巡拝は、観音寺霊場で、この特色については前述したように、八八か所がムラごとの大師堂ではなく、信者の寄進した仏像群で、これらが数メートル間隔に置かれ、真ん中に子安観音像安置のお籠り堂がある。八八体の仏像は、種々雑多であり、十一面・千手観音・虚空蔵・文殊・勢至菩薩・薬師・阿弥陀・大日如来等が多く、また川から拾ってきた川流れ地蔵なども置かれている。仏像寄進の年代は昭和初年のもので、霊場創設の年次の新しさを物語っている。

(7)　山　上　講

下江川には山上山の頂上に山上大権現のほかにミサキ様を祀っている点が他のムラのものと異なっている。山上まつりを管理するのは先達（後山行者）の岡田氏であった。岡田先達の死後、現在は八戸が参加しているだ

第11表　信仰行事日程表

行事＼月	1月	2月	3月	4月	5月	6月	7月	8月	9月	10月	11月	12月
氏神祭									18日			
荒神祭	28日				28日				28日			
夏祈禱							21日					
大師講			21日				21日					
愛宕祭						24日					24日	
山上祭				8日			18日					
山上講	18日					6日						
ムラミサキ							18日					
カブミサキ						(Fカブ)24日	18日(Tカブ)				24日(Fカブ)	
王子権現									18日(Kカブ本家)			

けである。トーヤは順番で、毎月六日の夜に集まる。不幸のあった家の戸主は集会には遠慮する。トーヤでは酒と肴に干物など用意する。床の間に絵参をかざり、先達を中心に、塩水を撒いて後、行をする。六根清浄の祓、天地一切の祓、大日大師不動明王の御真言、般若心経、不動明王の御真言を唱えて行を終え、酒宴となる。

講のメンバーを大師講のそれと比較した場合、大師講に参加していて、山上講に不参加の家はSカブに比較的に多く、Fカブは両者にともに参加しているという点だけだが、明確な特徴とはいえない。

大師講が、お籠り堂の夏祈禱と愛宕講が火祭・カブまつりと関連を持つごとく、山上講は山上まつりと深い関連を持っていることは前述した通りである。山上まつりの翌日の旧四月八日は、山開きで、いわば中央の後山とか大峯とかの影響下によるものと思われる。しかし旧七月十八日の方は、ちょうど盆の終了直後のことで、家中揃って、重箱に餅をつめ、山上詣りを行う点はたんに後山信仰の外来的要素からだけでは説明できない現象である。

(8)　ミサキ信仰

この旧七月十八日の山上まつりは同時にミサキ様の祭りでもある。山上さんとミサキ様との関係は不明確であるが、ともに奥の院に祀られ、祟りがある神であることで共通している。ミサキ様は、ムラ祭祀の対象だけではなく、第10表に示したように、T・Fの二カブうちの神でもあり、二つのカブのホンケの裏に祀られている。祭日はTカブがムラのミサキ様、すなわち山上まつりの旧七月十八日と同じ日で、ホンケにカブが集まり、祠の前にお茶を供えて心経を誦したという。一方、Fカブの方は六月と十一月二十四日で愛宕まつりと同じ日である（第11表参照）。

ムラミサキとカブのミサキの関連は、ムラのものをカブのホンケが勧請したといわれており、ムラ全体のミサキは、津山の奥御前神社を勧請したものという。

以上、述べてきたように、ムラ内での信仰要素は、表面的には独立した儀礼にみえても相互に深くからみ合ったものである。こうした形で表出した信仰生活は、さらにムラの複雑な社会関係を反映して、もろもろの現象になって反映している。

美作の信仰生活には、複雑な混融現象をさまざまな型としてとらえることができる点で、いわば日本の宗教社会の縮図ともいうべき姿を見出すことができると思う。

注

（1）和歌森太郎編『西石見の民俗』（一九六二年）において、和歌森太郎「西石見民俗の地域性・歴史性」のうち「民俗の歴史的位置と真宗」に問題点の指摘がある。個別的には、桜井徳太郎「新旧信仰の接触と習俗の変容」、宮田登「年中行事」があり、具体的事例を報告している。

（2）宮田登「村と講集団―大阪府豊能郡上山辺の場合―」（『日本民俗学会報』二、一九六一年、本書第三部所収）。

（3）宮田登「山岳信仰と講集団」（『日本民俗学会報』二一、一九六一年、本書第一部所収）。愛宕信仰に限らず、多くの山岳信仰の機能は、それを受容する側の地域社会の民衆の要求にもとづいて変容するものである点を指摘した。

（4）前掲注(2)論文。

（5）桜井徳太郎「講集団成立過程の研究」（一九六二年）第四篇第二章、五五九〜五六六ページにおいて、五つの類型がたてられている。愛宕信仰はこの中のⅣ類型、併立型に属していると思われる。

（6）和歌森太郎「小島法師について」（『修験道史研究』、一九四三年、所収）。

（7）これは久米郡で選んだ調査地が、いずれも二上山両山寺の膝下のムラであり、ムラの信仰生活は両山寺の指導下にあるという場合で、これと同様な性格をもつ後山修験が受容される余地が存しなかったのではないかと考えられるが、なおこの点については後考をまちたい。

（8）慶応大学教授宮家準氏の御教示による。

（9）落合高校歴史研究クラブ「二川の民俗」、一九六〇年。

（10）『作陽誌』中巻、三六三、三六四、三六九ページ参照。

（11）同右、四〇九ページ参照。

（12）原敬吾『黒住宗忠』（一九六〇年）一八五ページ、谷口澄夫「幕末における異宗教についての一考察」（『岡山大教育学部研究集録』六）参照。

（13）前掲注(12)書、一七八ページ、村上重良『近代民衆宗教史の研究』（一九六〇年）、延原大川『黒住宗忠伝』（一九四二年）。

（14）『作陽誌』下巻、四九二ページ。

第三章　地域社会と講——福井県若狭地方——

講のムラにおけるあり方については、従来の多くのレポートが、それらのさまざまで複雑な様相を示してくれている。講の基本的概念は、民間の宗教社会に表出している宗教組織であり、信仰集団であることに間違いはないが、現実のムラ生活に即してとらえてみれば、村・組・家・同族・同信者集団といった多様な社会組織と合致することもまた明らかなことである。

これを発生史的に見て、ムラ内部から成立した講と、外部から伝播・導入された講と二大別されることはすでに周知の事実である。講の名称は仏教用語から来たものであり、明らかに外来の語である。しかし、元来ムラ内部に発生したと思われる信仰集団にも、講の名称が冠せられている点は興味深い。そこで講の名称だけを取り上げて分類すると、たんにその名称を借用しただけで、内実は伝統的なムラの生活内の本質的な結合と深い関わり合いを持つものが存在し得ることは、すでに桜井徳太郎『講集団成立過程の研究』で明らかにされている。

本章の目的も、講研究を民俗学的に行う立場から、若狭のムラで見られる講の諸実態を分析しつつ、講がムラ内においていかなる意味を持ってきているかを明らかにし、講という宗教組織であり社会組織でもある信仰集団の本来的性格を究明することにある。

きわめて便宜的であるが、まず若狭において、講の名称が付せられている信仰集団を羅列してみよう。

一　講の概観

(1)　株講・苗《みよう》講

社会結合単位の一つである株・苗を中心におのおの作られている。株は周知のごとく同族的結合である。若狭において代表的なものは、名田庄村三重や小浜市中名田の地の神祭祀の株講である。大飯町大島のニソの杜の祭祀集団も、かつてはこうした同族的結合が軸となっていたと推察されるが、現在の実態はかならずしもそうではない。高浜町高野の株荒神は、ムラの本家筋が中心となって組織するものであるが、本家筋に限って、苗という名辞を与え、これを苗講とする例が敦賀市杉箸に見られる。杉箸の苗講は一二戸と限られていた。現在そのうち、七戸のみ復原できるが、いずれも旧家といわれ、そして当然、株の本家筋にあたる家柄であった。一二戸が春二回オモ講と称して講会を持っていた。このお講の際、お講の箱が順次、宿にまわされていたが、その箱中に地租改正の際の「定書」と、天明八年(一七八八)の記録が入っていた。「定書」には、「往古ゟ苗屋敷持来り候得共、此度地租御改正ニ付、万五良方へ小作米五升代金五拾五円ニ永代売渡し申候処実正明白ニ御座候也」とあり、先の名田を所有していたことと匹敵し得る特権を保持していたことが明らかである。さらに天明八年の「杉箸村初名講中譲書之事」には「佐左衛門・四郎太夫・孫太夫・三郎右衛門・藤太夫・賀平・佐吉郎・又左衛門・孫左衛門・五平・治平」の一二名の連書で、「御公儀様御法度相背申間敷候事、御年貢は極上ニ米斗を申候事、火の用心念入致事、はくち儀不レ致候事」等、ムラの社会生活の規範を一二戸が率先して行う趣旨を示している。近世村落における苗講の存在がきわめて強い社会性に裏づけられていたことが分かる。

(2) 神事講

上記の苗講は、いわゆる宮座的結合の意義を持つものである。これは郷の神社からムラの神社のおのおののケースについて検討さるべきものである。さきの苗講には神社との結びつきを第一義に示す材料に恵まれなかったが、同様の構造をとりつつ神社祭祀における特権を示すのが神事講である。上中町末野には、氏神八幡社の祭祀仲間として、明治三年まで神事講が二つあり、二五戸ずつから成っていた。一方を大神事講といい、持高は一〇石以上と称し、もう一方は小神事講といって、それ以下と階層性を示している。地租改正以前には、大神事講に神事田六反五畝あり、祭りの費用に当てられた。祭日は旧三月三日で、大盤振舞であった。大神事講には座順が明確で、中心の座には、ムラの開発先祖といわれる三人兄弟の家が坐り、他に庄屋・組頭が加わった。宮座↓村座の過程で、特権的結合に対抗して、新座が成立し、やがて全員平等のたてまえに変化するのは、近畿地方一帯に多く見られる現象で、この例もけっして特異なものではない。しかし、全村一致のタイプが、近世中期以降とか、明治以降の現象として帰結するというのにはやや疑義がある。特権的な祭祀集団である宮座はひっきょう時代的産物にほかならない。これを伝承的世界に還元すれば、宮座的結合発生の母胎ともいうべきもの、あるいは宮座以前の信仰集団の存在が予想されるかもしれない。たとえば大飯町川上の宮当講は、以前は氏神祭祀に右座・左座を設定するタイプのものであった。しかもこれは全村一致の形で、旧正月十二、十三、十四の三日間、老若男女全員参加することが久しく続いていた。その理由について[(1)]、天武天皇の頃凶作悪疫が打ち続きムラ人がいちじるしく困窮した。そこで神仏にすがろうと、ムラ人残らず垢離に身を清め、時の宮寺新福寺に全員参籠し祈願したのが、そもそものはじまりだと説明している。ちなみにここには六苗とよばれる旧家があったが、とくに特権について強調されるところがない。

(3)　山の口講＝山の神講

(1)(2)の類例には、要するに講活動が、ムラ内で特定の家の連合を単位として行われていた、あるいは現在もそうである、といった点で共通している。宮座的な講結合は、特定の家柄の経済的没落もあって現段階では消滅しているが、株講のような同族的なまとまりはいぜん現在も機能している。山の口講の一つの特徴はこの株講と混成している場合が指摘し得る。竹田聴洲の調査による小浜市の名田奥田縄の事例がそれを示している。(2) ここでは山の神の森は、あたかもニソの杜のようであり、古風な祭りの姿がある。したがって、地の神・荒神と株講の結びつきも同様なケースであることが予測されよう。

ところが、山の口講と株講とがまったく別個に独立している場合の実例は多い。それらのまとまりの単位として、(A)山仕事に携わる人々を中心とする、(B)ムラ内の地縁的まとまりである組を中心とする、(C)全村挙って行う場合の三類があげられる。これらに共通なことは、祭日が年に二回、一月と十二月の九日という重要な年の分かれ目に相当する時期であることである。しかもこれが年の最初の村寄合的意味を持ちつつ古風な神祭りを施行することである。この講がムラとか組といった地縁的なまとまりの総体的な組織上に成立する点に大きな意味を認めるので、別に節を設けて論じたいと考える。

(4)　日待・月待

ムラ全体の祈願といった点に重きを置く場合、まず原始信仰に基づく集団として日待・月待の類があげられる。

高浜町宮尾の日待は、旧正月十四日を中心に二泊三日氏神の神殿にお籠りをするのであった。各家の戸主が米を持参して夜食をたべ翌朝の日の出を拝むのである。この儀礼にはネギさんとよばれる家一〇戸が中心になっていた。ネギさんはホウリともいい、この一〇戸をホウリ株といい、ムラ内の庄屋株と一致するものである。ホウリ株が神事の中心となりムラ人全員が参加する祈願であり、旧正月のほかに五月と九月の十四日にも行われた。高浜町宮尾ではこうしたお籠りの祈願が二十三夜講の場合にも同様に行われている。旧九月二十三日夜順番の宿で「徳大勢至大菩薩」の掛軸を前に月の出を待つものである。しかし日待にしろ月待にしろ、現在のムラ生活の中ではほとんど存在意義が失われてきている。お籠りの祈願だけを軸とするなら(3)の山の口講も同じ性質のものであろうが、後述するようにムラ生活の多元的要素を吸収した山の口講の伝承性は、信仰的要素のみに依存した日待・月待の類にくらべてはるかに強力なものであることに両者の差が生じたといえる。

(5)　庚　申　講

若狭において夜ナベ講と称される講には、日待・月待のほかに庚申講がある。庚申の夜、七種の菓子をおまると称して粉餅の上部に穴をあけたものを月の数だけ作り、宿に集まり炒豆を噛みながら徹夜するという習俗は若狭にかなり普遍的なものであった。庚申の日が農閑期に当たると、レクリエーション的意味合いの濃厚なものでかなり盛行した。以前は全村的なものであったが、最近は同信者集団であり、しだいに老人だけの集りになっているのは全国的風潮といえる。

(6)　念　仏　講

仏教勢力の影響下に成立したもので、宗派からいうと曹洞宗・真言宗系寺院のムラに多い。お念仏を唱えるのが中心であるが、名称や儀礼にはおのおのの相違が見られる。永平寺との本末関係を有する寺院が関与するときは、梅花講といい、真言宗系の場合には、月の二十四日を中心とする地蔵講が多く、ムラのお堂にお籠りして数珠を繰る百万遍もこの範疇に入ってくる。老人で、男の場合は梅花講に、女の場合は地蔵講・百万遍に集中しているのも特徴である。そして、後者の方は現在では寺院とのつながりはまったくなく、堂で老婆が御詠歌と念仏を唱えるというだけになっている。

(7) 報恩講

若狭の真宗の分布は稀薄であるが散在して真宗ムラがある。上中町末野もその一つである。村寺が真宗で、一月七〜十三日まで寺で説教があり、十四、十五両日にお講があった。これをオーヨーリ（大寄）といって、一種のムラ寄合であり、各自野菜や鉢物を持参して村寺に集まって馳走をたべていろいろと協議した。ちょうど他村における山の口講あるいは日待のような性格が基底にあったと思われる。

(8) 伊勢講

伊勢代参の習俗は近世来いたるところに滲透していたことは明らかであるが、伊勢講の名で、ムラ内に定着した実例は少ない。むしろ、ムラ内の組単位から代参人を出し、ムラ合体のお札をもらってくる形式的なものが多い。しかし美浜町新庄に見られる女ジメ講などの事例は、女性だけで旧三月十一日に集まり、天照皇大神の掛軸を前に食事をするというものであるが、伊勢信仰とどの程度かかわり合いがあったのか興味深い点を示していよう。

(9)　愛宕講・広峰講

ともに代参講の典型的なものである。こうした代参講は、近世期のはやり神信仰盛行時に成立したものである。とり上げる際の関心は、外部から導入された信仰要素が、ムラ内のどのような要素と結びつき得たかという点にある。若狭の場合、鎮火神の要素が、ムラ内の火祭＝盆の松明揚げと密着した点に一つの特徴がある。また敦賀市杉箸のように大火に再三見まわれた所だと、地縁的結合が即愛宕講となり、鎮火祭は各組ごとの愛宕社を中心に厳重に行われる。消火栓が置かれている個所に愛宕社が祀られている点などにもその意味の深さをものがたっている。

(10)　行　者　講

代参講の一例に大峰代参に行く行者講がある。この場合はムラ内に専門の大峰行者がいて、信者を連れて行くという同信者集団の見本のような形である。現在では、行者がいなくなったためにその存在はほとんど見られなくなった。

(11)　そ　の　他

秋葉講・金毘羅講・多賀講・大師講等々。いずれも成立時点においては、流行現象を示したが、伝承性を強く保持するに至らなかった。おのおのを分析することによってその理由も明らかになることである。ただ遊山気分で旅行する場合に、かつての代参地が選ばれることがある。そしてお札が持ってこられ、神棚に祀られたりする。民俗の再生産といった点から問題になり得るものであろう。

以上素描してきた各講は、実は集約的に一つのムラに表出しているものである。そこで次節において一つのムラを事例に選び、ムラの社会生活において、各講がおのおのいかなる意味を持っていたかを考察することにしたい。

二　ムラと講――美浜町新庄田代・寄積《よりづみ》の場合――

前節で記したように、若狭全般の講の諸相はさまざまであった。これをインテンシヴに一つのムラに限ってみた場合、おのおのの講の社会生活に持つ意味についてより具体的に知り得るだろう。

以下具体例として、美浜町新庄の田代・寄積の二ムラの実態を眺めていきたい。当該ムラを取り上げた理由については きわめて単純な動機による。一はこのムラに現在も多くの講が存在し、機能しているからであり、二は山間僻地といった立地条件で、若狭の中でも比較的古風な民俗を保持しているとの評価がなされてきているからである。(3)

美浜町新庄は、旧耳村の大字であり、耳川の上流約五キロメートルにわたった細長い地域である。新庄には小字のムラとして、粟柄・松屋・浅ヶ瀬・奥・寄積・田代・馬場・岸名の八つがあり、美浜町の沿岸部から耳川に沿って南行し、新庄に入って南側の二つのムラが、すなわち田代（五三戸）・寄積（三四戸）である。新庄全体は山間地帯で、川に沿った平地に水田が合計約九五町歩あるが、他はサンナイとよぶ共有山に囲まれている。村人は山仕事＝炭焼きを生業としてきており、サンナイの利用については、二〇八戸という限定があり、約三六〇〇町歩の山割が厳しく保たれてきた。南へ上って行くと狭隘な道ながら滋賀県高島郡に接していくので、木炭の運搬に好都合であった。運搬の道は、北へは河原市へつながる新庄道が盛んに使われていた。いったいに、資源の豊富な地で、一家の労働力で十分な生産量をもち、全体の生活は比較的豊かであったといわれる。

この新庄の中で田代と寄積はともに近接したムラであり、幅二メートルほどの川が境となっているに過ぎない。したがって、両者の行事の交流ははなはだしく、講などは、構成員が両ムラにまたがっている場合が多い。

さて、第7図は講とそれに対する簡単な生産暦を反映させた図である。二、三の問題点を指摘してみよう。

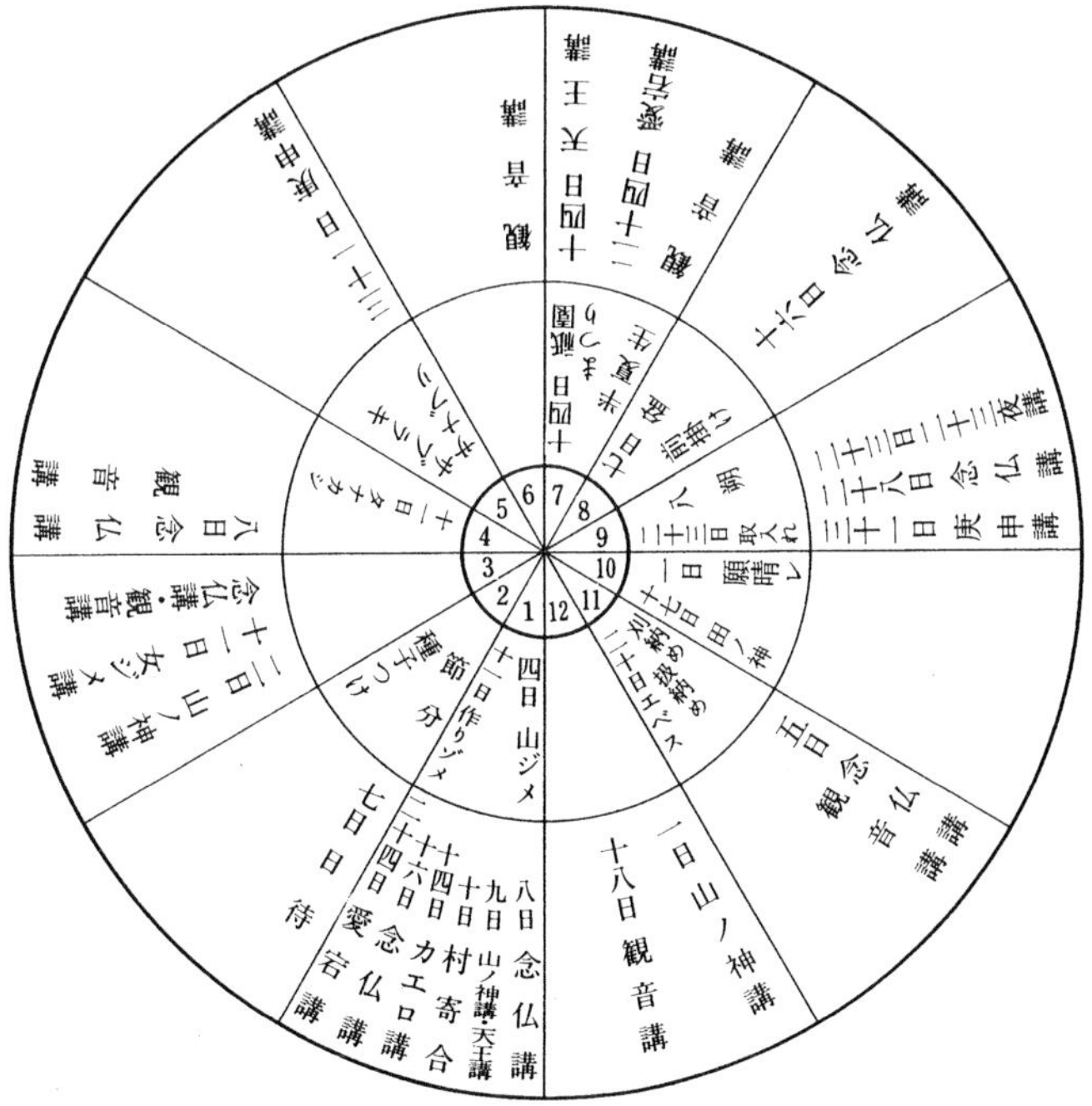

第7図　新庄の講行事

(1)　念仏講の機能

新庄の村寺は曹洞宗松月寺で、その末寺として、各ムラに堂が設けられている。田代には西雲寺があり、寄積と共同の堂となっている。このあたりの曹洞宗寺院は、永平寺を総本山として、歴史的に永い結びつきを各ムラと持ってきている。その典型的な表われが、念仏講である（梅花講ともいう）。各家の老人（六十一歳以上）が、講会のあるごとに西雲寺に集まる。トウニンが順番で決まっていて、その日の午後からお寺で、仏への供飯・お汁・煮物を作る。やがて老人が各家から、重箱をそれぞれ用意してくる。皆がそろうと、住職を座の頭として、念仏・御詠歌・般若心経などを唱える。

期日は、一月八日（ジョウザ上ゲ）、一月十六日が念仏始め、二月十五日、三月のねはん、五月八日をオツキの日、八月の盆十六日、九月二十八日の道元忌、十一月五日の達磨忌となっている。このうち、ジョウザ上ゲがもっとも盛んな講会である。この日より一週間前から、お寺にお籠りをして、僧の説教やお経を読んでおつとめした最終の日である。最近は厳しくお寺に籠るということはなくなってきたが、一月八日の講会はなおねんごろに行われている。念仏講は、六十一歳以上という限定もあり、いわゆる老年層の年齢集団といってさしつかえないであろう。一月八日で念仏講一年分が終わり、一月十六日から念仏始めと称して、講が前述の日程で行われる。老人たちは、いちおう家長権を譲っているから、山仕事にも直接関係していないが、いぜん長老としての権威はもっている。念仏を唱える前に、茶菓子など食べながら、ムラの出来事について、かなりの時間をかけて話し合う。しばしば紛争問題などを解決するためのかっこうのきっかけを、この念仏講で持ったといわれている。念仏講が成立した当時は、仏教の密着により宗教性を濃厚に保持した宗教講であったろうが、やがて、ムラ生活の内部からの要請もあって、世俗性がむしろ重要な機能として正面に出たといえよう。ごく最近、松月寺が中心となり、老婆の講として、斎《とき》講が成立した。年に一度、新庄中の老婆が集まることになっている。老人中心の念仏講の成立当初を思わせるようである。

(2)　山の口＝山の神講の特性と株講

第7図で山の神講（山の口講ともいう）に注目してみよう。まず十二月一日に山の神講がある。これを別に神迎えともいう。旧暦では旧十一月一日であった。新庄全体で山の神の祠が祀られていた。各ムラにはおのおの山の神講があり、田代には四つの講があった。現在では、班ごとに一つの講となっている。四つの講には、おのおの

頭人がいる。田代には四人の頭人がいることになり、その中の一人が宿をつとめる。その宿のことを「幣切り宿」といった。幣切り宿に四人の頭人が前日に集まり、御幣を切る。一人一本ずつで四本の数が決まっていた。新庄の全ムラを合計して三六本の御幣が準備される。三六本の数は永い間固定してきている。山の神を三十六社大権現とよびならわしていることからも明らかである。宿はこの御幣のほかに、一夜で仕込んだ甘酒と白餅（シトギ）・オコゼが用意された。当日午前中、頭人が羽織・袴で山の神の祠に参る。現在の祠は馬場の日吉神社（新庄全体の氏神）社殿の背後にあるが、以前は今の小学校のある山手にあった。祠の前に新藁が敷きつめられ、神主と頭人が三六本の御幣と、甘酒・オコゼ・白餅を供えた。一般のムラ人は、とくにこの祭りには関係しない。女人は先の幣切り宿には近づくことを許されなかったといわれている。この日は山の神講といっても、お講が持たれるわけではなかった。各講の頭人たちだけで行われる厳粛な儀礼である。ムラ人が挙って行うお講は、旧十二月九日、現在は一月九日の山の神講で、これを山ジマイともいった。

寄積では、正月九日早朝弓射ちの行事がある。その年、二十五歳・四十二歳・六十一歳になる厄年の男が二人射手となる。早朝公民館に各家一人ずつ（戸主または相続人）が集まり、射手を正面に坐らせ、村費から捻出された費用で酒三升を皆で飲み、白餅を用意して行列を作り、八幡社（ムラの氏神）の前の道路にしつらえた的場に来る。そこで二人の射手が交互に竹製の弓矢で的を射る。的に当たると凶だという。当てた人が不幸な目に会うといっている。だいたい距離が遠くて命中しないものであった。

弓はじめが終わると、午後に山の神講が行われる。寄積には、山の神講が二つある。ちょうど、上条・下条という地縁結合と一致し、各結合の全戸が加入している。各講に順番の頭屋がいて、自弁でご馳走をまかなった。床の間に山の神の掛軸をまつり、各家の戸主が集まり、飲食した。午前中の弓射ち行事と連続するものと意識されている。田代では、先の四つの講が同様に講会を持ち盛大に飲み食いをした。こちらには、寄積のような弓射

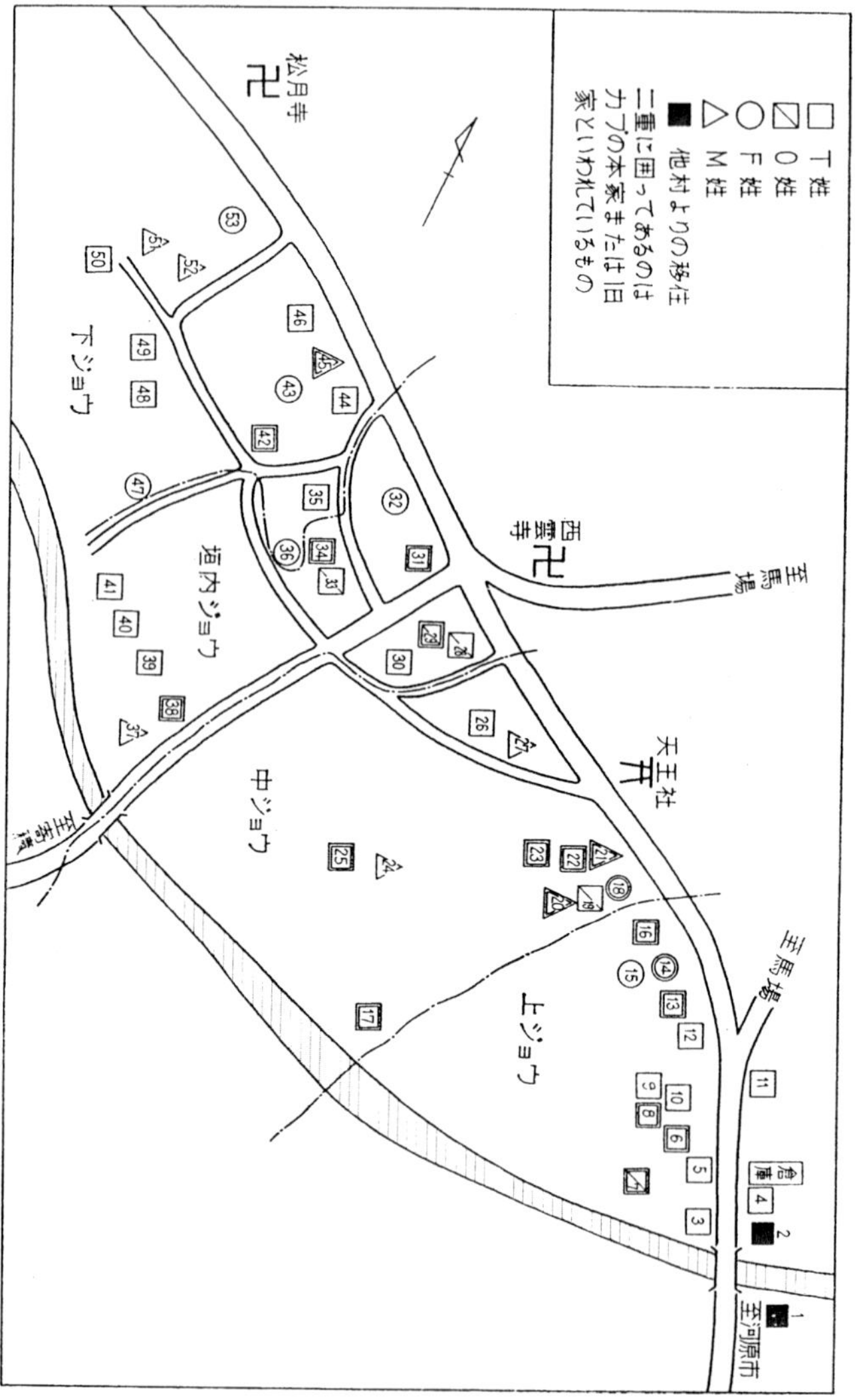

第8図　田代ムラの家屋配置（美浜町新庄）

ちはない。しかし田代のF株（第8図、F姓と一致）一〇戸のみ、山の神講の集まりに加わらず天王講を組織していたことが注目される。これは第二次大戦中に一応解消し、山の神講の現在の姿のなかに吸収されてしまっているが、いわゆる株講の性格を持っていた。

田代の株は、血縁的な本家・分家を軸に下男奉公して分家にあずかるケゴ分家を含める。第8図にみる同族集団の中に、またいくつか本家を中心にカブが形成されている。F姓は一四家を本家としてF株が一〇戸成り立っている。O姓は二九家を本家、M姓は四五家と五二家が本家を名のる。この場合、二戸の本家は株分かれの関係にあるという。T姓はムラ内で最高の戸数で、本家も三一家・四二家・六家・三八家・二三家・二五家・一六家と多い。これら各戸の相互関係は、聞き書きだけでは不十分である。これらの本家筋に当たる家は田代以外の各ムラにも存在するわけで、新庄中で五〇戸あり、これらを五〇株の家、またはクジ株（公事株？）とよんでいたという。

先のF株のように、同族神といわれるものを明確に持っていたかどうかは現在の聞き書きでは不明である。このF株のみ、たしかに同族神＝天王さんを祀っていたことがいえる。かれらは天王田を持ち、そこからとれる米で御供を作った。天王田を耕すのは、トウ人で、祭日にお神酒二升と鏡餅二升分を作った。天王さんの祭日は、山の神講の日のほかに七月十四日にもあり、天王講の講員が村中の者にお神酒・餅を作り配った。この天王さんは、この段階では、F株の同族神であるより、田代の氏神として祀られるようになっており、現在では、かつての天王講＝F株のものが神社の世話人だと意識されている程度である。この株講と山の神講の混融は興味深い現象といえよう。一月九日の山ジマイの日に、山の神講がムラ全体で行われる。その際とくにF株のみが株講を持ったというのは、特殊な例なのか、あるいは、山の神講の構成が、元来株的結合にもとづくものであったのか、あるいは逆に、山の神講の原初的形態が、ムラ共同体と合致すべきものであったのか、一つの問題が提起されよう。

ところで、一月九日を山ジマイとする山の神講は、三月二日に山祝いの行事を持つ。この日は各講ごとに、トウニンの宿に集まり、一人四升ずつの米を持参し、たらふく飲み食いをするのが特徴である。床の間に山の神の掛軸がかかり、寺の僧も来て、この日ばかりは酒肴をともにしたという。ちょうど、このころにはようやく雪解けも進み、山仕事も薪木拾いぐらいはできるようになっているが、まだ本格的な生産活動には入っていない。

山の神講はこのように、神迎え―山ジマイ―山祝いと一連の行事で結ばれている。ところで、山ジマイに対し、山ハジメに当たるべきものは、実際には山祝いがそれであろうが、べつに全国のひろい範囲にわたって共通性のある行事として一月四日に予祝的な意味をも含めた山シメとよばれる行事がある。山シメは山占メの意味である。一月四日、共有地のサンナイに各家の主人が行き、炭焼きに使う木を自分の分だけ定めて、一、二本の木を伐って帰ってくる。寄積では、その家の男の数だけ御幣を切り、それをまず、山の神に捧げてから、山中に行き木を伐って帰ってきた。これを山シメをしたともいう。山仕事を中心とするからには、山の神は守護神として、氏神の性格を持つ。十二月一日の神迎えをもって、ムラ全体の神事が始まるといえるだろう。若狭の他の地域に見る山の口講＝山の神講のようにコト八日に対比できるのは、一月九日と三月二日であり、その間に山シメが予祝儀礼として持たれた。新庄では旧暦が一月遅れに改められたが、全部ではなく、節分とか正月行事の一部は新暦になったり、旧暦のままになっている。暦の混乱で違和感もあるが、現在の生産生活のリズムとはきわめて密着しているという(4)。ここの山の神講のあり方も、そうした生産暦に即した存在が指摘されよう。

さらにムラ構造の面からみると、山の神迎えの三六人のトウニンは、株講の本家筋で作っていたクジ株五〇株に対比される。先後関係をいえば、三六戸→五〇戸の過程をムラの歴史の上でとったと思われる。三六戸がそもそもムラの成り立ちの最初の戸数ではないだろうか。これらがムラ全体の体制で山の神を祀っていたのであり、やがて、分家を作り、カブ分かれをしていくつかの株講を形成する。株講が同族神として、山の神ではなく他の外来神を祀りこめたことは明らかであろう。この株講が拡大していき、やがて現在のようなムラ内が一体化する地縁的な単位となって山の神を祀るようになったといえないだろうか。F株の天王講↓山の神講の事例が、そのプロセスを示していると考えられる。

(3) 女の講の存在意義

ふたたび第7図をみよう。三月十一日に女ジメ講がある。これは女だけの講で、各家の嫁・婆さんが宿に集まりご馳走を食べ合った。この日の食物はボタ餅が特徴であり、頭屋が決まっていて、そこに餅米を持って女衆が参集した。田代では戦時中に廃止されたが、寄積では最近まで行っていた。三月十一日のこの行事が終わると、女衆はさっそく、田のこしらえに取りかかるところであった。男衆の山仕事に対し、女衆の田仕事も重要であった。女ジメ講は仕事はじめに当たっている意とすると、十一月十八日の観音講にそれと対比さるべき終わりの意義がある。これはやはり女の主婦だけの講で、寄積では以前は一二戸だけで講田を所有していたという。一二人の主婦がその講田を順番に耕してその時の費用とした。田代でもその田から五〇ガリぐらいとれたので、それで餅を作り宿で食事をした。観音講の名称は、観音像を拝むことがあったからだというが、今では女だけの座談会ともいうべき性格になっている。ほかに婆さんだけの観音講があり、これは毎月行っている。(1)で示した老人の念仏講に対比される。したがって、主婦の十二月十八日の観音講のような田仕事に対応するものではない。

ところで女ジメ講は女神明講と解釈されるむきもある。たしかに一時期、天照皇大神の掛軸を床の間に祀っていたし、お伊勢参りをしないと一人前ではないともいっていた。しかし、女ジメがただちに伊勢信仰と結びつくとはいえないであろう。先の男衆の山ジメ・山シメにも対応すべき、田仕事の開始を意味するものと考えられるからである。

(4)　講とお籠り

新庄で夜ナベ講というと、二十三夜講・庚申講・日待・行者講があげられた。これに対する昼講というのは、ふつう午後で夕食前には終わる他の講をさしている。夜ナベ講は夜を徹してお籠りをすることを意味している。

一月七日の日待は、西雲寺の堂にお籠りをすることで、床の間に天照皇大神の軸をかけ、各組にトウニンがいて、各家から野菜・米を集め、戸主が裃姿で集まった。そこで般若心経の転読をした。女人は近づけず、食事の仕度はトウニンがしたわけである。堂に天照皇大神の掛軸をかけることに対して、この地方におけるムラ人たちの感覚からいえばたいして不思議でもなかった。堂がすでに宗派をこえて呪術的作法を行う場としての機能を持つ唯一の場所であったから、その目的に沿うものであれば何でもよかったのである。庚申講と二十三夜講も、やはりムラ全体が参加するたてまえであり、今度は寺でなく、トウヤで行った。この場合ムラ全体といっても、お互いが古くからのつきあいを持っている家に限られる。移住者や、新しい分家はこの講仲間にすぐには入れなかった。

「廿三夜講組帳」によると、明治二十二年の十月二十三日の講は、田代の分で一九戸加入しており、その構成は、地域に限られている（条ごと）。このうち、五戸が欠席している。明治三十八年には、二戸増え二一戸、明治四十二年にはさらに二戸増加して二三戸になった。現在では、このうち四戸減った。理由は講の費用をまかなうほど余裕がないためである。なおこの講帳には、「従来二十三夜講ハ毎月ノ二十三日ニ相勤メ候処大正弐年諸事改正ニ付弐月二十三日、七月二十三日、十月二十三日ト右三度ニテ相勤ル事ト講中一統協ギノ上相定之事」とあり回数が大正二年に減り、さらに十月二十三日だけになっている。近世期にはすでにお籠りの本義は失われてしまったから、生活を営んで行く上で不必要な場合は、消滅するのも致し方ないことであった。

ところで第7図を見て分かる通り、正月の七日から二十四日にかけて、連日のごとく講行事が持たれている。山仕事・田仕事とも休止中であり、生産暦のはじめとおわりの中間点に位する期間でもある。念仏講・山の神講を中心として、はさまれて一月十日にムラ寄合が行われていることは注目される。講のメンバーは、かならずしも一致しない場合が多かったので、ムラの話題が講をかりてつねに論議された。お互いに立場をかえて話をしたり、聞いたりするうちに、今年のムラ寄合の決定事項もしだいに固まっていき、いざ寄合になると、すでに納得し合っておりスムーズに定められた。ムラ内における講の一つの機能をよく示しているといえる。

注

（1）角秀吉「大飯町川上区の宮当講」（『若越郷土研究』五—二、一九六〇年）。

（2）竹田聴洲「山ノ口講と株講」（『民間伝承』一六—一、一九五二年）。

（3）当地在住の小林一男によって、新庄の民俗についていくつかのレポートが発表されている（『民間伝承』一五—八、一五—一〇・一一、一八—七など参照）。

（4）小林一男「若狭新庄の稲作儀礼」（『民間伝承』一八—七、一九五四年）。

第四章　代参講の地域性

一　代参講の成立と宗教意識

講が仏教寺院の講会に発して、講経に際して集会する仲間を意味し、これがやがて同信者集団を総括的に示すことになったことはよく知られている。講の名称は、中世以来の民間社会に広範囲にみられるもので、その種類は多様であるが、すでに桜井徳太郎などの先学の指摘によって、これが二大別され得る。一つは信仰対象がムラ内にあって、集団もその内部で完結しており、ムラ内の他集団と無関係であるもの、他は信仰対象がムラの外にあり、特定の神社・寺院・教団に所属するものである。後者の典型は、遠隔地の有名社寺への参詣を目的とした代参講である。

代参講は一般に近世中期以降簇生したといわれる。中でも豊富なのは山岳代参講であった。修験が関与した山岳が、抜きん出て、その対象となっていることは注目される。代参講には、信仰対象の中心である社寺に所属する宗教者（御師・神官・僧・修験）による組織化が顕著であり、いわば本山格にあたる社寺や教団の維持集団となっている。各代参講からは輪番の代参者が長旅を経て、目的の社寺に出向くわけであり、その宗教行動は、ムラの埒外に広く及ぶことに特徴がある。このことは、ムラ内に展開する信仰とは異質の信仰要素を成立させることになり、ムラ次元での民間信仰全体像を複雑化させる原因ともなったのである。

ここでは、こうした代参講成立の意味を、ムラに住む地域住民たちの宗教意識との関連から考察したいと思う。

二　ムラ氏神の権威

ムラ社会の宗教生活において、卓越した存在を持つのは、いうまでもなく氏神である。氏神祭祀の系譜は古代よりのものだが、われわれがムラ次元で把握できる形態は、中世武士団の同族祭祀に基づくものであり、これを軸として、地縁組織も広域に生成しつつあり、それらが複合して村落の成立が可能となったのである。近世の本百姓体制を基盤とする村落は、さまざまな地域差はあっても、幕藩体制下に組みこまれ全国的に共通性をもって出現している。この際、ムラの氏神＝鎮守社は、いずれも中世以来の形をもちこした場合が多い。それは宮座組織のあり方の中世→近世の変化をたどることで証明されている。(1)

ムラ人の心意が形成される生活単位を図式的に考えた場合、一つはいわゆる同族団であろうが、もう一つは地縁を媒介に成立した組織というべき葬式組であろう。同族的結合と葬式組の連合の上にいわゆる近世のムラが形成されているといっても過言ではない。そこに機能する宗教意識は、ムラ氏神への崇敬に統合されるものであろう。ムラ氏神の権威と規制が、ムラ人の宗教生活を支配することは明らかであり、換言すれば、ムラ氏神を軸とした宗教的世界が存在するといってよい。

こうした状況と応対する法令として幕府から寛文五年（一六六五）に出された「諸社禰宜神主諸法度」があり、とりわけ水戸藩が吉田神道の導入を密にして実施した「一郷一社之鎮守は可二立置レ之急度致二崇敬一」ことを旨と

した一郷一村の鎮守制度は銘記すべきものといえる。(2)

このことは水戸藩のように法として強要せずとも、ムラ内部の氏神の持つ権威の存在理由としては、当然の帰結でもあったのである。氏神が氏子の村人に対して、いかなる権威をもって対処したのかは、一般に氏神信仰の習俗の次元でみることが可能である。その第一に氏子入りの習俗があげられる。誕生してはじめての宮参りはかならず氏神に対してなされるものであった。氏神の承認を得るために、社前で赤子をわざわざ泣かせたり、神主にお祓いをしてもらう。宮座を祭祀組織の中核とする地域では、氏子入りを重んじ、その年氏子になった者の氏名を書いた氏子札を祭りの際に神前へ安置したりもした。氏子札を奉納し、これを祭りで重視することは氏神の氏子に対する統制をよく示すものだろう。

また氏神の禁忌も権威を表わす指標である。牛頭天王系の神社の氏子がきゅうりを食べてはいけないとしたり、諏訪神社の氏子が胡麻を作れないとか、戸隠神社の氏子が梨を食べてはいけないとか、いずれも食物禁忌として分類される性格のものである。基本にはそれがその神への神供として重要な食物であり、人間がみだりに普通の食物としてはいけないのだという心意に基づいている。大きな信仰圏をもった名社の類の他にも、ムラの鎮守の氏神のおのおのが古来からそうした習慣を氏子に保持させている例もよく聞かれる。その場合、氏神を祭祀する一族たちの間にだけ旧慣を守るといった考えが強く表出していることに気づく。「うちの氏神は南瓜を喰わない」とか「うちの氏神は鰻を食べない」として氏子たちもそれにならっているのである。ムラ人全体ではなく、その中の特定の一族だけに禁忌が伝承されているのは、ムラ氏神が以前同族の神であったことをものがたっている。

さてムラから離れて長旅に出るとき、かならず氏神参りが行われることも、氏神の権威にかかわる習俗だろう。出発と帰着に際して、ひとまず氏神に報告するのである。旅の留守中に、留守を守る家族が、氏神にしばしば参詣することを慣いとすること、またムラに嫁入りした花嫁が入家式やお披露目が終わった後、氏神へ挨拶に行かねばならないことなども、氏神の権威を認めての行為であることは明らかである。

右の諸事例から氏神祭祀を軸としたムラ単位の小宇宙がモデルとして形成されているといってよい。これが同時に近世のムラ秩序の一環をなしているわけである。

近世のムラにおける氏神信仰の問題を、村人の宗教心意なり意識との関連からとらえた従来の研究は少なく、わずかに桜井徳太郎の論考をあげ得るに過ぎない。(3)

桜井は、全国の代参講の中でとりわけ伊勢代参に注目している。代参者の出発・帰着に際して行うデタチの振舞やサカムカエの習俗をとり上げ、これらが厳重な物忌を前提としていることに加えて、氏神参拝を必須の条件としている点に注目している。代参から帰ってきたら何をおいても氏神に参り、それからオカリヤに入って甘酒を酌み、しかるのち初めて家に帰って休むことが許されたという。このことについて、「氏神が自己の管轄する領域に、外部から異質的な信仰を持ち込まれた場合、決してそれに無関心ではありえなかったことを示すものであろう(4)」と指摘している。

氏神はムラ内の伝統的信仰の中核であり、本来ならばオールマイティの神として、氏子たちのすべての祈願を叶える存在となって機能すべきものである。ところが現実のムラには実に多くの雑社が乱立している。この点をどう考えるべきなのだろうか。

つまり近世の一つのムラの宗教生活には、たえず外部から信仰が導入されていたのであり、氏神の立場からいえば、権威の喪失を意味するか逆に寛容性を意味するかが一つの問題となってくるのである。

桜井の興味深い分析によると、外来信仰が入ってきた場合、ほとんど、氏神の権威と管理のもとに厳重に統制されたという。たとえば代参講の講員が代参して他社から神札を受けてきて、それを各家に配札するのが慣例であるが、それ以前には氏神の境内に奉納所をしつらえ、そこに奉安した段階が想定されている。(5)

さらに伊勢御師が外部から訪れて、布教活動をすすめる場合、かならず在所の氏神社を拠点に展開させた。これは田屋神明の存在形態から証明されるもので、伊勢を勧請した時、御師は氏神社の境内に接する地に旅屋（田屋）を作り、そこに暫時滞在してお札を配り、お初穂を徴集したという。この田屋はやがて定着して、神明社として崇められるが、初めから氏神社と区別されており、決して氏神の地位を奪うことはなかったのである(6)。このことは、伊勢神宮という外来信仰の中では、もっとも勢威ある信仰が導入されてきた場合でも、在来のムラ氏神の権威を奪いとることが不可能であったことを知らしめるのである。

現在のムラ氏神の境内には多くの摂社・末社の類が豊富にみられる。もちろん明治四十一年の神社合祀でいっそう小社が寄せ集められたこともあるが、これらはいずれも氏神の権威を認めた結果に他ならないだろう。こうした観点は、もっぱら氏神の権威性・寛容性といった性格を、氏神の立場から分析したものといえるだろう。ここで角度を変えて、ムラ人の側から、その宗教意識との関連で考えてみることも肝要だと思われる。

三　外来信仰の導入

村の守護神である氏神に寄せる民衆の祈願内容は、共同祈願と個人祈願に大別されるが、より前者の祈願に集中されていることは、多くの民俗資料の示すところである。ムラ共同体の危機が迫ったとき、まず救いを求められるのが氏神だった。日照りが続き農作物の凶作が予想されると、雨乞いの呪術がなされる。雨乞いには地域差があるが、もっとも共通して報告されているのは、氏神の社殿に参籠して祈願することだった。ムラ内にある池とか滝に水神のこもることを信じ、氏神以外に水神を信仰する例もあり、また村外で雨乞いに霊験高い名社大社に参拝する地もきわめて多い。しかし著名な水神社に参拝してきても、その種水を運んできてその水を最初に氏神の境内にばら撒く作法はよく伝承されている。こうした例をみても、外来の水神信仰が氏神の機能を通して発揮されていることがうかがえるだろう。

にもかかわらず、氏神の霊力が単独では充足できなかったことも明らかなのであって、このことは、一般民衆のさまざまな欲求に対して、氏神単独の力では応じきれない状況が生じていたことはたしかであろう。

さてムラに住む民衆たちが起こした宗教的行動として、ムラ送りという現象がある。簡単にいうと、ムラ内にこもった悪霊をムラの中から追放するための呪術だが、一つのムラから悪霊を境の外へ放逐してしまえば隣ムラへそれが移る。それをつぎつぎと送って行く、これが村送りの形式である。

『民間省要』にのせられたムラ送りの事例をあげてみよう。[7] これは念仏踊と習合した形で、また地蔵信仰も介在した形のものである。

頃日世に地蔵念仏といふ事初り、其源ト下野国岩船山より出しよし、段々田舎の村々にして、是を勤て、順々に村送りにして、送り迎へす、その事初はあさとく紙にて船やうの物造りて、其中へ地蔵尊を入れ、村中相催して、念仏申成ハ、一七日二七日宛勤て、五三里の間、村々ニ遊行し歩きしに、いつしか事長して、後には船も地蔵尊も大きく美麗にこしらへ、金入の水引かけ廻し、色々造花を餝り、笠ほこ出しなと造り立、村中の男女人の娘娵なと迄、衣類笠一様にして、ひとへに祭りの行烈（ママ）の如く綺羅を尽して出立テ、なか持なとかゝせ、中食入れて、茶弁当など為持、手々ニ松虫の小キ鉦子ヲ首にかけて、念仏の声おかしく揃へて、おとり杯の音頭のことくニ仕り所々へ徘徊して来は、寺方方丈ハ名主〳〵の庭を借りて、おとりはねて、昼夜さまよひあるく、折節、其頃世上飢饉にして、人民くるしむといへと、かくの如くの入用は、何処により出る事にや有けん、見事勤て順々に是を送る（下略）

右の史料から分かるように、このムラ送りは下野国岩船山（現栃木県）を信仰の中心とする地蔵念仏に端を発している。これがムラを巡行する際、ムラごとに男女がハレの衣裳をまとい、練りを作りながら船形の輿などに地蔵をのせて行く。時期的には享保の飢饉の最中であり、一方に人心の不安があったが、そのような不安を起こす悪しきものを鎮送する意図によるところは明らかであった。この地蔵念仏をすれば、疫病神がムラに入って来ないともいっているから村送りに加わる民衆の祈願のあり様もうかがえる。

近世社会ではこうした現象は、伊勢信仰と結びついたお蔭参りによく認められることである。閉鎖的なムラから脱出して、伊勢へ集団的熱狂状態で踊って行く。これが道筋の村々の民衆を巻きこむのであり、現象的にはその形式はさだかではないにしても、基本的にはムラごとに踊られる疫神送りや豊作踊などの介在したことが指摘され得るだろう。

この場合、氏神の機能とどう関係するのだろうか。先の下野国に広まったと思われる地蔵念仏のムラ送りは、明らかにムラ氏神を無視したところに成立している。ムラ人の渦は外来信仰の地蔵念仏を中心に動き、そこでは疫病除けが祈願となって存在している。要するに氏神が同じ機能を持って介在する余地はないのである。ムラ人たちは村送りの形式でもって、悪霊を払い、それを氏神に期待することをしなかった。氏神よりもより霊験あらたかな存在が望まれていたことになる。

こうした熱狂的現象は、日本宗教史の系譜の上でもしばしば起こり、それは大なり小なり社会不安と結びついていた点が注目される。ムラの鎮守神でありかつ伝統的神格でもある氏神の機能は、この際は民衆によってあまり期待されていなかったといえるだろう。

近世民間社会に顕著に表出した右の現象は、外来信仰の強力な伝播によるところは明らかであった。布教者たちは、旅の遊行者として特別な鑑札をもって自由に往来できたから、ムラ外部から村の中へつぎつぎと新しい信仰要素を導入してきた。近世初頭の段階でかれらはムラ内に定住する場合が多く、やがてムラ内に寺院を作って、住職となる者や、庵主や堂守りの類となって、民衆たちに崇敬される位置についた。寛文から元禄にかけての一連の幕府の宗教政策は、宗教者を政治の次元に即応させ、民衆支配の一環に組みこませた点が指摘されている。ところが一定の枠組みに入らない宗教者たちも形成されるに至った。これは元禄五年以降寺院の増加を止めさせ、同時に旧寺院に対して経済的援助を打ちきったことに遠因があった。このことは寺院だけでなく神社の場合も同様であり、以後社寺経営は独力でまかなわなければならなくなった。そこで勧進の行為がひんぱんとなったのである。勧進に従事するのは、社寺の下級に位置する社人、神子、聖、修験の類であった。かれらは本山格の社寺から命ぜられ、諸国に勧進に赴くが、祈禱術に長じていた者は、勧進にことよせ、巧みに信者を集め、ついには、ムラ内にとどまって祠堂を構える者も出てきたのである。

このことは当然幕府が警戒していた新義異宗の禁に接触することとなった。徘徊する宗教者が滞在して荘厳な祠堂を構えて、絵札をかけ信者に布教することを厳禁するお触書は、近世中期に集中して出てくる。

たとえば天明八年（一七八八）のお触書にいわく

一、他国より御当地之借地借宅致し、勧化所其外法用ニて罷出居候所寺院社家修験共、寺社之神仏旅宿ニても、朝夕之勤行可レ致事ニ候得共、心得違、仏檀神具等荘厳目立候様取筋、或は手水鉢挑灯等表之差出置候も有レ之候ニ付、不ニ目立一様可レ致段、兼て寺社奉行より申付有レ之候得共、年久敷罷在候ものは、承伝参詣いたし候ものも多、古跡地同様ニ相見、紛敷、信仰之輩多相成候てハ寄附之品も相増、外々ニてハ古跡之寺社同様ニ相心得、如何之儀ニ候(8)（下略）

とあって、勧化所に来て勧化する宗教者たちが、しだいに神仏の常在所のごとくに見立て、信者を集めていく様相を読みとることができる。ちなみに同じ内容の触書がすでに明和四年（一七六七）にも出ている。幕府が直接新義異宗とはいわないまでも、その危惧がいだかれていることは明らかだろう。

そしてこのことは、天明八年六月の触書においても察知できる。これは甲斐・駿河両国に限定した内容となっているが、

(前略)前々神子修験無レ滞往来候処、近き頃右郡々村々境に禁制之札相建、非人共番ニ附置、神子修験村内出入不二為致一候、修行計ニモ無レ之、一派仲ケ間親類縁者有レ之候もの、通路不二相成一由聞候、神子修験共ニ触頭より銘々修行札渡置、紛敷儀無レ之条条、前々之通往来可二為致一候、若又修行ニ事寄セ、悪事致候ハ、可二訴出一候事[9](下略)

これは勧化とは直接記していないが、要するにムラに出入していた宗教者たちを禁制したことが明らかである。つまり外来信仰を伝播させる宗教家たちの活動を制限していた節が認められるだろう。

しかし触書が出されるほどだから、現実には多様な呪者としての宗教家たちがムラに流れこんでいたことは明らかであった。そしてかれらの祈禱術がムラ氏神の霊力を凌駕していたことも類推できるのである。神子修験と記された者たちが、村外から大量の新信仰をもたらしたのである。

とりわけ天明八年に右の二つの触書が出されていることは、注目されることである。先の享保年間の飢饉の直後に関東地方に流行した地蔵念仏の例にもみるように、ムラ内部に危機が生じた場合、氏神の守護神としての機能だけに依存できない民衆の不安が、外来信仰を大量に導入することを望むことは明らかであり、社会不安の高揚と、外来信仰の村落内における増加とは軌を一にするものと理解できよう。

四　山岳代参講の成立

そうした点をいっそう明確化させるために、近世中期にきわ立って簇生し、日本の宗教社会史に注目される現象となった山岳代参講について分析を進めてみたい。

山岳信仰の展開する過程で、一般民衆が山頂へ登拝することは、中世の段階ではきわめて限られていた。山伏を中心とする修験道を背景とする山岳の霊力は、里方へ下ってきた山伏を通して、民衆にもたらされていた。だが近世に入ってそのあり方に変化が生じた。従来容易に登拝できなかった霊山へ、在俗信者たちが自由に行くことのできる信仰体制が確立したのである。山岳代参講の簇生がその指標となる。霊山の存在は、古代・中世を通じて、一定の地域社会に居住する住民たちの霊山であった。しかし霊山に蟠居する宗教者の組織が固まると、その信仰を平地に住む人々に宣伝・布教させることが盛んとなった。

ここで重要なことは、従来登拝の不可能だった山岳に登ることを可能とした事実である。このことは、何故山岳に登拝する必要があったのかという心意、それを支えた社会的経済的条件との関わり方から考える必要に迫られる。宗教史の流れの上で考えるならば民衆の山岳登拝が民衆のもつ価値観・世界観の中で一定の枠組を与えられたことを検討することになるだろう。

山岳代参講の成立にあたっては、中世以来宗教的権威を背景とする宗教者の介在が前提となる。かれらは山麓を中心としつつ霊験の機能を表現する神札を配布する信仰圏を拡大して行く。この配札圏は、山岳の霊力のある神格の支配の及ぶ範囲であり、それは同時にその山を管理する山伏・御師たちの生活基盤でもあった。

信州戸隠山の場合、山中に三六坊の院があり、山麓地域を中心に信州・越後に配札した。院坊の主が檀家をまわり、次のような品々を信者つまり檀那たちに配るのである。

かいこ札、巳待、杦子、はし、牛王、中札、上札、猿除、川除、扇子、薬丼紙、くし、たばこ入れ、ものさし、はり（「檀方帳」文政〜天保年間より）。

このうち、かいこ札、巳待ち、牛王、中札、上札、猿除、川除などは、戸隠神の農業神、水神的機能を示す守札であり、戸隠信仰の内容を示すものである。(10) それ以外の扇子とか物指、針などの日用品を一緒に配っていたことは、信仰内容の世俗化の表象でもあるが、外来要素が氏神中心の地域社会に受容される際の現象でもある。戸隠の宗教者（天台・真言系修験の出自）は戸隠の山神である九頭竜と称する蛇神＝水神を祀ることによって、多くの信者を集めてきたのであり、それは巳待ち講と称する信仰集団をムラ内に結成させていた。(11) したがって、戸隠修験が平地に下ってきて、村内の巳待ち講を訪ね配札するのが一つの宗教行動として成り立っている。信者は外来信仰の伝播者である戸隠修験に対して、お初穂を献上した。夏は大麦、秋は籾というのが、明治・大正頃までのしきたりであった。

こうした事例は戸隠山だけではなかった。たとえば富士浅間の御師たちも、浅間大神を神格に祀る宗教者であり、富士山麓に住みついていたが、やはりそれぞれ配札圏を持っていた。中村左近という御師が配札して行く場合の様子を次の史料でうかがうことができる。

甲府、二月十九日

出壱両ト百七拾九文、湊屋ゟ買物〆荷出百文、杓子五十本買、

出八拾四文　曲物六ツ買

出百文　清七方ゟ箸二百ぜん買
出八百十九文　葛木扇屋ゟ風呂敷十五買
出壱朱三百三拾文　干物三百枚
南桑原村
銭初穂　四百九拾文
名主様　黒繻子壱文売　壱分弐朱
北桑原村
源蔵方　男帯　三分也(12)

これは諏訪方面に配札に出かけた際の会計を記帳したものだが、御師中村左近は、甲州河口湖のほとりに住んで、そこから出張する、まず甲府へ赴き、そこでムラ内に入りこむために諸品を買い求め、荷をそろえてから、南桑原村、北桑原村へ入ってきた。ムラに入ると名主の厄介になったようで、そこで黒繻子を買ってもらっている。いわば商聖《あきないひじり》と同じ機能を持っていることがわかる。

寛文年間以後の寺社諸法度は、周知のように従来の朱印、黒印地の増加を認めず、有名社寺は建物管理運営を自力で賄わねばならなくなり、勧化、勧進の方向が強調されることになった。山岳系の社寺にしても、建築物の管理のために盛んに勧化を行った。とりわけ組織力の強い修験者たちの活動は各地に勧化を広め、配札圏を確立して行ったのである。こうした傾向は一般的な趨勢であった。

山岳の方から伝播する宗教的勢威は、毎年配札される護符の類が中心ではあったが、ムラ人との交流の手段として日常生活用品を山間の良質な材料で作り、あるいは山中の草木で秘伝の薬を作って、これをもたらした。それは副次的産物ではあったが、それらは新宗教に付随するゆえにマジカルな意味も認められていたことと推察され得る。

山岳から派遣された宗教者が自己の経済的基盤を含めた上で、信仰圏を形成する、その基本に代参講が組織化されるケースが、戸隠講、浅間講にあてはまるだろう。このケースは古代以来の霊山、名山を背景とした山岳信仰に限って見られるのも特徴であろう。他にも類例は多く、上州の赤城山講、武州御嶽講などもよく知られている。

五　三峯代参講の構造

さて外来信仰が地域社会に受容され、代参講が成立することは一つの民俗文化の型として設定されるものであるが、そこに成立する代参講の信仰内容についての分析はまだ十分になされていない。

そこで次に現在秩父市にある三峯山を中心とする山岳信仰の実態をとり上げてみよう。『譚海』には、三峯信仰について次のように記している。

三峯山の社といふは、秩父の奥大滝といふ山中にあり、この神霊有守札を門中に張付置ときは、盗賊の難をさけるといへり

中山道熊谷駅の西より秩父へ行みちあり二泊ほどへて下はくれ、上はくれなといふ峠を二度至る所あり嶮岨いふべからざる道なり（中略）然れども時々貴人の代参など従来たゆる事なし

これをみると、三峯信仰は盗難除けの霊験で知られており、その守札を門口に貼れば盗難を避けることができるという。秩父の山奥深くの社へ参詣人が集まるのだが、とくに貴人の代参も立てられていたことが分かる。

三峯山中には狼が以前数多くいた。『嘤々筆語』に「その山に狼いたく多し、これも其神に祈請ば狼来りて猪

鹿を治め又その護符を賜りてある人は、其身殃害に遭うことなし（下略）」と記され、狼信仰が基本にあったのである。狼・山犬の類は、山岳を跳梁していた故に、山神のつかわしめと思われていた。三峯の神札は、今もそうだが、狼・山犬の絵が画かれている。これは別に狼の御眷族と呼ばれていた。このお札は代参講員たちの崇敬の的であったのである。

近世中期の江戸で三峯代参講はきわめて盛行した。この際、三峯の霊験は盗難除けの他に火難除けが加わっている。江戸は単純に考えて、都市社会の形成された地域社会であるから、当然ムラ社会とは異なる現象が生じているはずである。端的には人口密度の集中があるわけで、そのことは信仰内容にも特色を示させている。三峯の霊験が盗難と火難に代表されているのは、それが江戸という地域社会の住民たちによって、より多く期待されたからであった。

都市である江戸には、さらに身分的階層性を示す社会構成が存在した。いうまでもなく武士と町人との対比であり、このことは代参講のあり方にも、ムラとは異なった影響を与えていることになる。

三峯神社から配札を受ける代参講の信者層はどのようなものか、近世末期（嘉永年間）の江戸における「配札帳」によってみると、(13) 配札先は(1)大名とその家臣に対して一六、(2)旗本、御家人に対して六八、(3)個人名ののった町人に対して一一二、(4)講社名ののっている町人に対して六〇、(5)修験・僧侶など三一、といった分類がなされる。これをもう少しくわしくみてみよう。

(1)　大名とその家臣は、紀州公、仙台様大奥、宗対馬守、松平摂津守などの名があげられている。

中奉帛書札

火盗中書札奉帛包　紀州公様

白木台二十条　御広鋪

本紅白水引掛ヶ　御用人方江渡し

右の例は「配札帳」の最初に記されたものである。三峯の方で、江戸ではまず紀州藩の江戸屋敷に配札することが、一つの権威づけとなっていたことが分かる。用人に渡すのは特別に仕つらえた奉帛であり、紅白の水引きも掛けてある。一般民衆に配られる札とは形態が異なっている。紀州藩が何故三峯と結びついているのかが不明だが、屋敷内で大名家が特別に個人祈願をしていたことが分かる。なお右史料の末尾には、「紀州様御家中」の連記がある。これらは江戸住みの藩士の名前なので、藩主と家臣が三峯に祈禱を願っていたことにもなる。

(2) 旗本御家人の場合は、個人単位の祈願がなされていることを知る。たとえば、

御犬壱疋　小石川六角坂

宮崎七郎右衛門殿

という書き方がある。「御犬壱疋」は、先の狼＝山犬を描いたものである。また、

武運木札

奉帛包上字斗

奉幣火盗中奉帛包　小石川 佐藤誠一郎殿

上扇子蕎麦粉一袋

岩茸、弐俵帛包

というのもある。武運を祈る札があり、とりわけ個人的心願によるものと思われる形式である。江戸は武士のマチでもあったから、武士社会で代参講を形成させた事例があってもおかしくない。ただ町人層にくらべると、その数はきわめて少ないことは明らかである。

(3)

(4) 町人の場合には、個人名と講社名の二通りの記載がある。

一、御犬壱疋
火盗御止弐枚ツツ　芝田町 相模屋儀兵衛
一、御犬壱疋
火盗御止三枚ツツ　飯倉町三丁目 堺屋庄兵衛
一、御犬壱疋
火盗御止拾枚ツツ　飯倉町三丁目 堺屋四郎兵衛
一、御犬壱疋
火盗御止三枚ツツ　西久保神谷町 堺屋治兵衛
一、御犬壱疋
火盗御止三枚ツツ　飯倉歴木坂 堺屋新兵衛
〆五ケ所　堺屋新兵衛殿取次

右のケースは、堺屋新兵衛が五名の町人の希望する神札をとりまとめる役を担っていることが分かる。相模屋を除きいずれも堺屋を名のっており、商家同族団を形成しているのかもしれない。各個人が三〜一〇枚の火災盗難除け、お犬を描いた護符を一枚要求している。大きな商家であれば、門口のほかに家の内部の要所に貼りつける呪いをしていたことが推察される。あるいは大店であれば奉公人の数だけとり寄せたことにもなるだろうか。

さて右にみた取り次ぎの者が、果たして代参者に該当するかは判然としていない。堺屋の同じのれん内の者たちの講組織とまではいっていないことは、これがたんに取次とのみ記されているだけで一般にみる講元、講世話人の名称でないことから知られよう。むしろ講の形成される前段階と見なされるだろう。

ところで「配札帳」に正式に記された講の数は六〇あり、講員数を数え上げると、約三七〇名ある。すべて町人であり、先に掲げた事例のような個人名を記した数一一二名を加えると、三八八二名で、これが江戸における嘉永年間の三峯講の信者数と推定される。

講の編成をみると、最大規模のものは、小石川下富坂の一四〇名で、このような一〇〇名以上を数える講は七である。最少規模のものは、九名の講員数でこれは築地小田原町にあるが、平均して講員は四、五十名のものである。

講組織は町とほぼ一致している。一つのマチ社会を超越して結合した講は、たとえば小田原町、本船町、室町、安針町にまたがるもので、講員数四〇名である。また下谷の坂本町、御切手町にまたがる六五名の講、木場、堅川の二町にまたがる永続講の名をもった八〇名の講の三例があげられる。

マチを地域単位と想定するなら、講組織がマチと一致する場合と、マチを超えた地域に設立されている場合のあることが指摘できる。

さて講が形成されている場合、講元一名、お世話人若干名が組織の中心となっている。

一、節分扇子　成子町淀橋講中百軒
　御世話人扇子附　円覚院御房持

右の例では、円覚院を名のる宗教家がお世話人を名のって関与している点に気づく。こうした例は、日本橋小田原町の講（六〇名）、小田原町、本船町、室町、安針町の講（四〇名）の場合に記された「法徳院御房持」、深川海辺大工町では「成就院法印講中三十五人」とあった。円覚院、法徳院、成就院などは、三峯の御師なのか、これと関わりのある江戸住みの修験なのかは不明確である。彼らは江戸の講中結成のために活動をしており、その結果、町人社会で成立した講のお世話人の役割についたことが明らかであった。

だが多くの講社では、町人たちの間から講元とお世話人が出てきている。このことは三峯系の宗教者の世話

（管理）を脱却した宗教行動といえるであろう。ちなみに講社に個人名を連ねた町人たちをみると、嘉永七年の「御用金上納帳」にのせられたのは、深川富久町の湯浅屋十右衛門、神田紺屋町の万屋直八の二名である。(14)「御用金上納帳」は、当時の上流クラスの町人が記されているのであって、三峯講に参加した町人の大部分は、それ以下の中下層クラスの人々であったことが歴然としている。職人層もかなり加わっていたことは、大工・左官各一名ずつが講世話人として連ねていることから推察できるだろう。

(5)　宗教者の関与という点では、先にあげた史料の中で、町人の講の取り次ぎ者として三名の存在を知ったが、彼らの性格は不明だった。ところが、

一、祈大壱枚
　火盗中五枚ツツ　　芝御山内 天嶽寺
一、同　　芝御山内 正海寺
一祈大火盗中　扇子　　修験屋敷 安養院御房
一、同　　修験屋敷 正覚院御房

といった例が三〇ほど記されている。記された神札数からいって、配札を取り次ぎ、自分の支配下の講に配るといった形ではなさそうである。

しかしたとえばこのうちの安養院は別の箇所で、

一、御犬壱疋　新橋惣十郎町　若狭屋忠右衛門

一、同　日本橋通四丁目　大文字屋次兵衛
一、同　山下町　松浜屋嘉兵衛
右三疋　安養院取次

とあって、安養院は別に取り次ぎをしていたことも明らかである。したがって三峯山の方で安養院に取り次ぎ方を依頼していたことが推察されよう。

以上の諸例からいえることは、江戸という地域社会に対して、三峯山の信仰が導入される際、かなり強力な宗教者の介在があったこと、この宗教者は三峯側の御師というよりは、江戸在住の修験者が多かったこと。この点は中世以来の権威を持っている山岳代参講のあり方とは差がある。

ところが、幕末の段階では、在俗信者たちが中心となって、宗教者の介在を必要としないままに講を形成させていたことも明らかとなっている。このことはとりわけ江戸という地域社会の町人社会において可能となったということになるだろうか。町人の日常生活下で、災厄を除こうとする要求がきわめて積極的なのであり、そうした宗教意識が軸となって代参講の盛行を促したといえるのである。

六　マチとムラと代参講

三峯講にみるように、災難除けを一つの連帯意識として結ばれるような状況は、江戸の都市生活の中にはたえずあった。これは単純にいえば人口密度の過多な都市生活に宿命的に襲ってくる流行病発生などの際によく発揮されている。

たとえば相州大山に対する大山講は、江戸の都市性を基盤に成立した代参講といえるだろう。『江戸総鹿子新増大全』（寛延四年）には、

六月八日より七月七日に至る相州大山石尊に参る輩両国橋の東にて河水にひたり、垢離を取てをめく声蚊の鳴くが如し、七月十四日より十七日の朝に至る盆山といふ此輩市人の中にて中人巳下の者のみ也、放逸無慚の者のみ多き事いぶかしきよし

とある。江戸町人のうち中下層の者がとりわけ参加している水垢離の様子がわかる。これは大山代参に出発する前に課せられる修行の一つだが、「重き病者ある時、近隣の者川にひたりて当社を祈る、手ごとに稟しべを持ちて高声に祈念し、水中に投ず、流るるを以てよしとし、ただよふを以て悪しとすなん」と記されたように、垢離自身に病気治しの霊験をこめていたのであった。近在の者が身代わりになって祈願する形式だが、これが大山の神に対してなされるものであり、病人を救うための共同祈願の方式でもある。

大山代参は、江戸町人の病気治しの願望をこめたところの連帯意識の上に成り立っていたといえよう。しかし表面的には、盆山を中心としたレジャーを楽しむ山登りという娯楽性が色濃く出た代参講の一例とみなされている。

一方、農村を単位に展開した代参講は、農耕生活の順調な進展を祈願する農民たちの祈願を基底として成立したことは江戸のそれと対照的になるだろう。病気治し、火災、盗難除けといった霊験の多様性は農村を次元とした場合には表出してはこない。

戸隠・赤城山・富士浅間・榛名・武州御嶽などは、山岳に蟠居する宗教者の強力な介在に基づいて講も作られ、それらの霊験は、農業神的要素を核として、ムラ次元の民衆の間に受容されたのである。

ところで、三峯、大山などの場合は、むしろ災難除けの流行神の状況で個人祈願の対象として受容されたとい

える。その際特徴的なのは、山岳側の一方的な布教よりも、地域住民＝町人たちの積極的な宗教行動が優先していることである。代参講が在俗信者の側にイニシアチヴをにぎられていることもその表われである。

これらをまとめると次のようになるだろう。

〈戸隠講〉天台僧三十六坊、山伏→配札圏（信州、越後）農村→代参講、農業神、雨乞

〈赤城講〉赤城神社御師→配札圏（上州中心）農村→代参講、農業神

〈富士浅間講〉浅間神社御師→配札圏（甲州中心）農村→代参講、農業神

〈武州御嶽講〉御嶽神社御師→配札圏（武州中心）農村→代参講、農業神

〈三峯講〉三峯神社御師→配札圏（江戸中心）都市→代参講、鎮火神、盗賊除け

〈古峯講〉日光修験、石原氏→定着、霞場→代参講（会津から東北）農村、鎮火神

〈大山講〉阿夫利神社御師→配札圏（江戸中心）都市、→群参、代参講、災厄除け

都市社会では多様な霊験をもった機能神が多出するのが特徴である。マチにはマチの氏神はあるにしても、その霊力はムラの氏神とは格段の差がある。しかしマチはもとムラであったという原理からいうと、こうした現象はムラにおいてもやがては段階的に発現し得るものといえるだろう。

そこで次の図のように、ムラ次元と都市次元での代参講の態様を図式化した場合、講の存在形態に相異のあることはすでに指摘した通りである。

これは三峯講の「配札帳」に表われているように、複数のマチをひっくるめた上に成立している講の例にいえることである。つまり地域単位を超えて代参講が結成されていることで、このことはムラ次元での講のあり方においては認められないのである。

このことはムラにおける氏神の権威と宗教意識の上で関連のあることといえるだろう。つまりムラに代参講が

発生するにしても、先に指摘した氏神の認可のもとにあるという思考から説明され得るものである。

いかに外来の強力な信仰要素が入ってきても、氏神の存在が容易に消滅することがなかったことはしばしば指摘してきたことだが、氏神が代参講の簇生を許容する前提には、あくまで氏神の支配する信仰圏の内部においてさまざまな外来神の存在を認めることであった。代参講が拡大したとしても、決して一つのムラを超えるに至らないというのが、ムラ次元における原則であったといえる。

そしてこの点が都市社会の代参講の実態と比較した場合に明確にいえることであって、仮にムラ社会に、数村連合の代参講が成立するとすれば、これは氏神中心の伝統的宗教意識の根底をくつがえす現象と考えられる。

そしてこの現象は幕末の関東農村において富士講と御嶽講の場合に限って顕著にみられた特徴であって、この点はすでに論じたことでもあり、ここでは省略したい。

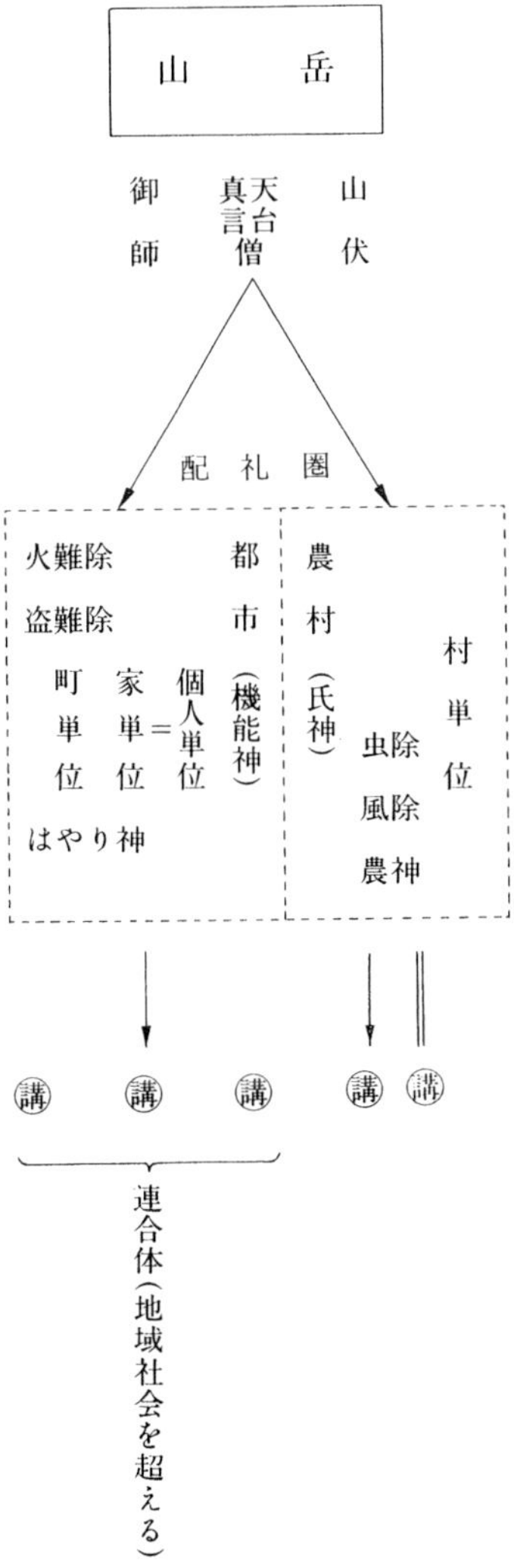

注

（1）竹田聴洲「近世村落の宮座と講」（『日本宗教史講座』第三巻所収、三一書房、一九六一年）。
（2）圭室文雄『江戸幕府の宗教統制』評論社、一九七一年。
（3）桜井徳太郎「氏神の包容性の問題」（『日本民間信仰論』増訂版、弘文堂、一九七二年）。
（4）同右、五九ページ。
（5）同右、六三ページ。
（6）同右、六五ページ。
（7）田中丘隅『民間省要』下編八。
（8）『御触書天保集成』四一九七。
（9）同右、四一九五。
（10）宮田登「戸隠信仰と巳待ち」（『戸隠』所収、信濃毎日新聞社、一九七一年、本書第一部所収）。
（11）同右。
（12）「諏訪出張日記」安政五年（大森義憲氏所蔵文書）。
（13）「三峯神社配札帳」（嘉永年間？）（渡辺一郎氏所蔵文書）。
（14）東京学芸大学教授竹内誠氏のご教示による。

あとがき

日本各地の町や村を歩いていると、いたるところに神社・仏閣があり、堂祠が祀られ、石碑が建立されていて、それぞれに縁起・由緒がともなっていることに気づく。これらは、町や村の地域社会の永い歴史的過程のなかから発生し、現実の日常生活として伝承されているものであり、これまでも民俗学的な手法によって、資料化され、研究史の上にも多くの蓄積をもたらしてきた。

道ばたにひっそり祀られている石仏や石塔類の背後に潜んでいる地域住民の精神史の軌跡を探るという志向は、無名の小祠の存在に高い価値を置こうとする、いわゆる民俗学的態度の基本である。だから巨大な教派や宗派を構成する教団や教理を直接に研究対象とするわけではなく、いわんや権力と結びつく宗教的国家論を論議するわけではない。

ただ分析の眼を、地域社会に展開している多様な宗教現象、とりわけカミやホトケの混融状況のなかに生じている地域社会住民の日常的信仰の様態に据えて問題の発見に努めようとする。別言すると、それは地域社会における民俗宗教の発現形態であり、地域社会における宗教の機能的側面の客観的分析を目指している。領域的には、民俗宗教に属する文化現象をとらえるのであり、それはこれまで民間信仰として包括されてきた分野である。

日本列島は、海に囲まれながら、国土の約八割は山地であり、中央に脊梁山脈が貫通している。平地に社会生活を営む人々はサトを中心とした地域社会を構成しているのであり、里人=平地民の目線は、ごく自然と山に向かう。ヤマは高い山岳から低い丘、そして野山一帯をさしており、いわゆる山間部全体を包括している。サトからヤマをどのような宗教観念でとらえているのか、その文化伝統にもとづいたサトの民俗宗教現象がどのように展開しているのか、といった課題が、本書のタイトルに表現されているのである。すなわち、山と里の文化交流の結果生じた地域社会における日常的信仰＝民間信仰の実態を通して、日本の宗教社会を考えるということになるだろうか。

本書は、三部構成をとっている。第一部では、山岳信仰の問題を取り上げているが、これも山岳信仰そのものを対象とするよりも、里＝地域社会がどのようにして山岳を受容して信仰体系をつくり上げているかという視点に立っている。明らかにされていることは、中心点に山岳があり、そこから信仰圏が形成される。そこには一次・二次・三次圏の図式が描かれ、それぞれ受容する側の地域社会の性格が反映するとみられる。登拝、お籠り、礼拝などの儀礼や、修験、山伏の関与の仕方、霊魂の所在、供養のあり方から、遠隔地における模擬霊山の成立、代参講の形成に至るまで、山岳と平地の結びつき方には文化の型が求められるのである。

第二部では、稲荷信仰の問題を取り上げた。稲荷は狐神や吒枳尼天の習合であるが、基本的には平地の農耕生活に結びついた農業神であり、これまでも豊富な研究史がある。本書で明らかにしたことは、稲荷信仰には地域社会の開発過程の反映があって、これが民俗宗教として発現していることである。稲荷の多様性、重層性は日本人の典型的な信仰のあり様を示している。そしてとりわけ田の神と狐神の習合が、特定の土地霊となり、地域開発の影響によって、狐憑き型の稲荷信仰を顕在化させたことが指摘されるのである。

第三部では、講集団の問題を取り上げた。講は、地域社会の日常生活に不可欠な生活集団の一つである。その形成過程には、地域性があり、それぞれの歴史的伝統がある。興味深いことは、一つの地域社会には、さまざまな講集団がモザイクのように結びつき、社会的機能を果たしていることである。時として宗教的要素を稀薄にさせる寄合いになっていても、共同体秩序の一環として働いているのである。ムラ氏神に対抗する外来要素に依存する代参講が成立していても、この代参講が地域社会に定着するかぎりにおいては、地域結合の重要な紐帯に成り得るのである。

以上の三部にわたる課題は、それぞれが有機的に結び合っているわけであるが、本書ではそれぞれをまだ十分に深化させるに至らない段階で終わっていることも明らかといえる。

各章を構成する論文は、一九六〇年代から一九八〇年代にわたっており、いずれもこの間くり返し行ってきたフィールドワークの成果が盛りこまれている。こうした志向は、一九六〇年代に発表した木曽御嶽講の一連の地域調査に端を発している。その後旧東京教育大学民俗総合調査団に加わる機会が得られ、各地のフィールドワークに従事することができた。一方、当時、日本仏教研究会、日本宗教史研究会、江戸町人研究会、九学会連合などの共同研究に参加し、討論や発表の機会にも恵まれていた。こうした分野に眼を開かせ学問的な手ほどきを与えてくださった故和歌森太郎先生や、なおご健在の桜井徳太郎先生をはじめとする諸先生方、ならびに先輩各位に厚く御礼申し上げる。

本書の初出論文のなかには、約三〇年前のものも含まれており、その進歩のなさに内心忸怩たるものがある。しかし私自身の現在の仕事の原点にもあたっているフィールドワークの成果の重みを考え、ここにあえて収録させていただいた次第である。本書にまとめた各論をみると、現在関心をもっている庶民の日常的神仏信仰の隠れた部分に秘められているメシアニズムやミレニアム、あるいは霊魂観や王権論に関わる民俗宗教的世界観の究明を目指した基礎的作業の一面が、本書の基底にあることも分かってくるのである。

たとえば木曽御嶽のフィールドからは、その担い手のシャーマン的性格をもつ山岳修行の行者たちを比較する上で富士山の行者の実態を調べていくと、富士信仰の身禄行者の存在が浮上してきた。こうしたミロクに焦点を合わせるとメシア的要素をもつ鹿島ミロクの関連から探求の視点が海上の道に連なり次第に東アジアのミロク信仰に及ぶこととなる。こうした軌跡をふりかえってみると、その出発点が山と里の関わりから生じた民俗宗教の実態にあることも明らかなのであった。

この度こうした形で日本歴史民俗叢書に加えさせていただくことになったが、いろいろと編集の手をわずらわせた吉川弘文館の大岩由明、岩本夕子両氏には深く感謝の意を表す次第である。

平成五年五月

宮　田　登

初出一覧

第一部 山岳信仰と修験

第一章 霊山信仰と女人禁制(原題「霊山信仰と縁起」、桜井徳太郎ほか編『寺社縁起』岩波書店、一九七五年十二月)

第二章 山岳信仰と講(原題「山岳信仰と講集団」、『日本民俗学会報』第二一号、日本民俗学会、一九六一年九月)

第三章 木曽御嶽信仰と御嶽講(原題「近世御嶽信仰の実態」、『社会と伝承』五巻一号、一九六一年一月、並びに「木曽の御嶽講」『民俗』四二号、一九六〇年五月)

第四章 岩木山信仰と信仰圏(原題「岩木山信仰―その信仰圏をめぐって―」、和歌森太郎編『津軽の民俗』吉川弘文館、一九七〇年三月)

第五章 金華山信仰と巳待ち(原題「金華山信仰とミロク」、和歌森太郎編『陸前北部の民俗』吉川弘文館、一九六九年三月)

第六章 戸隠信仰と巳待ち(信濃毎日新聞社戸隠総合学術調査実行委員会編『信濃毎日新聞創刊九十周年記念 戸隠―総合学術調査報告』信濃毎日新聞社、一九七一年八月)

第七章 浅間山信仰と修験(原題「アサマ信仰」、和歌森太郎編『志摩の民俗』吉川弘文館、一九六五年三月)

第二部　稲荷信仰と地域社会

第一章　地域社会と稲荷信仰（下出積與編『日本史における民衆と宗教』山川出版社、一九七六年七月）

第二章　稲荷信仰と民衆生活（原題「稲荷と民衆生活」、松前健編『稲荷明神』筑摩書房、一九八八年十月）

第三章　江戸の稲荷信仰（西山松之助編『江戸町人の研究』第二巻、吉川弘文館、一九七三年六月）

第三部　信仰集団と地域社会

第一章　ムラと講―大阪府豊能郡西能勢町上山辺の場合―（原題「村と講集団―大阪府豊能郡西能勢町上山辺の場合―」、『日本民俗学会報』第二〇号、日本民俗学会、一九六一年九月）

第二章　ムラと信仰集団―岡山県美作地方―（原題「部落と信仰集団」、和歌森太郎編『美作の民俗』吉川弘文館、一九六三年三月）

第三章　地域社会と講―福井県若狭地方―（原題「若狭の講」、和歌森太郎編『若狭の民俗』吉川弘文館、一九六六年三月）

第四章　代参講の地域性（原題「代参講の一考察」、日本宗教史研究会編『共同体と宗教』法蔵館、一九七四年四月）

本書収録にあたっては、それぞれに内容の大幅な改訂を行っている。

また、第一部第五章「金華山信仰と巳待ち」、第二部第三章「江戸の稲荷信仰」のそれぞれ一部は、別に拙著『ミロク信仰の研究』（未来社、一九七五年）、西山松之助著『江戸町人の研究』第三巻（吉川弘文館、一九七四年）に収録していることをお断りしておきたい。

〈日本歴史民俗叢書〉
山と里の信仰史（オンデマンド版）

Digital Publishing

2017年10月1日　発行

著　者　宮田《みやた》　登《のぼる》
発行者　吉川道郎
発行所　株式会社 吉川弘文館
〒113-0033　東京都文京区本郷7丁目2番8号
TEL　03(3813)9151(代表)
URL　http://www.yoshikawa-k.co.jp/

印刷・製本　株式会社 デジタルパブリッシングサービス
URL　http://www.d-pub.co.jp/

宮田　登（1936〜2000）
ISBN978-4-642-77354-6

「日本歴史民俗叢書」刊行に当って

近年の日本史学と民俗学の動向は、それぞれのテーマが接触領域に展開する状況を一層拡大させるに至っている。民俗学が歴史科学の一翼をにない、豊かな歴史像を描くことに努力をつづけている一方、地域史や生活文化史をはじめ「日常性」を基点とする歴史学は、ごく普通の人々の生活意識や日々の営みなどを視野におさめながら、歴史を動かす原動力の発掘を行おうとしている。

日本の民俗学は、柳田国男や折口信夫らの唱導により、現代の私たちの日常生活に伝わってきた慣習や、儀礼あるいは口承文芸などの民間伝承を主要な資料に用いながら歴史を再構成してきた。また文化人類学や宗教学・考古学などの隣接諸科学の学際分野からも学ぶところが大きかった。

本叢書は、以上のような近年の歴史学・民俗学の流れと、隣接諸科学とのかかわりを踏まえ、主として民俗学側からのアプローチを活用した形でまとめられた新しい歴史像の諸成果を、一堂に集めて世に問おうとするものである。本叢書が、今後の歴史民俗学派の一つの潮流となることを、大いに期待していただきたいと念じている次第である。

吉川弘文館

著者略歴
一九二六年　横浜市生まれ
一九六〇年　東京教育大学文学部史学科卒業
筑波大学教授、国際日本文化研究センター客員教授等を経て
現在　神奈川大学教授、放送大学客員教授
〔主要著書〕
ミロク信仰の研究　新訂版（一九七五年　未来社）
日和見―日本王権論の試み（一九九二年　平凡社）
ケガレの民俗誌―差別の文化要因（一九九六年　人文書院）

山と里の信仰史

平成五年八月十日　第一刷発行
平成八年五月一日　第二刷発行

著者　宮《みや》田《た》登《のぼる》

発行者　吉川圭三

発行所　株式会社　吉川弘文館
郵便番号一一三
東京都文京区本郷七丁目二番八号
電話〇三―三八一三―九一五一（代）
振替口座〇〇一〇〇―五―二四四

印刷＝平文社・製本＝石毛製本

索　　引

あ 行

か　行

さ　行

た　行

な　行

は　行

ま　行

や　行

ら 行

わ 行